本成果为山东省一流法学专业建设培育项目成果（2019）和中国石油大学（华东）一流专业课程《刑法学》建设项目成果（2020）——中国石油大学（华东）教学研究与改革项目：专业建设类项目《新文科背景下行业特色型高效卓越法治人才培养模式的研究与实践》（项目编号：ZY-202039）；课程建设与教学方法改革类项目《"两性一度"目标下法学专业课程混合式教学模式研究》（项目编号：KC-202071）阶段性成果。

XINGSHIFA
PANLI YANJIU

刑事法判例研究

冷 凌 穆丽霞 著

中国政法大学出版社

2021·北京

| 声　　明 | 1. 版权所有，侵权必究。 |
| | 2. 如有缺页、倒装问题，由出版社负责退换。 |

图书在版编目（ＣＩＰ）数据

刑事法判例研究/冷凌,穆丽霞著. —北京:中国政法大学出版社,2021.1
ISBN 978-7-5620-5086-5

Ⅰ.①刑…　Ⅱ.①冷…　②穆…　Ⅲ.①刑法－判例－研究－中国
Ⅳ.①D924.05

中国版本图书馆 CIP 数据核字(2020)第 267833 号

出 版 者	中国政法大学出版社
地　　址	北京市海淀区西土城路 25 号
邮寄地址	北京 100088 信箱 8034 分箱　邮编 100088
网　　址	http://www.cuplpress.com（网络实名：中国政法大学出版社）
电　　话	010-58908586(编辑部) 58908334(邮购部)
编辑邮箱	zhengfadch@126.com
承　　印	固安华明印业有限公司
开　　本	880mm×1230mm　1/32
印　　张	8.5
字　　数	220 千字
版　　次	2021 年 1 月第 1 版
印　　次	2021 年 1 月第 1 次印刷
定　　价	56.00 元

前言 PREFACE

严格规范的立法流程决定了法律本身存在一定程度的滞后性,法律的修订通常是由社会某些典型事件引发的。而一个法治国家的善良公民之座右铭是什么?那就是对法律的"严格地服从,自由地批判"。因此,学习法律的理性方法是,不仅应当掌握法律条文的涵义,还应当理解法律的立法价值取向,站在国家立法宗旨的视角审视法律规范的规范性、合理性、可操作性。

刑法是国家法律体系中重要的部门法之一,为了实现立法环节和法律适用环节的公平正义,我国在1997年《刑法》之后陆续发布了十一部刑法修正案,最高人民法院、最高人民检察院针对办案业务中的法律适用问题也颁布了大量的司法解释,定期发布指导性案例,这对于法律的公正有效实施给予了重要的法律支撑。但是,在法律的实施过程中,面对复杂多变的刑事案件,法官在刑法适用上仍然存在抉择的艰难。基于此,《刑事法判例研究》一书的撰写即从两高的指导性案例入手,分为11个专题探究刑事案件中的法律适用争议与困惑。

专题一:"论我国的罪刑法定原则及其适用——以非法经营案为例"。最高人民法院、最高人民检察院针对法院在审判实践中陆续出现的具有非法经营属性的行为颁布了大量的司法解释,急剧扩张了"其他严重扰乱市场秩序的非法经营行为"的外延。这引起了法学界和司法实务界的诸多争议,甚至有将非法经营罪称为"口袋罪"的说法,认为该罪名的行为规范违背了罪刑法定原则的本质,具有扩张与类推适用的趋势。本专题探讨了如下问题:非法经营罪的刑事立法方式是否违背罪刑法定原则?如何在罪刑法定原则之下对"非法经营行为"进行科学的解释?如何实现罪刑法定原则与刑法谦抑原则之间的契合?

专题二:"论我国的刑事责任年龄制度——以未成年人犯罪案件为例"。面对犯罪低龄化的严峻形势,尤其是不满14周岁的未成年人恶性犯罪事件频繁发生却因为未达刑事责任年龄而没有受到刑事追诉的社会现实,学界和社会公众均高度关注并讨论我国刑法是否需要降低刑事责任年龄,追究这些未成年人的刑事责任。在此,我们选取了社会关注度较高的未成年人犯罪案件,从刑法学、犯罪学、社会学等角度分析其犯罪的成因和预防犯罪的途径。本专题探讨了如下问题:我国刑法是否需要降低刑事责任年龄?我国刑法是否有必要引入"恶意补足年龄"制度?如何看待我国的少年司法制度?

专题三:"论单位犯罪及其刑事责任——以单位贿赂案件为例"。我国《刑法》第30条、第31条规定单位犯罪的条件和单位犯罪的处罚原则,相关司法解释进一步申明了单位犯罪的要件。但是,司法实践中的案件要比司法解释所列举的情形更为复杂,关于单位犯罪刑事责任的承担方式以及罚金适用标准更是存在司法适用争议。对此,我们选取了几个典型的单位贿赂案件,从个案视角来评析我国关于单位犯罪及其刑事责任的立法及其适用问题。本专题探讨了如下问题：如何判断单位犯罪的条件？如何看待单位犯罪主体范围逐步扩大的这一趋势？单位犯罪的量刑标准是否合理？

专题四："论司法适用中犯罪故意与犯罪过失的界分"。行为人是否犯罪取决于他在主观上有无罪过即故意或过失，行为人的行为无论造成了多严重的损害结果，如果没有故意或过失，不构成犯罪，不应当承担刑事责任。因此，犯罪故意和犯罪过失的界分标准以及在司法适用中的判断规则对于准确定罪量刑有着非常重要的意义。相较于危害事实的客观认定标准，主观方面的认定有不同程度的模糊地带，各种罪过之间很难做出明确的区分，特别是间接故意和过于自信的过失之间的界分模糊，司法人员时常会面临两难的选择。在此，我们选择几个涉及主观罪过认定的典型案例进行分析，以探寻犯罪故意与犯罪过失的司法判断标准。本专题探讨了如下问题：如何认定犯罪故意中的"明知"？如何界分"间接故意"和"过于自信的过失"？如何理解疏忽大意的过失中的"应当预见"标准？如何界定"故意杀人"和"故意伤害"？"明知必然发生而放任"属于直接故意还是间接故意？

专题五："论故意犯罪形态的判断标准及司法适用"。我国刑法对于故意犯罪的四种形态所规定的量刑标准有很大的差别。刑法规定，对于预备犯，可以比照既遂犯从轻、减轻或者免除处罚；对于未遂犯，可以比照既遂犯从轻或者减轻处罚；对于中止犯，没有造成损害的，应当免除处罚，造成损害的，应当减轻处罚。因此，在司法实践中，正确认定犯罪形态，对于区分此罪与彼罪、正确定罪量刑有着重要的实践价值。因此，我们选取了几个典型的抢劫案例，分析故意犯罪形态理论在具体个案中的司法适用，以总结出不同的故意犯罪形态的判断标准。

本专题探讨了如下问题：如何判断犯罪行为中的"着手"？如何理解"犯罪未得逞"条件？如何把握犯罪中止的"自动性"条件？如何判断犯罪中止的"彻底性"条件？

专题六："论正当防卫及其限度的判断标准"。正当防卫条件的把握以及正当防卫与防卫过当的区分是刑法理论和司法实务中的难题。我国刑法典对正当防卫的条件规定较为抽象，类似正当防卫必要限度这样的授权性规定，要求司法机关根据案件具体情况行使裁量权。在司法实践中，公民正当防卫权所遭遇的最为严重的阻碍，主要来自于两个方面：一是紧迫性要件的增设。法院时常通过在正当防卫的法定要件之外以不法侵害缺乏紧迫性为由，从根本上否定行为人享有防卫权。二是防卫限度判断中的唯结果论。二十年来，正当防卫司法实践的现状却表明，立法者苦心孤诣的努力对于消除以上两方面障碍来说，效果似乎并不尽如人意。我们选取典型指导案例，对案件中所反映出的深层次问题进行反思，以期使每个争议案件能够成为促进基础理论、思维方法和价值立场革新与进步的里程碑。本专题研讨了如下问题：如何理解正当防卫意义上的"不法侵害"？如何判断正当防卫的起止时间？如何准确把握防卫的限度？

专题七："论紧急避险制度法律适用的判断标准"。紧急避险制度可以说是"紧急时无法律"的具体表现，即不能期待此时行为人能做出其他行为来损害自身的合法利益。在理论学界，有学者认为，从功利主义出发，紧急避险没有使得法益受到损失，不应该纳入刑法评价的范围，大多数刑法学者认为紧急避险理论属于违法阻却事由。从期待可能性理论的角度看，如果行为人在特定情形下不可能期待其为其他任何的合法行为，则认定行为人的违法行为不具有期待可能性，从而阻却违法。但是，由于法律规定过于笼统，在司法实践中，有按照紧急避险处理的，也有基于过于慎重的考虑将避险人定罪的。面对紧急避险制度及其司法适用的困惑，我们选取了几个典型案例来探讨紧急避险制度设置的价值，分析紧急避险制度的具体适用标准。本专题研讨了如下问题：涉及生命权时是否可以紧急避险？自招危险时是否可以进行紧急避险？是否可在家庭暴力反击案中引入防御性紧急避险理论？

专题八："论共同犯罪中的身份犯——以保险诈骗案为例"。共同犯罪是一种复杂的犯罪形态，它可以实施个人不能单独完成的重大犯罪，较单独犯罪具有更大的社会危害性。共同犯罪因其复杂化和多样化，导致司法实践中难以形成统一的定性认识，给司法工作开展制造了很大的难度。在共犯与身份的问题上总则没有设立相应的条款，而是仅仅体现在分则上，如《刑法》第198条第4款对保险诈骗罪共犯规定，保险事故的鉴定人、证明人、财产评估人故意提供虚假的证明文件，为他人诈骗提供条件的，以保险诈骗的共犯论处。由于刑法总则没有明确的认定标准，分则对于某一类犯罪的特殊规定并不能应用于全部的同类案件。因此，为了弄清各共同犯罪人的行为性质及其刑事责任的大小，我们以保险诈骗犯罪案件为例来论证共同犯罪的特殊类型及身份犯定罪量刑的解决路径。本专题研讨了如下问题：无特定身份者能否构成身份犯的间接正犯？无身份者能否构成纯正身份犯的共同正犯？内外勾结型共同犯罪的行为性质如何认定？

专题九："论再犯制度与累犯制度的适用——以毒品犯罪案为例"。我国《刑法》在总则第65条和分则第356条分别规定了一般累犯与毒品再犯，两个制度的概念和构成要件有部分重叠，又有所区别。我国刑事学界与司法领域对于两者适用关系问题的理解一直存有分歧,实践中的认识不一导致了适用标准和裁量方面的差异。在现代社会之中,毒品类犯罪中再犯的比例相对较高,已成为备受关注的社会问题之一。在我国毒品类犯罪的司法过程当中,充斥着再犯制度与累犯制度之间的交叉可能性与适用困惑,本书根据三个相关的毒品犯罪案件进行分析,试图厘清二者之间的理论关系,为司法实务中的适用选择提供可行的解决方案。本专题探讨了如下问题:毒品再犯与累犯之间是什么关系?审判机关对同时满足再犯和累犯要件的犯罪行为应当如何处理?未成年人应不应该构成毒品再犯?

专题十:"论我国的自首制度及其司法适用"。在司法实践中,执法者对自首的本质、自首的处罚根据等方面的理解和把握还存在争议,司法解释所列举的典型自首情形无法穷尽司法实务中的各种情形,导致个案中的犯罪嫌疑人是否构成自首的认定仍然存在选择困难。自首的本质是判定自首成立的标准。把握自首的本质,不能依靠直观感受,也不能把自首构成要件进行简单地排列组合,而是要从诸要件中提炼、领悟其更深层次的内容,从千差万别的自首行为表现形式中寻找自首行为的本质。在此,我们选取了几个典型案例对我国自首制度的立法和司法适用问题进行分析,并提出自首条件的判断标准。本专题探讨了如下问题:如何认定"自动投案"条件?形迹可疑被盘查后如实交代犯罪事实是否属于自动投案?明知已报警而滞留现场等候抓捕应否认定为自首?

专题十一:"论刑罚裁量中数罪并罚原则的司法适用"。数罪并罚原则是数罪并罚制度的基础和核心,在世界范围内关于数罪并罚范围的规定,大致有裁判宣告主义、裁判确定主义、刑罚执行未完毕主义三种立法例。我国数罪并罚制度是以"混合原则"为核心构建起来的。关于数罪并罚的相关规定主要见诸我国《刑法》第67条、第70条和第71条以及相关司法解释之中。数罪并罚的基本原则是以"限制加重原则"为主、"吸收原则"和"并科原则"为辅。但是由于数罪并罚的立法规定过于原则,在具体适用的过程中存在着诸多司法适用的障碍,在此,我们选取了几个典型案例以探讨数罪并罚原则的司法适用问题。本专题研讨了如下问题:同种数罪是否应实行数罪并罚?如何解决数罪并罚中的"时间差"问题?原审判决被撤销后的数罪并罚制度如何适用?多个重罪的数罪并罚能否升格法定刑?

目 录 CONTENTS

前　言 / 001

论我国的罪刑法定原则及其适用——以非法经营案为例 / 001

一、案情简介及司法处理结果 / 006

（一）"李某华非法经营案" / 006

（二）"杨某玉非法经营案" / 008

（三）"王某军非法经营案" / 009

（四）"汪某中操纵证券市场案" / 010

二、关于罪刑法定原则在个案中适用的问题探讨 / 011

（一）非法经营罪的刑事立法方式是否违背罪刑法定原则？/ 011

（二）如何在罪刑法定原则之下对"非法经营行为"进行科学的解释？/ 014

（三）如何实现罪刑法定原则与刑法谦抑原则之间的契合？/ 018

三、法律依据 / 020

论我国的刑事责任年龄制度——以未成年人犯罪案件为例 / 023

  一、案情简介及司法处理结果 / 024

    （一）"赵某宝强奸杀人案" / 024

    （二）"蔡某某强奸杀人案" / 025

    （三）"吴某康弑母案" / 026

    （四）"刘某等人劫杀女教师案" / 027

    （五）"覃某杀人碎尸案" / 028

  二、关于刑事责任年龄制度的问题探讨 / 029

    （一）我国刑法是否需要降低刑事责任年龄？ / 029

    （二）我国刑法是否有必要引入"恶意补足年龄"制度？ / 034

    （三）如何看待我国的少年司法制度？ / 037

  三、法律依据 / 041

论单位犯罪及其刑事责任——以单位贿赂案件为例 / 046

  一、案情简介及司法处理结果 / 046

    （一）"陈某敏、陈某昌及民太公司单位行贿案" / 046

    （二）"陈某辉、湖南恒凯公司行贿案" / 048

    （三）"山东省公路建设集团有限公司、王某单位行贿案" / 052

    （四）"荆州亿丰建设工程有限公司、苏某单位行贿案" / 055

    （五）"王某受贿案" / 057

  二、关于单位犯罪认定标准及其刑事责任的问题探讨 / 058

    （一）如何判断单位犯罪的条件？ / 058

目 录

　　（二）如何看待单位犯罪主体范围逐步扩大
　　　　的这一趋势？／062
　　（三）单位犯罪的量刑标准是否合理？／067
三、法律依据／071

论司法适用中犯罪故意与犯罪过失的界分／073

一、案情简介及司法处理结果／073
　　（一）"骆某林运输毒品案"／073
　　（二）"李某顺运输毒品案"／074
　　（三）"李某等人过失致人死亡案"／075
　　（四）"朱某平过失致人死亡案"／077
　　（五）"刘某松故意伤害案"／078
二、关于犯罪故意与犯罪过失的问题探讨／079
　　（一）如何认定犯罪故意中的"明知"？／079
　　（二）如何界分"间接故意"和"过于
　　　　自信的过失"？／083
　　（三）如何理解疏忽大意的过失中的"应当预见"
　　　　标准？／086
　　（四）如何界定"故意杀人"和"故意伤害"？／089
　　（五）"明知必然发生而放任"属于直接故意还是间接故
　　　　意？／091
三、法律依据／094

论故意犯罪形态的判断标准及司法适用／095

一、案例简介及司法处理结果／095
　　（一）"郭某兵入室抢劫案"／095

（二）"沙某、李某抢劫致人受伤案" / 096

　　（三）"梅某抢劫、猥亵案" / 097

二、关于故意犯罪停止形态判断标准的问题探讨 / 098

　　（一）如何判断犯罪行为中的"着手"？ / 098

　　（二）如何理解"犯罪未得逞"条件？ / 101

　　（三）如何把握犯罪中止的"自动性"条件？ / 106

　　（四）如何判断犯罪中止的"彻底性"条件？ / 111

三、法律依据 / 113

论正当防卫及其限度的判断标准 / 115

一、案情简介及司法处理结果 / 116

　　（一）"陈某正当防卫案" / 116

　　（二）"朱某山故意伤害（防卫过当）案" / 118

　　（三）"于某明正当防卫案" / 120

　　（四）"侯某秋正当防卫案" / 122

二、关于正当防卫判断标准的问题探讨 / 124

　　（一）如何理解正当防卫意义上的"不法侵害"？ / 124

　　（二）如何判断正当防卫的起止时间？ / 128

　　（三）如何准确把握防卫的限度？ / 136

　　（四）如何认定无限防卫权的适用条件？ / 140

三、法律依据 / 143

论紧急避险制度法律适用的判断标准 / 144

一、案情简介及司法处理结果 / 145

　　（一）"夏某被胁迫杀人案" / 145

　　（二）"刘某绑架案" / 145

（三）"何某军交通肇事案" / 147
　　（四）"吴某、熊某故意杀人案" / 149
二、关于紧急避险制度的问题探讨 / 150
　　（一）涉及生命权时是否可以"紧急避险"？ / 150
　　（二）自招危险时是否可以进行紧急避险？ / 153
　　（三）是否可在家庭暴力反击案中引入防御性紧急
　　　　 避险理论？ / 158
三、法律依据 / 164

论共同犯罪中的身份犯——以保险诈骗案为例 / 166

一、案情简介及司法处理结果 / 167
　　（一）"曾某青、黄某新保险诈骗案" / 167
　　（二）"黄某花、闫某等人保险诈骗案" / 169
　　（三）"何某祥、叶某武保险诈骗案" / 172
二、有关共同犯罪身份犯的问题探讨 / 175
　　（一）无特定身份者能否构成身份犯的间接正犯？ / 175
　　（二）无身份者能否构成纯正身份犯的共同正犯？ / 178
　　（三）内外勾结型共同犯罪的行为性质如何认定？ / 182
三、法律依据 / 186

论再犯制度与累犯制度的适用——以毒品犯罪案为例 / 188

一、案件简介及司法处理结果 / 189
　　（一）"潘某超等人贩卖毒品案" / 189
　　（二）"王某云等人制造毒品案" / 190
　　（三）"徐某等人贩卖毒品案" / 191
二、关于再犯与累犯制度的问题探讨 / 191

(一) 毒品再犯与累犯之间是什么关系？/ 191

(二) 审判机关对同时满足再犯和累犯要件的犯罪行为应当如何处理？/ 194

(三) 未成年人应不应该构成毒品再犯？/ 199

三、法律依据 / 205

论我国的自首制度及其司法适用 / 207

一、案情简介及司法处理结果 / 207

(一) "李某奎强奸杀人案" / 207

(二) "孙某业等人故意杀人案" / 210

(三) "吉某春持枪杀人案" / 212

(四) "蒋某华盗窃案" / 213

二、关于自首判断标准的问题探讨 / 215

(一) 如何认定"自动投案"条件？/ 215

(二) 形迹可疑被盘查后如实交代犯罪事实是否属于自动投案？/ 218

(三) 明知已报警而滞留现场等候抓捕应否被认定为自首？/ 221

三、法律依据 / 228

论刑罚裁量中数罪并罚原则的司法适用 / 231

一、案情简介及司法处理结果 / 232

(一) "石某肆冒名盗窃案" / 232

(二) "郭某先参加黑社会性质组织、故意杀人、故意伤害数罪并罚案" / 233

(三) "董某连环盗窃案" / 235

（四）"张某贩毒案" / 236

二、关于数罪并罚原则司法适用的问题探讨 / 237

（一）同种数罪是否应实行数罪并罚？ / 237

（二）如何解决数罪并罚中的"时间差"问题？ / 240

（三）原审判决被撤销后的数罪并罚制度如何适用？ / 245

（四）多个重罪的数罪并罚能否升格法定刑？ / 249

三、法律依据 / 251

后 记 / 253

论我国的罪刑法定原则及其适用
——以非法经营案为例

我国《刑法》第 225 条规定:"违反国家规定,有下列非法经营行为之一,扰乱市场秩序,情节严重的,处五年以下有期徒刑或者拘役,并处或者单处违法所得一倍以上五倍以下罚金;情节特别严重的,处五年以上有期徒刑,并处违法所得一倍以上五倍以下罚金或者没收财产:(一)未经许可经营法律、行政法规规定的专营、专卖物品或者其他限制买卖的物品的;(二)买卖进出口许可证、进出口原产地证明以及其他法律、行政法规规定的经营许可证或者批准文件的;(三)未经国家有关主管部门批准非法经营证券、期货、保险业务的,或者非法从事资金支付结算业务的;(四)其他严重扰乱市场秩序的非法经营行为。"该条对非法经营罪的行为表现采用了叙明罪状的列举式表述方式,其中的第 4 项以"其他严重扰乱市场秩序的非法经营行为"作为该罪的行为方式的兜底条款。这种立法方式充分考虑了规范法条的司法适用,给予法官相对灵活的司法自由裁量权;同时,也引起了法学界和司法实务界的诸多争议,甚至有将非法经营罪称之为"口袋罪"的说法,认为该罪名的行为规范违背了罪刑法定原则的本质,具有扩张与类推适用的趋势。[1]

---

[1] 高翼飞:"从扩张走向变异:非法经营罪如何摆脱'口袋罪'的宿命",载《政治与法律》2012 年第 3 期。

在1997年《刑法》设置了"非法经营罪"这一罪名后，最高人民法院、最高人民检察院针对法院在审判实践中陆续出现的具有非法经营属性的行为颁布了大量的司法解释，急剧扩张了"其他严重扰乱市场秩序的非法经营行为"的外延。1998年，《全国人大常委会关于惩治骗购外汇、逃汇和非法买卖外汇犯罪的决定》第4条规定："在国家规定的交易场所以外非法买卖外汇，扰乱市场秩序，情节严重的，依照刑法第二百二十五条的规定定罪处罚。"1998年，《最高人民法院关于审理非法出版物刑事案件具体应用法律若干问题的解释》第11条规定："违反国家规定，出版、印刷、复制、发行本解释第一条至第十条规定以外的其他严重危害社会秩序和扰乱市场秩序的非法出版物，情节严重的，依照刑法第二百二十五条第（三）项的规定，以非法经营罪定罪处罚。"1999年的《刑法修正案（一）》增设"对未经国家有关主管部门批准，非法经营证券、期货或者保险业务的行为也以非法经营罪论处"；2000年，《最高人民法院关于审理扰乱电信市场管理秩序案件具体应用法律若干问题的解释》第1条规定："违反国家规定，采取租用国际专线、私设转接设备或者其他方法，擅自经营国际电信业务或者涉港澳台电信业务进行营利活动，扰乱电信市场管理秩序，情节严重的，依照刑法第二百二十五条第（四）项的规定，以非法经营罪定罪处罚。"2001年，《最高人民法院关于情节严重的传销或者变相传销行为如何定性问题的批复》指出："对于1998年4月18日国务院《关于禁止传销经营活动的通知》发布以后，仍然从事传销或者变相传销活动，扰乱市场秩序，情节严重的，应当依照刑法第二百二十五条第（四）项的规定，以非法经营罪定罪处罚。"2002年，《最高人民法院、最高人民检察院关于办理非法生产、销售、使用禁止在饲料和动物饮用水中使用的药品等刑事案件具体应用法律若干问题的解释》第 1 条规定："未取得药品生产、经营许可证件和批准文号，非法生产、销售盐酸克仑特罗等禁止在饲料和动物饮用水中使用的药品，扰乱药品市场秩序，情节严重的，依照刑法第二百二十五条第（一）项的规定，以非法经营罪追究刑事责任。在生产、销售的饲料中添加盐酸克仑特罗等禁止在饲料和动物饮用水中使用的药品，或者销售明知是添加有该类药品的饲料，情节严重的，依照刑法第二百二十五条第（四）项的规定，以非法经营罪追究刑事责任。"2002 年，《最高人民检察院关于办理非法经营食盐刑事案件具体应用法律若干问题的解释》第 1 条规定："违反国家有关盐业管理规定，非法生产、储运、销售食盐，扰乱市场秩序，情节严重的，应当依照刑法第二百二十五条的规定，以非法经营罪追究刑事责任。"2003 年，《最高人民法院、最高人民检察院关于办理妨害预防、控制突发传染病疫情等灾害的刑事案件具体应用法律若干问题的解释》第 6 条规定："违反国家在预防、控制突发传染病疫情等灾害期间有关市场经营、价格管理等规定，哄抬物价、牟取暴利，严重扰乱市场秩序，违法所得数额较大或者有其他严重情节的，依照刑法第二百二十五条第（四）项的规定，以非法经营罪定罪，依法从重处罚。"2005 年，《最高人民法院、最高人民检察院关于办理赌博刑事案件具体应用法律若干问题的解释》第 6 条规定："未经国家批准擅自发行、销售彩票，构成犯罪的，依照刑法第二百二十五条第（四）项的规定，以非法经营罪定罪处罚。"2009 年，《最高人民法院、最高人民检察院关于办理妨害信用卡管理刑事案件具体应用法律若干问题的解释》第 7 条规定："违反国家规定，使用销售点终端机具（POS 机）等方法，以虚构交易、虚开价格、现金退货等方式向信用卡持卡人直接支付现金，情节严重的，应当依据刑法第二百二十五条的规定，以非法经营罪定罪处罚。"2009年，《最高人民法院、最高人民检察院关于办理生产、销售假药、劣药刑事案件具体应用法律若干问题的解释》第6条规定："实施生产、销售假药、劣药犯罪，同时构成生产、销售伪劣产品、侵犯知识产权、非法经营、非法行医、非法采供血等犯罪的，依照处罚较重的规定定罪处罚。"2010年，《最高人民法院、最高人民检察院关于办理非法生产、销售烟草专卖品等刑事案件具体应用法律若干问题的解释》第1条第5款规定："违反国家烟草专卖管理法律法规，未经烟草专卖行政主管部门许可，无烟草专卖生产企业许可证、烟草专卖批发企业许可证、特种烟草专卖经营企业许可证、烟草专卖零售许可证等许可证明，非法经营烟草专卖品，情节严重的，依照刑法第二百二十五条的规定，以非法经营罪定罪处罚。"2011年，《最高人民法院关于审理非法集资刑事案件具体应用法律若干问题的解释》第7条规定："违反国家规定，未经依法核准擅自发行基金份额募集基金，情节严重的，依照刑法第二百二十五条的规定，以非法经营罪定罪处罚。"2012年，《最高人民法院、最高人民检察院、公安部关于办理走私、非法买卖麻黄碱类复方制剂等刑事案件适用法律若干问题的意见》第1条第4款指出："非法买卖麻黄碱类复方制剂或者运输、携带、寄递麻黄碱类复方制剂进出境，没有证据证明系用于制造毒品或者走私、非法买卖制毒物品，或者未达到走私制毒物品罪、非法买卖制毒物品罪的定罪数量标准，构成非法经营罪、走私普通货物、物品罪等其他犯罪的，依法定罪处罚。"2013年，《最高人民法院、最高人民检察院关于办理利用信息网络实施诽谤等刑事案件适用法律若干问题的解释》第8条规定："明知他人利用信息网络实施诽谤、寻衅滋事、敲诈勒索、非法经营等犯罪，为其提供资金、场所、技术支持等帮助的，以共同犯罪论处。"2013年，《最高人民法院、最高人民检察院关于办理危害食品安全刑事案件适用法律若干问题的解释》第11条第1款规定："以提供给他人生产、销售食品为目的，违反国家规定，生产、销售国家禁止用于食品生产、销售的非食品原料，情节严重的，依照刑法第二百二十五条的规定以非法经营罪定罪处罚。"2014年，《最高人民法院、最高人民检察院关于办理危害药品安全刑事案件适用法律若干问题的解释》第7条第1、2款规定："违反国家药品管理法律法规，未取得或者使用伪造、变造的药品经营许可证，非法经营药品，情节严重的，依照刑法第二百二十五条的规定以非法经营罪定罪处罚。以提供给他人生产、销售药品为目的，违反国家规定，生产、销售不符合药用要求的非药品原料、辅料，情节严重的，依照刑法第二百二十五条的规定以非法经营罪定罪处罚。"2016年，《最高人民法院、最高人民检察院关于办理环境污染刑事案件适用法律若干问题的解释》第6条第1款规定："无危险废物经营许可证从事收集、贮存、利用、处置危险废物经营活动，严重污染环境的，按照污染环境罪定罪处罚；同时构成非法经营罪的，依照处罚较重的规定定罪处罚。"2019年，《最高人民法院、最高人民检察院关于办理非法放贷适用法律若干问题的意见》第1条第1款规定："违反国家规定，未经监管部门批准，或者超越经营范围，以营利为目的，经常性地向社会不特定对象发放贷款，扰乱金融市场秩序，情节严重的，依照刑法第二百二十五条第（四）项的规定，以非法经营罪定罪处罚。"2020年2月6日，《最高人民法院、最高人民检察院、公安部、司法部关于依法惩治妨害新型冠状病毒感染肺炎疫情防控违法犯罪的意见》第2条第4款规定："在疫情防控期间，违反国家有关市场经营、价格管理等规定，囤积居奇，哄抬疫情防控急需的口罩、护目镜、防护服、消毒液等防护用品、药品或者其他涉及民生的物品价格，牟取暴利，违法所得数额较大或者有其他严重情节，严重扰乱市场秩序的，依照刑法第二百二十五条第四项的规定，以非法经营罪定罪处罚。"

通过对我国有关非法经营罪的司法解释的梳理，我们可以体会到立法者对于非法经营罪为"口袋罪"这一头衔的否认态度，并且通过立法以白纸黑字的法条形式将非法经营行为具体化、法定化。另外，《刑法》第174条的擅自设立金融机构罪、第179条擅自发行股票、公司、企业债券罪等虽与非法经营罪具有"违反国家规定""破坏市场秩序"相同的法律特征，却从非法经营罪中剥离出来，也可以体会到立法者坚持了对罪刑法定原则的遵循。[1]面对我国关于非法经营罪的立法和司法解释，需要思考如下问题：司法解释对非法经营罪适用范围的扩张是否违反罪刑法定原则？如何准确理解立法中的"其他非法经营行为"，以避免非法经营罪作为"口袋罪"被适用？在此，笔者基于罪刑法定原则的视角，通过司法实践中的典型案例来反思我国非法经营罪的立法及司法适用的效果，以寻求更佳的规范市场经营行为的刑事立法方式。

一、案情简介及司法处理结果

（一）"李某华非法经营案"

案情简介

李某华，男，个体经营者。2009年7月15日至22日期间，

---

[1] 曲新久：“区分扩张解释与类推适用的路径新探”，载《法学家》2012年第1期。

李某华在仅持有烟草专卖零售许可证而无烟草专卖批发许可证的情况下，向苏州市部分烟杂店批发销售其从烟草公司配送渠道外购进的各类卷烟，非法经营数额达 118 万余元。2009 年 8 月 25 日，李某华经公安机关传唤后至苏州市公安局投案。

司法处理结果

江苏省苏州市平江区人民检察院指控，被告人李某华违反国家烟草专卖管理法律法规，未经烟草专卖行政主管部门许可，在仅持有烟草专卖零售许可证而无烟草专卖批发许可证的情况下，向苏州市部分烟杂店批发销售其从烟草公司配送渠道外购进的各类卷烟的行为已构成非法经营罪。

江苏省苏州市平江区人民法院经审理认为，对于被告人李某华在仅持有烟草专卖零售许可证而无烟草批发证的情况下多次实施批发业务，并从非指定烟草专卖部门进货的行为，刑法及相应司法解释并没有作出禁止性的明文规定，从刑法谦抑性和社会相当性来看，不宜对"非法经营"作扩大解释。李某华的行为应当属于《烟草专卖实施条例》规定的"未在许可证规定的经营范围和地域范围内从事烟草制品的批发业务"和"未在当地的烟草专卖批发企业进货"的情形，应予以行政处罚，而不构成刑事犯罪。随后，平江区人民法院向最高人民法院发出请示，最高人民法院于 2011 年 5 月 6 日作出了《关于李某华非法经营请示一案的批复》。最高人民法院认为，被告人李某华在仅持有烟草专卖零售许可证而无烟草批发证的情况下，多次实施批发业务，并从非指定烟草专卖部门进货的行为，属于超经营范围和地域范围的情形，不宜按照非法经营罪处理，应由相关行政主管部门进行处理。

(二)"杨某玉非法经营案"

案情简介

杨某玉与其丈夫卢某荣在山东省枣庄市经营一家百货店。2014年,杨某玉发现了一个新的商机:在杭州,某些品牌的香烟供不应求,有时商家"有钱也进不到货";而在山东,这些香烟在市面上比较常见。于是,杨某玉启动了这桩跨省生意。2014年6月,杨某玉在山东枣庄申请到了该市烟草专卖局颁发的《烟草专卖零售许可证》,她辗转通过与刘某全、庞某伟等烟草工作人员的交易、调剂,从山东枣庄、济宁等地收购大量香烟,再运到杭州,由其丈夫负责出售。2014年10月至2015年1月,杨某玉及其丈夫多次从山东收购中华、利群等品牌香烟运至杭州批发销售,涉案金额2200余万元。2014年11月,杭州市富阳区烟草专卖局在日常检查中发现异常,杨某玉的杭州店铺涉嫌非法经营,数额较大,便将线索移交给了警方。

司法处理结果

2015年1月,杭州警方查获了杨某玉的货车,车内装有528条中华香烟、693条长嘴利群烟、1055条软红长嘴利群烟。浙江省烟草专卖局的说明显示,若以零售价计算,这2276条香烟价值69.28万元。

2015年9月,富阳区人民检察院以非法经营罪起诉杨某玉。一起被指控的还有向杨某玉私下供应、调剂大量卷烟的刘某全、庞某伟等三人。

富阳区人民法院经审理认为,杨某玉及其丈夫从山东收购卷烟到杭州批发销售,属跨省无证经营卷烟制品,违反了国家烟草管理规定,扰乱市场秩序,情节特别严重,以非法经营罪判处杨某玉有期徒刑10年，并处没收财产60万元；协助杨某玉跨省倒卖卷烟的另外三人也构成非法经营罪，其中两人分别获刑5年半、2年6个月，一人被免于刑事处罚。

(三)"王某军非法经营案"

案情简介

2014年11月至2015年1月期间，未办理粮食收购许可证、未经工商行政管理机关核准登记并颁发营业执照的王某军，在巴彦淖尔市临河区白脑包镇附近村组收购玉米，并将玉米卖给市粮油公司，经营数额20余万元，获利6000元。

2015年底，王某军因无证收购玉米被工商局等相关部门查获。2015年3月27日，王某军主动到巴彦淖尔市临河区公安局经侦大队投案自首，并主动退缴非法获利6000元。

司法处理结果

内蒙古自治区巴彦淖尔市临河区人民法院经审理认为，被告人王某军违反国家法律和行政法规规定，未经粮食主管部门许可及工商行政管理机关核准登记并颁发营业执照，非法收购玉米，非法经营数额218 288元，数额较大，其行为构成非法经营罪。鉴于被告人王某军案发后主动到公安机关投案自首，主动退缴全部违法所得，有悔罪表现，对其适用缓刑确实不致再危害社会，决定对被告人王某军依法从轻处罚并适用缓刑。宣判后，王某军未上诉，检察机关未抗诉，判决发生法律效力。

2016年，巴彦淖尔市人民检察院提出了原审被告人王某军的行为虽具有行政违法性，但不具有与《刑法》第225条规定的非法经营行为相当的社会危害性和刑事处罚必要性，不构成非法经营罪，建议再审依法改判。原审被告人王某军在庭审中对原审认定的事实及证据无异议，但认为其行为不构成非法经营罪。辩护人提出了原审被告人王某军无证收购玉米的行为，不具有社会危害性、刑事违法性和应受惩罚性，不符合《刑法》规定的非法经营罪的构成要件，应宣告原审被告人王某军无罪。

内蒙古自治区巴彦淖尔市临河区人民法院于2016年4月15日作出刑事判决，认定被告人王某军犯非法经营罪，判处有期徒刑1年，缓刑2年，并处罚金人民币2万元；被告人王某军退缴的非法获利款人民币6000元，由侦查机关上缴国库。最高人民法院于2016年12月16日作出再审决定，指令内蒙古自治区巴彦淖尔市中级人民法院对本案进行再审。内蒙古自治区巴彦淖尔市中级人民法院于2017年2月14日作出刑事判决，撤销内蒙古自治区巴彦淖尔市临河区人民法院刑事判决，认定原审被告人王某军无罪。

（四）"汪某中操纵证券市场案"

案情简介

汪某中在担任北京首放投资顾问有限公司负责人期间，在2006年7月至2008年3月间，先后利用其本人及他人的身份证开立了由其实际控制的沪、深证券账户，并使用上述账户，在中信证券北京北三环中路营业部、国信证券北京三里河营业部等证券营业部开立了10个资金账户用于证券交易。同时，在中国工商银行开立了10个银行账户，用于证券交易资金的存取和划转。2007年1月9日至2008年5月21日期间，被告人汪某中采取先买入"工商银行""中国联通"等38只股票，后利用首放公司名义通过"新浪网""搜狐网"《上海证券报》《证券时报》等媒介对外推荐其先期买入的股票，并在股票交易时抢先卖出相关股票，人为影响上述股票的交易价格，获取个人非法利益。根据中国证券监督管理委员会的统计，在首放公司推荐股票的内容发布后，相关 38 只股票交易量在整体上出现了较为明显的上涨，个股开盘价、当日均价明显提高；集合竞价成交量、开盘后 1 小时成交量成倍放大；全天成交量大幅增长；当日换手率明显上升；参与买入账户明显增多；新增买入账户成倍增加。汪某中采取上述方式操纵证券市场 55 次，累计买入成交额 52.6 亿余元，累计卖出成交额 53.8 亿余元，非法获利共计 1.25 亿余元归个人所有。

司法处理结果

北京市第二中级人民法院经审理认为，被告人汪某中无视国家法律，为获取不正当利益，操纵证券市场，侵害了国家对证券交易的管理制度和投资者的合法权益，情节特别严重，其行为已构成操纵证券市场罪，依法应予惩处，于 2011 年 8 月 3 日作出刑事判决：被告人汪某中犯操纵证券市场罪，判处有期徒刑 7 年，罚金人民币 1.2 亿元。一审宣判后，被告人汪建中不服，提出上诉。

北京市高级人民法院经审理认为，一审法院判决认定汪某中犯操纵证券市场罪事实清楚，证据确实、充分，定罪及适用法律正确，量刑适当，审判程序合法，应予维持。于 2012 年 3 月 13 日作出刑事裁定，驳回汪某中的上诉，维持原判。

二、关于罪刑法定原则在个案中适用的问题探讨

（一）非法经营罪的刑事立法方式是否违背罪刑法定原则？

对于非法经营罪以大量司法解释扩张行为类型的刑事立法以及在审判实践中的适用是否违背罪刑法定原则，在理论和司法实务界一直存在争议。此外，在大陆法系刑法的犯罪论体系

中，责任是与违法相并列的犯罪成立要件，而判断是否应当承担刑事责任的前提是对罪名的概念及特征作出正确的理解。[1]按照学界的通说，非法经营罪是违反国家规定，从事非法经营活动，扰乱市场秩序，情节严重的行为。从概念出发分析非法经营罪的定罪要件，应当满足以下条件：第一，该行为是一种经营行为。应被理解为是一种以营利为目的的经济活动，包括从事工业、商业、服务业、交通运输业等经营活动。第二，该经营行为非法。所谓"非法"，是指该经营行为违反国家立法机关制定的法律及国务院制定的行政法规、行政措施、发布的决定和命令。国务院所属部门或者地方政府未经国务院批准或者授权而发布的超越国家法律法规内容的有关规定，一般不能成为认定非法经营行为的法律依据。第三，该非法经营行为严重扰乱市场秩序。行为必须达到严重扰乱或损害的程度，才能具有刑法意义上的惩罚性。基于非法经营罪的法律属性，在具体的司法适用中，要判断是否可以适用非法经营罪这一罪名，应当首先判断行为是否为经济生活领域里的经营行为。其次，判断该行为是违反部门规章、地方法规或地方部门规定，还是违反国家规定。如果是违反国家规定，再判断行为是否违反国家规定中的有关许可证制度或市场准入制度的规定，行为有无达到扰乱市场秩序、情节严重的程度。在"李某华非法经营案"中，最高人民法院作出的《关于李某华非法经营请示一案的批复》明确说明，被告人李某华仅持有烟草专卖零售许可证而多次实施批发业务，且从非指定烟草专卖部门进货的行为，属于超经营范围和地域范围的情形，不宜按照非法经营罪处理，应由相关行政主管部门进行处理。最高人民法院的批复其实是对

---

[1] 陈兴良："违法性认识研究"，载《中国法学》2005年第4期。

《烟草专卖实施条例》的解释和落实，是对"未在许可证规定的经营范围和地域范围内从事烟草制品的批发业务"和"未在当地的烟草专卖批发企业进货"这两种情形在实践中如何判断的具体指导。

司法解释在我国被广泛采用的初衷，一是为了缓解刑法典颁布之时刑法规制范围有限、条文抽象的问题；二是为了通过对个罪或类罪作出详尽的说明或指引，以统一司法部门对犯罪构成要件要素的认知，更好地实现"同案同判"。但是，在罪刑法定原则的规范约束下，为了预防刑事立法的适用真空，司法解释的数量迅速增加，使得司法部门在刑法适用中形成了对司法解释的过度依赖。当任何刑法条文都能通过司法解释来传递信息时，司法解释已经在实质上取代了刑法，进而成了审判的依据。司法解释的存在在一定程度上可以化解刑法典的滞后性与罪刑法定原则之间的冲突。以非法经营罪为例，《刑法》第225条的"违反国家规定"的空白罪状和第4项的"其他严重扰乱市场秩序的非法经营行为"的兜底条款，使该罪呈现出双重不确定性，司法解释由此应时而生。但是，我国关于非法经营罪的司法解释数量庞大，有的司法解释甚至将刑法典条文规范的边缘外行为扩充到本罪中，改变了刑法典的立法本旨。基于宪法对刑法的立法主体的明确规定，基于不同法律位阶的效力差异，司法解释必须在罪刑法定原则之下操作。

在罪刑法定原则的框架下，司法解释如何接受罪刑法定原则的制约？刑法解释上的自由必须有限度，超出一定的限度，刑法就可能导致罪刑擅断。刑法司法解释的基本标准就是罪刑法定原则。罪刑法定原则对刑法司法解释之所以能产生制约作用，是因为罪刑法定原则通过罪和刑的法定化，为民众提供了行为模式，从而使民众可以预见自己的行为及行为产生的法律后果，只有确定的刑事规范才能为民众提供安全的保障。拥有相关司法解释权的主体在进行司法解释时，只能按照刑法典以及其他明文规定的法律法规进行规范意义的解释，刑法解释得出的结论必须是刑法规定可以涵盖的。在刑法解释中，最具争议的便是扩张解释。对于罪刑法定原则是否排斥扩张解释，理论上尚存在许多争议。所谓扩张解释，是指根据立法精神，结合社会的现实需要，将刑法条文含义作扩大范围的解释。在扩张解释的情况下，解释的内容已经超出了刑法条文的字面含义。按照罪刑法定的要求，司法人员只能严格依照法律处罚"法律明文规定为犯罪的行为"，而对"法律没有明文规定为犯罪的行为"就不能追究刑事责任。那么，在规定罪刑法定原则之后，是否允许扩大解释呢？实际上，这个问题的关键在于如何理解"明文规定"。所谓"明文规定"，是指"法律"的明文规定，而不是仅仅指一个词语、词组的规定。刑法规范是整体性的，是众多字、词含义之间交互作用所产生的一个有机的系统。我们应当通过对刑法规范进行多角度的综合分析，真正了解立法上是否有对于该类行为的犯罪性规定。

(二) 如何在罪刑法定原则之下对"非法经营行为"进行科学的解释？

罪刑法定原则是刑法解释的标准。但是，由于罪刑法定载体的法律文本的多义性和模糊性，所谓"法定"的真正含义需要依赖于刑法解释才能确定，罪刑法定原则和刑法解释之间存在循环依赖关系。"法在解释中生存并在解释中发展。"[1]罪刑法定原则的实现直接或者间接地依赖司法适用，"法律适用是一

---

[1] 陈兴良："法的解释与解释的法"，载《法律科学》1997年第4期。

个法规范与事实对象的交流过程,解释乃是其媒介"。[1]罪刑法定原则是判断刑法解释合理与否的标准,刑法解释必须符合罪刑法定原则的基本要求。但是,刑法解释的类型基于解释视角和目的的不同分为实质解释和形式解释。这两种刑法解释均以罪刑法定原则作为解释的标准,而法学界关于形式解释论和实质解释论的争论并没有被完全化解。形式解释和实质解释的争论并不是具体解释方法的争论,其症结源于对罪刑法定原则的不同理解。在某种程度上,形式解释与实质解释的争论实际上是有关罪刑法定原则的理解的争论,正确地解读罪刑法定原则的内在精神是解决形式解释论和实质解释论争论的关键所在。[2]

最高人民法院、最高人民检察院针对非法经营行为先后发布了多次司法解释,对《刑法》第225条第4项的情形不断进行细化。在"杨某玉非法经营案"中,富阳区人民法院认为,被告人杨某玉及其丈夫卢某从山东省境内收购卷烟到浙江省杭州地区批发销售,属跨省无证经营卷烟制品,违反国家烟草管理规定,扰乱市场秩序,情节特别严重,其行为已构成非法经营罪;被告人刘某全协助被告人杨某玉进行联系、收购、运输香烟到浙江省杭州地区销售,系非法经营罪的共犯,其行为已构成非法经营罪;被告人庞某伟虽持有山东省泗水县烟草专卖局颁发的烟草专卖零售许可证,但从其他渠道进购卷烟批发给被告人刘某全,金额超过200万元,款项系通过杭州市富阳区的银行汇款支付,部分款项通过他人银行账号汇款,且交易次

---

[1] [德]卡尔·拉伦茨:《法学方法论》,陈爱娥译,商务印书馆2003年版,第193页。
[2] 张明楷:"刑法学研究中的十大关系论",载《政法论坛》2006年第2期。

数较多，应当认定明知被告人刘某全等人非法经营而予以配合，系非法经营的共犯，其行为已构成非法经营罪。与"李某华非法经营案"相比较，在同样持有烟草零售许可证的情形下，被告人李某华是从非指定烟草专卖部门进货，销售给非特定人群。而在"杨某玉非法经营案"中，被告人杨某玉则是以非法批发为目的申请许可证，再从本省境内向浙江杭州地区进行进购批发，无论是在客观情形上还是在主观心态上都符合非法经营获取牟利的法定情形，故依法追究其法律责任。看似相同的情形，但两个案件给出的裁判结果却截然不同，其关键点在于对"非法经营行为"进行科学化的解释。

"非法经营行为"的判断应当重点关注其行为是否同时满足"营利目的、违反经营管理规定且具有刑法意义上的惩罚性"三个条件。在"王某军非法经营案"中，法官先从经营行为的表现形式、行为产生的具体危害结果两个方面判断该行为是否属于违反行政管理有关规定的经营行为，然后再判断该违法经营行为是否严重扰乱市场秩序。对于虽然违反行政管理有关规定，但尚未严重扰乱市场秩序的经营行为，不应当被认定为非法经营罪。内蒙古自治区巴彦淖尔市临河区人民法院经审理认为，被告人王某军违反国家法律和行政法规规定，未经粮食主管部门许可及工商行政管理机关核准登记并颁发营业执照，构成非法经营罪。但是，在再审阶段，人民检察院提出了原审被告人王某军的行为虽具有行政违法性，但不具有与《刑法》第225条规定的非法经营行为相当的社会危害性和刑事处罚必要性，不构成非法经营罪。内蒙古自治区巴彦淖尔市人民法院再审认为，原判决认定的原审被告人王某军于2014年11月至2015年1月期间，没有办理粮食收购许可证及工商营业执照买卖玉米的事实清楚，其行为违反了当时的国家粮食流通管理有关规定，但尚未达到严重扰乱市场秩序的危害程度，不具备与《刑法》第225条规定的非法经营罪相当的社会危害性、刑事违法性和刑事处罚必要性，不构成非法经营罪。原审判决认定王某军构成非法经营罪适用法律错误，检察机关提出的王某军无证照买卖玉米的行为不构成非法经营罪的意见成立，原审被告人王某军及其辩护人提出的王某军的行为不构成犯罪的意见成立。可以说，在本案中，法官在罪刑法定原则之下对刑法条文的含义作出了有利于被告的、合理的实质解释。

需要说明的是，刑法分则条文针对某些犯罪规定的"其他行为"所做出的补充规范，从某种程度上恰恰是限制了刑法规范的范围。[1]在"杨某玉非法经营案"中，法院最终认定被告人成立非法经营罪，法律依据是符合《刑法》第225条第4项规定的"其他严重扰乱市场秩序的非法经营行为"。在"汪某中操纵证券市场案"中，法院最终认定被告人构成操纵证券市场罪，法律依据是《刑法》第182条第4项规定的"以其他方法操纵证券、期货交易价格的"。不难看出，上述两个案件的法律依据均是刑法所规定的兜底性条款，那么法院是如何认定行为人的行为符合某些罪名中兜底性条款规定的？法院这一做法是否违背罪刑法定原则呢？笔者认为，关于非法经营罪的兜底条款是否违背刑法罪刑法定原则，首先需要明确刑法分则条文以及就该条兜底条款的补充解释或规范的目的，对补充部分必须围绕刑法条文的目的进行理解和适用。刑法分则条文的具体规范旨在保护公民为犯罪行为所侵犯的法益。刑法分则条文是将补充规范的内容纳入犯罪构成要件的内容进行规定的，不能仅在行政法、经济法的意义上理解补充内容，必须围绕刑法规范

---

[1] 陈兴良：《刑法的价值构造》，中国政法大学出版社1998年版，第353页。

的目的理解和适用补充的部分。[1]

(三) 如何实现罪刑法定原则与刑法谦抑原则之间的契合?

罪刑法定原则是刑法的根基,刑法谦抑精神是刑法的灵魂,二者是相互结合、共同发展的关系。在我国的刑事司法发展过程中,不仅罪刑法定原则的适用面临着一些困境和挑战,刑法谦抑性更是受到了我国传统刑法文化的冲击。对罪刑法定原则与刑法谦抑性之间关系的探讨有助于明确两者之间契合点。[2]

罪刑法定原则是我国刑法明示的三大基本原则之一,在我国刑法立法中有着举足轻重的地位。其基本含义是:在界定某一行为是否构成犯罪时,应当以刑法规定的内容为准则,如果刑法规范没有将这种行为认定为犯罪,不论这种行为的表现及其危害后果多么严重,都不能将其定性为犯罪。刑法谦抑原则,又被称为最后手段原则,是指刑法作为抗制社会违法行为的最后一道防线,应根据一定的规则控制其处罚范围,在运用民事、行政等其他法律手段能够有效调整社会关系、规制违法行为时,就没有必要发动刑法。刑法适用的广度应当收缩、抑制和内敛,刑事处罚手段要被限定在其他手段不能有效发挥效果的范围内。刑法谦抑原则本质上体现了一种"慎刑"思想,即国家对刑法干预社会生活的广度要进行适度的控制,以免刑法的过度介入对公民造成不必要的损害。罪刑法定原则与刑法谦抑原则在理论依据、适用环节以及价值取向方面均存在差异。第一,二者的理论依据不同。罪刑法定原则是启蒙思想家反抗专制刑法的产物,启蒙思想家为了防止法官恣意审判行为的发生,提出什么是犯罪和对这种犯罪应该如何惩罚应该由刑法预先明确设定。

---

[1] 刘艳红:"刑法的目的与犯罪论的实质化——'中国特色'罪刑法定原则的出罪机制",载《环球法律评论》2008年第1期。

[2] 张明楷:"论刑法的谦抑性",载《法商研究》1995年第4期。

刑法谦抑原则最初的根据是人类权利意识的觉醒，人们发现国家的权力也不应当是绝对的，应该受到一定的控制。约束人类行为的社会规范包括宗教、道德、法律等很多方面，法律只是最后的保护手段。法律又包括刑法、民商法、宪法等很多部门法，刑法只是法律的一个部门，刑法只能针对那些使用其他法律手段仍然不能够有效约束的一小部分行为。第二，二者在适用环节上存在差异。罪刑法定原则适用于立法和司法环节。在刑事立法上，在法律没有明文规定某一行为为犯罪时，就不能把这种行为判定为犯罪行为。如果法律没有明文规定对一种行为进行惩罚，便不能对这种行为进行处罚。对于犯罪行为的处罚只能在刑法规定的刑罚幅度内。在刑事司法上，对行为人的行为确定罪名，必须按照法律规定进行确定；对于犯罪所应该承担的刑罚，在其刑种、刑度上应该在法律规范的范围内确定，禁止恣意量刑。与罪刑法定原则不同，刑法谦抑原则主要适用于立法环节。在刑法立法过程中，对于犯罪行为的判定，要从行为的违规程度、社会危害程度、处罚必要性等多个角度进行充分考虑。只有在除刑罚以外别无其他途径可选择时，我们才能将这种行为列入犯罪。第三，二者在价值取向方面存在差异。罪刑法定原则在最初确定时即是站在司法人权保障的立场上，为了保障公民的权利，追求真正的公平正义，反对封建专制的审判，否定刑罚擅断、刑罚滥用。而刑法谦抑性的价值取向是对刑法适用范围的限制和对刑罚处罚程度的宽和。[1]在刑法立法的过程中，应该充分考虑社会的因素，对刑法规范的深度和刑法规范的广度进行限制。

通过差异性分析，我们可以看到，罪刑法定原则和刑法谦

---

[1] 陈兴良："刑法谦抑的价值蕴含"，载《现代法学》2006年第3期。

抑性之间的契合点在刑法处罚范围上。罪刑法定原则之下的刑法排斥习惯法，刑法的渊源只能是由立法机关制定的成文法，法院不能依据习惯法对行为人进行审判。将习惯法排斥在刑事审判依据之外，限缩了刑法的处罚范围，与刑法谦抑原则的目标是完全一致的。同时，基于对刑法实体正义的追求，刑法只能对应该处罚或值得处罚的行为进行规定，对于一些不需适用刑罚就能够抑制的行为，就不必然适用刑罚。刑法谦抑原则有着相同的内涵，对于可以适用非刑事法律规范进行抑制的行为，就不必然启用刑法手段。在"李某华非法经营案"中，李某华在仅持有烟草专卖零售许可证而无烟草批发证的情况下多次实施批发业务，且从非指定烟草专卖部门进货的行为，属于超经营范围和地域范围的情形，相关行政主管部门按照行政法有关规定就可以处理，而不宜按照非法经营罪处理，即无需发动刑法。这一判决的作出遵循了刑法的最后手段原则，实现了罪刑法定原则与刑法谦抑性原则的契合。在"王某军非法经营案"的再审中，人民法院最终以其行为违反了当时的国家粮食流通管理有关规定，但尚未达到严重扰乱市场秩序的危害程度，不具备与《刑法》第225条规定的非法经营罪相当的社会危害性、刑事违法性和刑事处罚必要性，不构成非法经营罪为由，判决撤销一审判决，宣告王某军无罪。

三、法律依据

（1）《中华人民共和国刑法》第3条：法律明文规定为犯罪行为的，依照法律定罪处刑；法律没有明文规定为犯罪行为的，不得定罪处刑。

（2）《中华人民共和国刑法》第225条：违反国家规定，有下列非法经营行为之一，扰乱市场秩序，情节严重的，处五年以下有期徒刑或者拘役，并处或者单处违法所得一倍以上五倍以下罚金；情节特别严重的，处五年以上有期徒刑，并处违法所得一倍以上五倍以下罚金或者没收财产：（一）未经许可经营法律、行政法规规定的专营、专卖物品或者其他限制买卖的物品的；（二）买卖进出口许可证、进出口原产地证明以及其他法律、行政法规规定的经营许可证或者批准文件的；（三）未经国家有关主管部门批准非法经营证券、期货、保险业务的，或者非法从事资金支付结算业务的；（四）其他严重扰乱市场秩序的非法经营行为。

(3)《中华人民共和国刑法》第182条：有下列情形之一，操纵证券、期货市场，情节严重的，处五年以下有期徒刑或者拘役，并处或者单处罚金；情节特别严重的，处五年以上十年以下有期徒刑，并处罚金：（一）单独或者合谋，集中资金优势、持股或者持仓优势或者利用信息优势联合或者连续买卖，操纵证券、期货交易价格或者证券、期货交易量的；（二）与他人串通，以事先约定的时间、价格和方式相互进行证券、期货交易，影响证券、期货交易价格或者证券、期货交易量的；（三）在自己实际控制的账户之间进行证券交易，或者以自己为交易对象，自买自卖期货合约，影响证券、期货交易价格或者证券、期货交易量的；（四）以其他方法操纵证券、期货市场的。单位犯前款罪的，对单位判处罚金，并对其直接负责的主管人员和其他直接责任人员，依照前款的规定处罚。

(4)《中华人民共和国烟草专卖法实施条例》第55条：取得烟草专卖批发企业许可证的单位违反本条例第二十三条第一款的规定，超越经营范围和地域范围，从事烟草制品批发业务的，由烟草专卖行政主管部门责令暂停经营批发业务，没收违法所得，处以违法经营的烟草制品价值10%以上20%以下的罚款。

(5)《中华人民共和国烟草专卖法实施条例》第56条：取得烟草专卖零售许可证的企业或者个人违反本条例第二十三条第二款的规定，未在当地烟草专卖批发企业进货的，由烟草专卖行政主管部门没收违法所得，可处以进货总额5%以上10%以下的罚款。

(6)《国务院办公厅关于严厉打击非法发行股票和非法经营证券业务有关问题的通知》第（三）项：明确政策界限，依法进行监管：（一）严禁擅自公开发行股票。向不特定对象发行股票或向特定对象发行股票后股东累计超过200人的，为公开发行，应依法报经证监会核准。未经核准擅自发行的，属于非法发行股票。（二）严禁变相公开发行股票。向特定对象发行股票后股东累计不超过200人的，为非公开发行。非公开发行股票及其股权转让，不得采用广告、公告、广播、电话、传真、信函、推介会、说明会、网络、短信、公开劝诱等公开方式或变相公开方式向社会公众发行。严禁任何公司股东自行或委托他人以公开方式向社会公众转让股票。向特定对象转让股票，未依法报经证监会核准的，转让后，公司股东累计不得超过200人。（三）严禁非法经营证券业务。股票承销、经纪（代理买卖）、证券投资咨询等证券业务由证监会依法批准设立的证券机构经营，未经证监会批准，其他任何机构和个人不得经营证券业务。违反上述三项规定的，应坚决予以取缔，并依法追究法律责任。证监会要根据公司法和证券法有关规定，尽快研究制订有关公开发行股票但不在证券交易所上市的股份有限公司（以下简称非上市公众公司）管理规定，明确非上市公众公司设立和发行的条件、发行审核程序、登记托管及转让规则等，将非上市公众公司监管纳入法制轨道。

论我国的刑事责任年龄制度

——以未成年人犯罪案件为例

我国《刑法》第17条规定:"已满十六周岁的人犯罪,应当负刑事责任。已满十四周岁不满十六周岁的人,犯故意杀人、故意伤害致人重伤或者死亡、强奸、抢劫、贩卖毒品、放火、爆炸、投毒罪的,应当负刑事责任。已满十四周岁不满十八周岁的人犯罪,应当从轻或者减轻处罚。因不满十六周岁的不予刑事处罚的,责令他的家长或者监护人加以管教;在必要的时候,也可以由政府收容教养。"从刑法规定来看,我国将刑事责任年龄划分为三个阶段:一是已满16周岁的人犯罪,应当负刑事责任,为完全负刑事责任年龄阶段;二是已满14周岁不满16周岁的人,实施刑法规定的特定犯罪行为的,应当负刑事责任,为相对负刑事责任年龄阶段;三是不满14周岁的人不管实施何种危害社会的行为,都不负刑事责任,为完全不负刑事责任年龄阶段。但是,面对犯罪低龄化严峻形势,尤其是不满14周岁的未成年人恶性犯罪事件频繁发生却因为未达刑事责任年龄而没有受到刑事追诉的社会现实,学界和社会公众均高度关注并讨论我国刑法是否需要通过降低刑事责任年龄来追究这些未成年人的刑事责任。在此,笔者选取了社会关注度较高的未成年人犯罪案件,从刑法学、犯罪学、社会学等角度分析其犯罪的成因和预防犯罪的途径。

一、案情简介及司法处理结果

(一)"赵某宝强奸杀人案"

案情简介

2004年7月27日,明某(女,14岁)独自骑车去邻村舅舅家送东西,当她骑到一处公路的转弯处时,突然被从路边蹿出的赵某宝(男,13岁)挡住了车子。正当明某准备绕路离开时,赵某宝一把将她从车上拽下,就往苞米地里拉。两人撕扯着进了苞米地,赵某宝将明某按倒在地上。惊恐万分的明某又踢又踹拼命反抗,赵某宝对着她的头部一顿乱打,明某只觉得一阵剧痛便昏死过去。不知多久,明某因下体撕裂疼痛醒来,发现赵某宝正趴在她身上对她实施强奸。她哭喊求饶,赵某宝不为所动并恐吓她说,如果把这件事说出去就整死她并杀了她全家。第二天,明某在舅舅反复追问下才说出遭遇的一切,当天下午明某在父母的陪同下到通河县凤山镇派出所报警,赵某宝很快供认了自己强奸明某的事实。2005年2月1日,明某母女将赵某宝告上法庭要求其赔偿明某医药费、交通费、精神损失费等各项费用。

赵某宝家境殷实,因为是家里的独子,备受宠爱。赵某宝初中没念几天就不愿意读了,整天和村里几个游手好闲的人混在一起,还常常在家里偷看黄碟。法院的判决书下达后,赵父天天数落他、骂他。一天,骂到情急,赵父说:"在外面惹事,有能耐你倒是摆平呀!这以后三天两头来要钱,什么时候是个头?有能耐你强奸完把她弄死呀!"父亲这一席话把他刺激得血往上涌:上次被抓进派出所不也放出来了吗,我不够岁数凭啥要赔她家钱!赵某宝把这笔账算在明某的母亲宋某丽头上,决定有预谋地实施杀人计划。

2005年9月26日夜晚,赵某宝从明某家大屋窗户跳入室内,分辨出正在睡觉的宋某丽后,掏出尖刀刺向宋某丽,明某被声音惊醒,突然发现赵某宝正站在床头刺杀母亲,没等她喊出来,赵某宝便一把捂住她的嘴,压低声音说:"别吵吵!老实点!要不我连你一块剁了!"明某在旁边目睹了母亲被惨杀的情景。宋某丽当场死亡,经法医鉴定宋某丽身上刀伤多达19处。从惨遭凌辱的阴影中还未走出的明某,又目睹了母亲被残杀的情景,精神受到了极大刺激,整日神情恍惚。案发第三天,警方抓住了躲在宾馆的赵某宝,面对讯问,赵某宝对自己夜闯明某家,杀死宋某丽的事实供认不讳。

司法处理结果

通河县人民法院经审理认为,依据《刑法》第17条第4款之规定,加害人赵某宝未满14周岁,未达到法定刑事责任年龄,对其强奸行为依法不予追究刑事责任。但由于强奸行为造成的被害人的各项经济损失应予以赔偿。2005年9月21日,通河县人民法院作出判决:被告赵某宝向明某赔偿医药费、交通费、精神损失费等各项费用共计9021元,由其法定监护人履行。2006年3月25日,根据《公安机关办理劳动教养案件规定》第10条第2款规定,经黑龙江省公安厅批准,赵某宝被处劳教1年6个月。

(二)"蔡某某强奸杀人案"

案情简介

蔡某某,男,2006年1月出生,某中学学生。2019年10月20日,小淇(女,10岁)上完校外美术课步行回家途中遇到住同一栋楼的蔡某某，蔡某某以帮忙为由，将好心的小淇骗至家中试图实施强奸行为，小淇拼命反抗挣扎，蔡某某把她摁倒在地，掐住脖子疯狂殴打。为防止恶行暴露，蔡某某在小淇身上连捅七刀，随后杀人抛尸到其住处对面的灌木丛中。行凶后，蔡某某曾多次若无其事地来找女孩父母询问女孩是否被找到。警方在灌木丛中发现小淇的尸体被装在一个塑料袋里，身上压着两个垃圾袋，里面装着砖头和碎瓦块，裤子被褪到膝盖以下，前胸没有衣物，左眼上有被打留下的瘀青，身上有七处刀口，脖子上有明显掐痕，经法医鉴定，小淇因流血过多死亡。

司法处理结果

2019年10月20日，公安机关接到报警后立即组成专案组开展侦查，在走访调查中发现蔡某某具有重大作案嫌疑。到案后，蔡某某如实供述其杀害小淇的事实。依据《刑法》第17条第4款之规定，加害人蔡某某未满14周岁，未达到法定刑事责任年龄，依法不予追究刑事责任。当地公安机关按照法定程序报经上级公安机关批准，于10月24日依法对蔡某某收容教养3年。

（三）"吴某康弑母案"

案情简介

吴某康，男，12岁，某小学学生。吴某康的父亲常年在市外打工，母亲在家带着两个儿子。2018年12月2日，吴某康在家中偷偷抽烟，吴某康的母亲陈某发现后用皮带抽打吴某康。吴某康不满母亲管教太严，被母亲打后心生怨恨，持菜刀连砍母亲二十余刀，致其当场死亡。邻居听到吴某康家中传来两声尖叫，下楼敲吴某康家门。吴某康在门内回应称："没事，没事，弟弟拉屎在床上，妈妈很生气。"案发后，吴某康换下血衣，将卧室门反锁，并把弑母的菜刀扔到屋后的鱼塘里。当晚吴某康带 2 岁弟弟留在家中，并以母亲名义向班主任发短信给自己请病假。第二天外公来到家中发现尸体后，吴某康十分冷静地对外公撒谎，称母亲是用刀自杀。在警方掌握了杀人证据时，吴某康为自己辩解称："我又没杀别人，我杀的是我妈。"

司法处理结果

2018 年 12 月 3 日，沅江市公安局经过侦查勘验，迅速将嫌疑对象锁定为吴某康，吴某康如实供述其杀害其母的事实。依据《刑法》第 17 条第 4 款之规定，加害人吴某康未满 14 周岁，未达到法定刑事责任年龄，依法不予追究刑事责任。2018 年 12 月 12 日，公安机关将吴某康释放。

（四）"刘某等人劫杀女教师案"

案情简介

2015 年 10 月 18 日，刘某（13 岁）、赵某（12 岁）、孙某（11 岁）在湖南省邵东县廉桥镇某小学附近某网吧上网，当天 12 时许，刘某、赵某提议去某小学玩耍，三人从学校东侧围墙爬入。三人发觉学校仅有一名女教师李某云值班，便心存歹念，预谋对其实施抢劫，刘某在校内找到木棍并将新廉小学宿舍楼一楼小卖部撬开，盗走面包、棒棒糖若干。之后，赵某将值班老师李某云（52 岁）引出房间，持木棒对李某云进行殴打，并拖至卫生间用毛巾堵住李某云口鼻，致被害人李某云死亡。随后，刘某、赵某、孙某将李某云的手机及 2000 余元现金抢走。三人将尸体藏匿在卧室床底，再将现场血迹清理后逃离现场。作案后，他们仍然像往常一样在网吧打游戏。

司法处理结果

2015年10月18日,邵东县公安局启动命案侦破程序,在县城一网吧内将三人抓获。依据《刑法》第17条第4款之规定,加害人刘某、赵某、孙某均未满14周岁,未达到法定刑事责任年龄,依法不予追究刑事责任。邵东县公安局作出报送邵阳市工读学校教育的决定。

(五)"覃某杀人碎尸案"

案情简介

不满13岁的覃某在南丹县里湖瑶族乡仁广小学读书,与13岁的周某是同班同学,平时两人关系比较好,且两家都是同一条街上的邻居,住房相隔不足150米。2012年4月10日,覃某邀请周某到家中玩耍,两人在家中看电视时,覃某趁周某低头间隙,用木凳狠狠砸向周某的头部致其晕倒。将周某击晕后,覃某因害怕周某醒来之后将她所作所为告知家长和老师,遂从家中翻找出了菜刀、啤酒瓶、割纸刀、剪刀等凶器,将周某杀死。同时,因害怕被父母发现,覃某便将周某的头颅、手臂砍断,装进塑料袋,并清理了案发现场的血迹。案发后,当询问杀人动机时,覃某说出的理由让人心痛,仅仅是因为被害人周某性格开朗,长得比较好看,同学们都喜欢和周某玩。

司法处理结果

广西壮族自治区南丹县公安机关认定覃某故意杀人,因覃某犯罪时未满14周岁不追究刑事责任,最终决定对覃某收容教养3年。随后,周某的父母向广西南丹县人民法院提起诉讼,法院判处覃某父母赔偿原告10.8万元。周某父母不服提起了上诉，2012 年 12 月 24 日，广西壮族自治区河池市中级人民法院终审裁定维持原判。

二、关于刑事责任年龄制度的问题探讨

（一）我国刑法是否需要降低刑事责任年龄？

在犯罪低龄化和暴力化的发展趋势下，越来越多实施严重犯罪行为的未成年人因未达刑事责任年龄不受刑法的约束而脱离刑罚。与此同时，在不受刑法约束情况下又缺乏对这些未成年人进行教育和挽救的保障体系。《刑法》第 17 条第 4 款规定，因未达刑事责任年龄而不予刑事处罚的，责令家长或者监护人加以管教。该项规定忽视了这些未成年人的犯罪原因而产生了恶性循环。实施犯罪行为的未成年人最重要的犯罪原因之一是家长或监护人并未妥善履行监护职责，正是因为家长或监护人无能力抑或无条件管教才导致犯罪行为的发生。在这种情况下仍然将实施了犯罪行为的未成年人交由家长或监护人管教，并未充分认识到未成年人实施犯罪行为的深层次原因，为犯罪行为的再次发生埋下了隐患。这就产生了家长管教不力导致犯罪行为发生，而后再交由家长管教，家长再次管教不力而致使犯罪行为再次发生的恶性循环。因此，该条款的规定在很多情况下不仅不能带来积极作用反而产生了消极影响。此外，《刑法》第 17 条第 4 款进一步规定，在必要的时候也可以由政府收容教养。国家亲权理论认为，未成年人犯罪不仅是家庭的责任。同时也是整个社会和国家的责任。在家庭管教出现问题时，国家理应承担相应的责任，作为未成年人最大的监护人对其加以管教，由政府收容教养的规定就是国家亲权理论在刑法领域的体现。然而，政府收容教养的规定过于原则化，并没有明确政府收容教养的前提条件、程序等，在实践中也无政府收容教养的配套保障体系，使得该规定似乎成了"僵尸条款"。在我国，未达刑事责任年龄而实施严重犯罪行为的未成年人被政府收容教养的总体数量极少，大部分依旧未受到任何的教育和挽救。[1]

目前，我国学界对于刑事责任年龄是否降低有着明显的支持者和反对者两大阵营，并且各方均有充分的理由来佐证自己的观点。对此，我们可以从借鉴的角度考察域外其他国家和地区的相关立法规定。刑事责任年龄制度起源于古罗马时代的《十二铜表法》，它根据当时社会的背景初步规定了刑事责任年龄制度。[2]首先，它将婚配年龄作为刑事责任年龄的分界线，但其最初并未明确规定具体的刑事责任年龄。其次，《十二铜表法》最早规定了减轻刑事责任年龄制度，并使该制度逐步受到各国的普遍关注。英国最初并未将未成年作为免除刑事责任的正当理由，直至英国刑法采纳了《查士丁尼法典》中未成年人不用承担刑事责任的观点，才正式将成年与否作为认定刑事责任是否成立的重要因素。《查士丁尼法典》规定，7周岁以下的未成年人不需要负刑事责任，7周岁以上但不满14周岁的未成年人是缺乏刑事责任能力人，14周岁以上的未成年人是完全刑事责任能力人。英国的《儿童和青少年法》在1933年和1963年分别将刑事责任年龄下限上调至8岁和10岁。由此可知，英国的刑事责任年龄下限逐步提高，其刑事司法政策以严惩和控制犯罪为主要目的。[3]例如，在1993年，英国发生的两名10岁少年虐杀幼童事件震惊全国，法官迫于社会舆论压力公布了

---

[1] 杨统旭："现行刑事责任年龄规定的困境及出路"，载《青少年犯罪问题》2018年第6期。

[2] 王霖："网络犯罪参与行为刑事责任模式的教义学塑造——共犯归责模式的回归"，载《政治与法律》2016年第9期。

[3] 李会彬："刑事和解制度的理论基础新探——以刑、民事责任转化原理为视角"，载《法商研究》2015年第4期。

两名男孩的姓名,并判处两名少年有期徒刑15年。至21世纪,英国刑事司法开始关注未成年人权益保障,并逐步向均衡模式转变,不仅重视对犯罪行为的惩戒,也注重对未成人的保护。有关调查显示:2015年英国出现了超过5000起10周岁以下儿童的犯罪事件,这部分儿童由于未达到刑事责任年龄而免于刑事处罚;2016年,英国共6000余起10岁至14岁未成年人犯罪案件受到审理,仅有5人被判处有期徒刑。[1]由此可见,英国司法部门对于未成年人犯罪的审理是较为严格的。美国由于缺少统一的联邦法律,各州的刑事责任年龄在设置上有所差别。就刑事责任年龄的下限而言,俄克拉马荷州为7周岁,内华达州为8周岁,路易斯安那州为10周岁,阿肯色州为12周岁,纽约州为13周岁,新泽西州则达到了14周岁,得克萨斯州更是高达15周岁,各州间巨大的差异所体现的正是美国司法的特点,即区域间法律冲突过大时,各州可根据自身价值观做出不同的反应。[2]美国大部分州所设置的刑事责任年龄下限都较低,这与美国当前低龄化犯罪愈演愈烈的社会背景是密不可分的。我国香港地区所采用的刑事责任年龄制度承袭了英国普通法。《少年犯条例》自2003年进行修正后一直被沿用至今。该条例对刑事责任年龄进行了如下规定:10周岁以下者无需承担刑事责任,10周岁至14周岁者需要承担相对刑事责任,14周岁以上者需要承担完全刑事责任。香港法律默认10周岁至14周岁的未成年人不具有犯罪能力,然而一旦有充分的证据显示处于该年龄段的犯罪人明确了自身犯罪的后果却执意选择犯罪(例如杀人毁

---

[1] 刘涛:"青少年犯罪矫治的社会功能与法律模式——一个社会系统论的视角",载《青年研究》2017年第3期。

[2] 郭研:"无被害人犯罪视域下的青年犯处罚依据分析",载《中国青年研究》2015年第5期。

尸），那么无罪推定即被推翻。这可以说明犯罪人对自身行为具有辨识能力，因而需要承担相应的刑事责任。《联合国少年司法最低限度标准规则》明确对未成年人刑事责任年龄的起点不应规定得太低。国际刑法学协会在北京召开的国际刑法大会决议明确提出，未成年人的特殊司法体制不适用于不满14周岁的人，完全刑事责任年龄起点应当设定为18周岁。如今，只有少数国家和地区规定低于14周岁。如法国为13周岁、土耳其为12周岁、英国为10周岁。多数国家和地区都将未成年人刑事责任年龄起点规定为14岁，如德国、俄罗斯、奥地利、意大利、美国明尼苏达州和新泽西州。还有许多国家规定了较高的刑事责任年龄起点，捷克斯洛伐克、丹麦、瑞典、格林兰为15周岁，西班牙为16周岁，波兰为17周岁，巴西为18周岁。[1]

　　针对当前严重的犯罪低龄化暴力化趋势，理论界和实务界提出，需通过适当降低刑事责任年龄来打击低龄未成年人犯罪，以维护社会秩序。笔者认为，首先，降低刑事责任年龄其实并不能有效地缓解和遏制低龄暴力化的未成年人犯罪。从犯罪学的角度看，未成年人犯罪具有反复性，对其进行刑罚的适用更易引发交叉感染。以犯罪标签理论视角分析，有着犯罪标签的未成年人更容易发生次级越轨而再次犯罪。因此，运用刑法的威慑力而适用刑罚并不一定能预防犯罪和再犯罪，短期内虽可能会在一定程度上减少犯罪，但从长远来看，其无助于青少年犯罪的最终治理，所以降低刑事责任年龄并不具有现实意义。其次，降低刑事责任年龄违背刑罚轻缓化的理念趋势，与宽严相济刑事政策的精神背道而驰。无论是国际条约还是现行少年司法理念，对未成年人都期望秉持教育、感化、挽救的方针政

---

[1] 余敏、何缓："对降低刑事责任年龄起点的商榷"，载《中国检察官》2018年第4期。

策，应当尽量减少对实施危害行为的未成年人追究刑事责任，即使是在追究刑事责任时也应当尽量适用宽缓的刑罚。在这样的背景下，降低刑事责任年龄无疑增加了对未成年人刑事责任的追究范围，扩大了未成年人的犯罪圈。最后，降低刑事责任年龄来应对犯罪低龄化暴力化有转嫁和推卸责任之嫌。[1]未成年人犯罪不仅仅是一个法律问题，也是一个社会问题，不能完全归因于刑法保障的不利。在社会变革转型期，这种现象的产生更多地在于国家和社会的责任，国家和社会理应承担起相应的责任，通过国家社会自身的有效管理来预防未成年人实施严重危害行为。通过降低刑事责任年龄对未成年人适用刑罚这种简单粗暴的处理方式无疑是将责任转嫁给未成年人。在"吴某康弑母案"中，吴某康的父亲常年在外打工，而且吴某康的母亲也外出打工多年，近年由于有了二胎才回家。其母把从小由爷爷奶奶养大的大儿子接回家后，发现其不认真学习、抽烟、打游戏，各种坏习惯集于一身，母亲便由屡屡说教逐渐升级为频频打骂。这次事端也是由打骂开始的。不幸的是，母亲被比自己强壮的儿子杀害，惨死在自家卧室。孩子与父母之间因为长年没有生活在一起，无法建立起爱与信任的纽带，自然无法对彼此的认知与行为达成一致与和解，于是矛盾重重。父母除了打骂，并没有给孩子更多的安全感和爱。而孩子进入到家庭后，在这样的陌生环境里对本应给自己关爱的父母从期待变成了惧怕、回避，进而升级成了恨，在自己有能力反抗的情况下，往往会酿成不可逆的悲剧。在"刘某等人劫杀女教师案"中，三位未成年人中有两名是留守儿童，赵某的父母都在服刑，孙某的父母都在外打工。而刘某父亲身患残疾，以开三轮摩托为

---

[1] 林清红："未成年人刑事责任年龄不宜降低"，载《青少年犯罪问题》2016年第1期。

生。他亲生母亲因嫌家里穷于多年前即离家出走。刘某现在的母亲是他继母,平日里,刘某多由爷爷奶奶照顾。了解未成年人的犯罪背景并不是要为他们开脱,而是正视这残酷的现实。刑罚只是犯罪治理的一种手段,难治社会百病。在大多数情况下,违法犯罪的未成年人既是社会的危害者,也是不良环境的受害者。"一刀切"地降低刑事年龄的方式治标不治本,并不能从根源上预防和治理未成年人犯罪。

(二) 我国刑法是否有必要引入"恶意补足年龄"制度?

犯罪低龄化以及犯罪暴力化趋势明显加重并不断发展已是不可忽视的事实,而这种趋势的不断发展势必会带来诸多的潜在危害。其实,未成年人犯罪的潜在被害人往往是比之更弱的未成年人,而当未成年人实施犯罪行为的手段更加暴力化时,其人身危险性无疑会成倍增长,造成的社会危害性也会更大。在这样的背景下,刑法作为保障社会稳定的最后一道防线理应发挥相应的作用,以应对并遏制这种趋势。但是,鉴于出罪功能,刑法将这部分行为人排除出了犯罪圈并限制对其适用刑罚,无法对这些人予以教育和预防,这在一定程度上妨碍了刑法保障防卫社会的功能发挥。从刑事责任年龄的立法模式来看,美国恶意补足年龄规则就是英美法系国家为应对犯罪低龄化问题而发展并形成的规则。恶意补足年龄作为一种弹性的年龄规则具有自身一定的优势。在立法模式的选择上,我们可以借鉴恶意补足年龄规则这种弹性的优势,在复杂的情况下更多地考虑个案的情况,在降低年龄段内将部分行为人纳入刑法的规制范围。当然,基于法系以及国情的不同,我们不能完全照搬英美法系的恶意补足年龄规则,在诸多方面必须要做出适合我国自身国情的转化。

恶意补足年龄规则是指对未达到刑事责任年龄的人,如果有证据能够证明在实施严重不法行为时具有"恶意",则推定其达到刑事责任年龄,追究其刑事责任。这个制度从其确立至今已有近七百年的历史。在长期的历史实践中,"恶意补足年龄"规则在打击犯罪与保障低龄未成年人的合法权益之间做到了很好的平衡。在司法实践中,控方可以通过被告人以前实施过同类犯罪行为的事实来证明被告人对这种犯罪的明知,也可以通过被告人的家庭背景等情况来证明。[1]"恶意"指行为人对危害行为具有相应的辨认和控制能力。目前,学界对此存在多种定义:知道特定行为不是单纯的恶作剧而是严重的错误;无正当理由或借口而故意实施错误行为;知道其在实施何种行为且实施这种行为是错误的;等等。恶意补足年龄原则的适用是基于这样的原理:完全按照年龄划分刑事责任过于机械,在面对现实中较同龄人更为早熟的未成年人时便不合适。如果有充足的证据可以证明其主观恶意已能区分对错而又恶意犯罪,即便不满最低刑事责任年龄,亦可追究其刑事责任。这一原则打破了严格依照生理年龄划分刑事责任的惯例,在打击低龄犯罪人的恶性犯罪的同时,又因证据证明的严格要求而能兼顾法律对于未成年人权利的保障。当下比较成熟的做法是在采取刑事责任年龄三分法的基础上兼采恶意补足年龄原则。普通法系国家将行为人的刑事责任年龄分为三个阶段:7周岁以下因其缺乏实施犯罪的心理要素而认为对其实施刑罚不能达到刑罚的预期效果;7周岁至14周岁之间被推定为缺乏刑事责任能力,但如果有充分证据证明行为人理解其行为的性质,知其为不当行为而恶意实施,则推定其具备完全刑事责任能力;14周岁以上则为完全刑事责任能力人。这种制度设计弥补了完全以年龄划分刑

---

[1] [英] J. W. 塞西尔·特纳:《肯尼刑法原理》,王国庆等译,华夏出版社1989年版,第85~86页。

事责任能力易导致少数早熟未成年人凭之规避刑罚的不足。

适用恶意补足年龄的英美法系国家多将恶意补足年龄的适用起点规定为 7 周岁或 10 周岁,但各国法律文化和社会背景的迥异决定了规则在适用时应因地制宜。我国对于未成年人保护一直坚持教育为主、惩罚为辅的指导思想,因此我国适用此规则的起点不宜太低。可以将恶意补足年龄的适用范围定为 12 周岁至 14 周岁。如果未满 12 周岁,不适用恶意补足年龄制度。即使证明该未成年人有责任能力,也推定没有责任能力。之所以选择 12 周岁作为恶意补足年龄制度的适用下限,其主要原因有:其一,从对严重的未成年人犯罪案件的检索中我们可以发现,近年来,12 周岁至 14 周岁未成年人杀人、以残忍手段故意伤害的案件较多。有学者统计,在抽样的 120 起校园暴力案件中,有超 1/4 也就是 30 余件是由 12 周岁至 14 周岁的未成年人实施的。[1] 其二,根据我国的教育现状,未成年人在 12 周岁左右完成小学教育,已具备基本的分辨是非的能力,也有了一定的社会常识和行为能力,具备了初步的作案能力。其三,罪名的限制。恶意补足年龄规则是对现有制度的完善和补充,根据我国刑法"举重以明轻"的原则,14 周岁至 16 周岁的未成年人仅需对八种严重的故意犯罪行为负责,14 周岁以下的未成年人也应当最多只对这八种罪行承担刑事责任。考虑到未成年人本身的身体和心理特征,不满 14 周岁的未成年人对财产的概念较为模糊,容易受到外界的干扰且不具有现实紧迫性。因此不满 14 周岁的未成年人在侵犯财产安全时可以不受到刑法的制裁,而由民法来加以调整,但在故意实施侵犯他人生命健康的罪行时应当受到刑法的惩罚。我国若引入恶意补足年龄规则应将其

---

[1] 陈伟、熊波:"校园暴力低龄化防控的刑法学省思——以'恶意补足年龄'规则为切入点",载《中国青年政治学院学报》2017 年第 5 期。

适用范围确定为，12周岁至14周岁的未成年人，若有证据证明其具有控制辨认能力且恶意实施故意杀人、故意伤害致人重伤或者死亡、强奸、放火、爆炸、投放危险物质六项罪行，应当承担刑事责任。

若引用"恶意补足年龄"规则，在"赵某宝强奸杀人案"中，赵某宝违背妇女意志，强行与妇女发生性关系，其行为已构成强奸罪，可处三年以上十年以下有期徒刑。依照《刑法》第17条第3款规定，未成年人犯罪应当从轻或者减轻处罚。对于赵某宝、蔡某某、张某康、刘某、赵某、覃某犯而言，这些未成年人杀人手段残忍并能充分认识到自己行为的错误性与可谴责性并具有相应的希望或放任的意志因素的，应当处死刑、无期徒刑或者十年以上有期徒刑；情节较轻的，处三年以上十年以下有期徒刑。由于未满18周岁，不适用死刑，并应当从轻或者减轻处罚。

（三）如何看待我国的少年司法制度？

2014年，最高人民法院的周强院长在全国法院少年司法工作会议上指出我国少年法庭建设取得了显著成绩："少年法庭从最初的合议庭发展到独立建制的审判庭，从只审理未成年人刑事案件发展到综合审理未成年人刑事、民事、行政案件，从只在基层法院设置到在基层和中级、高级法院设置，组织机构不断健全。"此外，未成年人检察制度也取得了长足进步，据2016年6月召开的未成年人检察工作三十年会议通报，未成年人检察制度在专业化、独立化以及捕、诉、监、防一体化工作模式方面都有较大的进展。少年司法的具体举措标志着我国少年司法逐步走向完善。然而，在更为宏观的比较视野内，目前我国少年司法在整体上仍处在法律需要完善、制度继续引进、机构仍在建设、其他诸如物资调度、人员配备和完善体制的初级阶段。首先,缺乏完整的少年司法法律体系。我国虽在《宪法》《未成年人保护法》《预防未成年人犯罪法》《治安管理处罚法》《刑法》《刑事诉讼法》等法律文本中规定了保护未成年人权利、预防和处罚未成年人犯罪的制度和措施,但法律过于零散,并未形成系统的少年法律体系。其次,从司法机构设置上来看,少年司法机构的设置仍显不足,一些地区的少年案件常常被交由综合审判庭处理,而由综合审判庭审理少年案件难免会造成对未成年人切身利益的保护不足,这样会使得有些教育感化的司法制度效果落空,不利于对未成年人的保护、教育。再次,警察机构作为预防和打击违法犯罪的先锋队,无论是在未成年人权利保护、预防未成年人犯罪还是在少年罪错案件的甄别与定性方面都占据着重要地位。但遗憾的是,我国尚未建立专门的少年司法警察制度,仅在一些法治化程度较高地区的警察机构中设有专门的"少年科"或"少年预审"。[1] 复次,在少年案件的审理方式上,仍遵循着侦查、起诉、审判和交付执行的方式,少年司法程序和普通司法程序并无实质区别。另外,在处罚方式上,对少年犯的处罚往往是比照成年人的刑罚量予以折减,刑罚多样化不足,刑罚替代措施匮乏。最后,针对未成年人的社区矫正、未达到刑事责任年龄的未成年人教养,主要是运用收容教育和工读学校等行政强制教育措施。这些措施存在适用程序简单、缺乏监督等缺陷,因此难以收到教育矫治和预防犯罪之效果。

在少年司法改革进程中,改革、完善未成年人收容教养制度非常重要。在湖南省邵东县发生的"刘某等人劫杀女教师案"中,三名凶手都是不满 14 周岁的未成年人。案件被报道

---

[1] 徐建:《青少年法学新视野》,中国人民公安大学出版社 2005 年版,第 77 页。

后，引发了社会的强烈关注。由于作案者不满 14 周岁，按照法律规定，都不能追究刑事责任。《刑法》第 17 条第 4 款规定："因不满 16 周岁不予刑事处罚的，责令他的家长或者监护人加以管教；在必要的时候，也可以由政府收容教养。"新修订的《预防未成年人犯罪法》第 41 条对类似情形做出了社区矫正类的规定。对于这类严重违法的少年，最严厉的处罚措施是收容教养，但收容教养制度多年来一直饱受诟病：不经司法程序径由行政机关决定长期限制人身自由的收容教养，有人权司法保障不足之嫌。且现行的收容教养在未成年人教育专门化方面存在明显不足，有的甚至只重视关押，忽视教育矫治，收效甚微。典型的收容教养失败的案例是，李某某曾因殴打他人被收容教养 1 年，但解除收容教养后不久就实施了性质更严重的强奸犯罪。为了妥善处理低龄少年实施的严重违法行为，教育矫治未成年人，我国应当建立未成年人特殊处罚体系，当前最迫切的是完善收容教养制度。收容教养是长期限制人身自由的措施，经由司法程序决定比较适宜。建议适时修改立法，在刑法、刑事诉讼法或者预防未成年人犯罪法中单独规定独立的少年收容教养程序（不同于刑事、行政和民事诉讼程序）。第一，明确适用对象。根据未成年人身心发育特点和行为特征，参考境外立法，建议收容教养制度适用于 10 周岁以上 16 周岁以下有严重不良行为或者违法行为的少年。被收容教养的少年，通常不良行为非常严重，人身危险性大，需要通过适当的约束性措施，对其开展科学的心理矫正和治疗。第二，明确决定机关。长期限制甚至剥夺少年人身自由的收容教养制度，应当谨慎地适用，应当纳入司法程序。具体程序可以考虑，对于少年严重不良行为或者违法行为的案件，由公安机关立案办理，检察机关审查，符合收容教养条件的，移送人民法院裁判。同时建立执行联动机制，明确有关单位（如教育、卫生、民政、团委、妇联、机关工委等机构）的配合职责。第三，明确适用条件。细化对违法少年的处理标准，根据少年行为的严重程度和人身危险性，决定执行方式。可以分为三个层次：对于少年有不良、违法行为但并非特别严重且监护人有监管能力的，公安机关可以决定家庭监管，教育部门、民政部门配合开展家庭教育的指导工作；对于少年有严重不良、违法行为，监护人监护能力不足或者监护失当的，由公安机关或者人民法院决定送工读学校就读；对于少年违法行为特别严重，人身危险性很大的，由人民法院决定送专门的收容教养场所执行。第四，明确执行场所、执行机关和执行期限。建立专门的执行场所，与少管所分离。同时，大力发展工读学校，并充分利用现有的失足未成年人观护基地。执行期限一般为6个月至3年。在执行过程中应当注重对少年的心理矫治、品行矫正和文化教育。第五，完善社会调查制度。公安机关、检察机关和人民法院应当根据需要对被收容教养的少年的社会背景、成长经历、生活环境、实施违法行为前后的表现等进行调查，形成调查报告，为正确决定收容教养提供参考。调查报告还应为执行机关制定个别化的收容教养计划提供依据。第六，改革和完善前科封存制度。我国已经依法建立了未成年人轻罪记录封存制度。为进一步加强对失足少年的人权保护，可以考虑建立少年收容教养前科封存制度，使之与犯轻罪的未成年人前科封存制度衔接，从而促使被教育、矫正的少年更好地回归社会。总之，针对失足少年的司法应当是柔性司法、教育性司法、预防性司法。这些特点决定了少年司法必然要延伸到犯罪预防领域。事实上，世界上的许多国家和地区都将少年的严重不良行为和违法行为纳入了少年司法体系。改革我国收容教养制度，将收容教养作为少年司法的转处措施纳入司法程序具有重要意义，不仅能够解决日益增多的低龄少年严重违法行为的教育、矫正问题，还能够从根本上解决目前少年法庭职能过于单一的问题。这也是我国少年司法制度与世界少年司法制度互动的重要步骤。因此，改革收容教养制度，将其纳入司法程序，必将推动司法文明进步，特别是将对少年司法制度产生深远影响。[1]

三、法律依据

（1）《中华人民共和国刑法》第17条：已满十四周岁不满十八周岁的人犯罪，应当从轻或者减轻处罚。已满十四周岁不满十六周岁的人，犯故意杀人、故意伤害致人重伤或者死亡、强奸、抢劫、贩卖毒品、放火、爆炸、投放危险物质罪的，应负刑事责任。因不满十六周岁不予刑事处罚的，责令他的家长或者监护人加以管教；在必要的时候，也可以由政府收容教养。

（2）《中华人民共和国刑法》第49条：犯罪的时候不满十八周岁的人和审判的时候怀孕的妇女，不适用死刑。审判的时候已满七十五周岁的人，不适用死刑，但以特别残忍手段致人死亡的除外。

（3）《中华人民共和国刑法》第65条：被判处有期徒刑以上刑罚的犯罪分子，刑罚执行完毕或者赦免以后，在五年以内再犯应当判处有期徒刑以上刑罚之罪的，是累犯，应当从重处罚，但是过失犯罪和不满十八周岁的人犯罪的除外。前款规定的期限，对于被假释的犯罪分子，从假释期满之日起计算。

（4）《中华人民共和国刑法》第72条：对于被判处拘役、三年以下有期徒刑的犯罪分子，同时符合下列条件的，可以宣

---

[1] 胡云腾："论全面依法治国背景下少年法庭的改革与发展——基于域外少年司法制度比较研究"，载《中国青年社会科学》2016年第1期。

告缓刑,对其中不满十八周岁的人、怀孕的妇女和已满七十五周岁的人,应当宣告缓刑:(一)犯罪情节较轻;(二)有悔罪表现;(三)没有再犯罪的危险;(四)宣告缓刑对所居住社区没有重大不良影响。宣告缓刑,可以根据犯罪情况,同时禁止犯罪分子在缓刑考验期限内从事特定活动,进入特定区域、场所,接触特定的人。被宣告缓刑的犯罪分子,如果被判处附加刑,附加刑仍须执行。

(5)《中华人民共和国刑事诉讼法》第277条:对犯罪的未成年人实行教育、感化、挽救的方针,坚持教育为主、惩罚为辅的原则。人民法院、人民检察院和公安机关办理未成年人刑事案件,应当保障未成年人行使其诉讼权利,保障未成年人得到法律帮助,并由熟悉未成年人身心特点的审判人员、检察人员、侦查人员承办。

(6)《中华人民共和国刑事诉讼法》第278条:未成年犯罪嫌疑人、被告人没有委托辩护人的,人民法院、人民检察院、公安机关应当通知法律援助机构指派律师为其提供辩护。

(7)《中华人民共和国刑事诉讼法》第279条:公安机关、人民检察院、人民法院办理未成年人刑事案件,根据情况可以对未成年犯罪嫌疑人、被告人的成长经历、犯罪原因、监护教育等情况进行调查。

(8)《中华人民共和国刑事诉讼法》第280条:对未成年犯罪嫌疑人、被告人应当严格限制适用逮捕措施。人民检察院审查批准逮捕和人民法院决定逮捕,应当讯问未成年犯罪嫌疑人、被告人,听取辩护律师的意见。对被拘留、逮捕和执行刑罚的未成年人与成年人应当分别关押、分别管理、分别教育。

(9)《中华人民共和国刑事诉讼法》第281条:对于未成年人刑事案件,在讯问和审判的时候,应当通知未成年犯罪嫌疑人、被告人的法定代理人到场。无法通知、法定代理人不能到场或者法定代理人是共犯的,也可以通知未成年犯罪嫌疑人、被告人的其他成年亲属,所在学校、单位、居住地基层组织或者未成年人保护组织的代表到场,并将有关情况记录在案。到场的法定代理人可以代为行使未成年犯罪嫌疑人、被告人的诉讼权利。

到场的法定代理人或者其他人员认为办案人员在讯问、审判中侵犯未成年人合法权益的,可以提出意见。讯问笔录、法庭笔录应当交给到场的法定代理人或者其他人员阅读或者向他宣读。

讯问女性未成年犯罪嫌疑人,应当有女工作人员在场。审判未成年人刑事案件,未成年被告人最后陈述后,其法定代理人可以进行补充陈述。

(10)《中华人民共和国刑事诉讼法》第 282 条:对于未成年人涉嫌刑法分则第四章、第五章、第六章规定的犯罪,可能判处一年有期徒刑以下刑罚,符合起诉条件,但有悔罪表现的,人民检察院可以作出附条件不起诉的决定。人民检察院在作出附条件不起诉的决定以前,应当听取公安机关、被害人的意见。对附条件不起诉的决定,公安机关要求复议、提请复核或者被害人申诉的,适用本法第一百七十九条、第一百八十条的规定。未成年犯罪嫌疑人及其法定代理人对人民检察院决定附条件不起诉有异议的,人民检察院应当作出起诉的决定。

(11)《中华人民共和国刑事诉讼法》第 283 条:在附条件不起诉的考验期内,由人民检察院对被附条件不起诉的未成年犯罪嫌疑人进行监督考察。未成年犯罪嫌疑人的监护人,应当对未成年犯罪嫌疑人加强管教,配合人民检察院做好监督考察工作。

附条件不起诉的考验期为六个月以上一年以下,从人民检察院作出附条件不起诉的决定之日起计算。被附条件不起诉的未成年犯罪嫌疑人,应当遵守下列规定:(一)遵守法律法规,服从监督;(二)按照考察机关的规定报告自己的活动情况;(三)离开所居住的市、县或者迁居,应当报经考察机关批准;(四)按照考察机关的要求接受矫治和教育。

(12)《中华人民共和国刑事诉讼法》第284条:被附条件不起诉的未成年犯罪嫌疑人,在考验期内有下列情形之一的,人民检察院应当撤销附条件不起诉的决定,提起公诉:(一)实施新的犯罪或者发现决定附条件不起诉以前还有其他犯罪需要追诉的;(二)违反治安管理规定或者考察机关有关附条件不起诉的监督管理规定,情节严重的。被附条件不起诉的未成年犯罪嫌疑人,在考验期内没有上述情形,考验期满的,人民检察院应当作出不起诉的决定。

(13)《中华人民共和国刑事诉讼法》第285条:审判的时候被告人不满十八周岁的案件,不公开审理。但是,经未成年被告人及其法定代理人同意,未成年被告人所在学校和未成年人保护组织可以派代表到场。

(14)《中华人民共和国刑事诉讼法》第286条:犯罪的时候不满十八周岁,被判处五年有期徒刑以下刑罚的,应当对相关犯罪记录予以封存。犯罪记录被封存的,不得向任何单位和个人提供,但司法机关为办案需要或者有关单位根据国家规定进行查询的除外。依法进行查询的单位,应当对被封存的犯罪记录的情况予以保密。

(15)《中华人民共和国预防未成年人犯罪法》第35条第2款、第3款:对有本法规定严重不良行为的未成年人,其父母或者其他监护人和学校应当相互配合,采取措施严加管教,也可以送工读学校进行矫治和接受教育。对未成年人送工读学校进行矫治和接受教育,应当由其父母或者其他监护人,或者原所在学校提出申请,经教育行政部门批准。

(16)《最高人民法院关于审理未成年人刑事案件具体应用法律若干问题的解释》第 13 条:未成年人犯罪只有罪行极其严重的,才可以适用无期徒刑。对已满十四周岁不满十六周岁的人犯罪一般不判处无期徒刑。

论单位犯罪及其刑事责任

——以单位贿赂案件为例

我国《刑法》第30条规定:"公司、企业、事业单位、机关、团体实施的危害社会的行为,法律规定为单位犯罪的,应当负刑事责任。"第31条规定:"单位犯罪的,对单位判处罚金,并对其直接负责的主管人员和其他直接责任人员判处刑罚。本法分则和其他法律另有规定的,依照规定。"相关的司法解释进一步申明了单位犯罪的要件,《最高人民法院关于审理单位犯罪案件具体应用法律有关问题的解释》第2条规定:"个人为进行违法犯罪活动而设立的公司、企业、事业单位实施犯罪的,或者公司、企业、事业单位设立后,以实施犯罪为主要活动的,不以单位犯罪论处。"司法实践中的案件要比司法解释所列举的情形更为复杂,关于单位犯罪刑事责任的承担方式以及罚金适用标准更是存在司法适用争议。对此,笔者选取了几个典型的单位贿赂案件,从个案视角来评析我国关于单位犯罪及其刑事责任的立法及其适用问题。

一、案情简介及司法处理结果

(一)"陈某敏、陈某昌及民太公司单位行贿案"

案情简介

陈某敏,原任佛山市南海区民太建筑材料有限公司法定代表人;陈某昌,以个人名义与民太建筑公司共同出资经营308项目;李某石,原系广东中旅(南海)旅游投资有限公司副董事长;王某年,原系广东中旅(集团)有限公司董事长。

2011年,佛山市南海区民太建筑材料有限公司(以下简称"民太公司")负责人陈某敏从广东中旅(南海)旅游投资有限公司副董事长李某石处得知广东中旅岭南绿洲花园和养生谷花园项目(以下简称"308项目")的待建信息后,与民太公司四名股东梁某广、李某华、崔某标、陆某佳(均另案处理)及被告人陈某昌商议,商定由民太公司和陈某昌共同投资经营上述项目并送给李某石30%的干股去打点关系,以谋取承建308项目。2012年初,在李某石和广东中旅(集团)有限公司董事长王某年(另案处理)等人的关照下,民太公司以挂靠的湖南省第三工程有限公司的名义顺利中标308项目的土建工程。随后,陈某昌按照约定投资参建308项目。2012年,陈某敏从308项目的合作经营款中提取了900万元并分多次将该900万元提供给李某石,由李某石向王某年等人行贿。

在该案中,陈某昌以个人的名义与民太公司按控股比例参与该308项目的投资建设,其中陈某敏的行贿行为也代表了民太公司以及陈某昌的意志,目的是中标308项目以获得该工程的巨大利润。李某石在明知陈某敏所经营的民太公司不具备相应建筑资质的情况下,仍协助该公司顺利承接南海旅投公司308别墅项目的土建工程,为了从该项目中获益,向王某年等人多次行贿。

司法处理结果

佛山市南海区人民法院经审理认为,被告单位佛山市南海区民太建筑材料有限公司犯单位行贿罪,判处罚金人民币80万元。被告人陈某敏犯单位行贿罪,判处有期徒刑 2 年 6 个月,缓刑 3 年。被告人李某石犯行贿罪,判处有期徒刑 8 年。被告人陈某昌系与民太公司共同实施行贿犯罪,由于作为单位的民太公司在共同犯罪起主要作用,因此对被告人陈某昌可按照单位行贿罪的规定定罪量刑,判处有期徒刑 2 年,缓刑 2 年 6 个月。一审判决后,陈某昌提出上诉,认为其不是民太公司的股东或主管人员,原审判决将其作为单位行贿罪的共犯处理不正确。即使他是单位行贿罪的共犯,也是从犯且有自首情节,亦应认定为情节显著轻微,请求改判,免予刑事处罚。

佛山市中级人民法院经审理认为,陈某昌既不是民太公司的股东或员工,也没有以其他单位的名义参与涉案行贿犯罪,不属于按单位犯罪处罚的人员范围。其次,陈某昌通过参与行贿承接涉案工程项目取得的经济利益直接归其个人所有而非民太公司或其他单位所有,根据《刑法》第 393 条"因行贿取得的违法所得归个人所有的,依照本法第三百八十九条、第三百九十条(即行贿罪)的规定定罪处罚"的规定,不宜按单位行贿罪对陈某昌予以定罪处罚。原审判决认定事实清楚,证据确实充分,审判程序合法,但定罪不准确,量刑不适当,适用法律有错误,本应均予纠正,因《刑事诉讼法》规定第二审人民法院在审理被告人上诉的案件时不得加重被告人的刑罚,故第二审人民法院在纠正原审判决认定陈某昌所犯罪名的同时维持原审判决对陈某昌的量刑。

(二)"陈某辉、湖南恒凯公司行贿案"

案情简介

在湖南省长沙市机动车尾气检测社会化项目实施过程中,时任湖南省长沙市环境保护局局长的黎某利用管理招商引资、协调机动车尾气检测补贴等职务便利,将湖南省长沙市机动车尾气检测社会化项目交给湖南恒凯公司,并在协调机动车尾气检测收费、检测财政补贴中给湖南恒凯公司多次提供帮助。为感谢黎某的关照,时任湖南恒凯公司股东、董事长的陈某辉先后5次向黎某行贿人民币527 800元。

被告单位湖南恒凯公司是于2007年3月27日经湖南省工商行政管理局登记成立的有限责任公司,公司股东有广东省深圳市恒凯投资有限公司、湖南桃岭农业科技有限公司,被告人陈某辉系广东省深圳市恒凯投资有限公司的股东,自2007年11月16日至2013年7月31日任被告单位湖南恒凯公司的法定代表人,且系该公司股东。黎某于2006年3月29日至2013年11月任湖南省长沙市环保局党组副书记、局长。

2007年初,被告人陈某辉得知全国其他地方的汽车尾气检测业务社会化后,向黎某表示其所在的湖南恒凯公司想做湖南省长沙市汽车尾气检测项目。2007年五六月份,黎某告知陈某辉湖南省长沙市汽车尾气检测项目准备开展,要湖南恒凯公司先做好尾气检测可行性方案。2007年七八月份,陈某辉将湖南省长沙市尾气检测可行性方案交给了黎某,黎某又告知陈某辉,尾气检测项目政府不出钱,借鉴其他省市的经验以BOT方式投资建设,这个项目必须按程序办,湖南省长沙市环境保护局准备开会研究决定由该局尾气检测中心负责。在黎某的帮助下,2007年7月26日,被告人陈某辉以广东省深圳市恒凯投资有限公司的名义与湖南省长沙市环境保护局签订《汽车尾气监测项目合作协议书(框架协议)》。2007年八九月份,黎某以买房缺钱为由向被告人陈某辉提出借款。2007年9月24日,在湖南省长沙市君逸康年大酒店黎建租住的房间内,被告人陈某辉将湖南恒凯公司的40万元交给黎某,并表示该40万元送给黎某。

不久，黎某给被告人陈某辉出具"今借到陈某人民币肆拾万元整"借据1份。2007年9月26日，黎某将该40万元交给其外甥女周某保管，并未用于购房。之后，黎某多次向被告人陈某辉表示要归还该笔人民币，陈某辉均表示不用归还，黎某借机未予归还。2007年11月，黎某告诉陈某辉，湖南省长沙市人民政府已同意湖南省长沙市尾气检测社会化项目，但要在当年12月的湖南省长沙市高新科技成果转化招商会议上签订协议。2007年12月7日，湖南省长沙市环境保护局与湖南恒凯公司签订《长沙市机动车辆排气污染检测中心建设招商引资合同》，湖南恒凯公司取得了湖南省长沙市汽车尾气检测项目，同时约定湖南省长沙市环境保护局有义务协助湖南恒凯公司享受市政及环保的有关优惠政策并争取其他优惠政策，不得允许其他任何单位和个人在本市范围内设立机动车辆排气污染检测站。

为帮助湖南恒凯公司解决机动车尾气检测社会化服务后检测收费的依据标准问题，黎某又与湖南省、市物价局协调关系。经过协调，湖南省长沙市物价局于2010年7月15日向湖南恒凯公司下达了《关于湖南省长沙市机动车尾气污染简易工况法检测收费及有关问题的通知》，准予湖南恒凯公司按规定的收费标准收费，试行1年。2010年11月30日，湖南省人民政府下发《关于稳定价格总水平保障群众基本生活的实施意见》，取消机动车尾气检测费等项目，黎某又协调解决机动车尾气检测补贴及机动车排气检测收费转为服务性收费等事项。被告单位湖南恒凯公司在湖南省长沙市机动车尾气检测社会化项目实施过程中，为得到湖南省长沙市环境保护局时任局长黎某利用职务便利协调机动车尾气检测收费、机动车尾气检测补贴等便利，对黎某表示感谢，被告人陈某辉又以被告单位湖南恒凯公司的名义先后4次向黎某行贿，共计人民币12.78万元。

湖南恒凯公司于2007年3月27日经湖南省工商行政管理局登记成立，系有限责任公司，公司股东有广东省深圳市恒凯投资有限公司、湖南桃岭农业科技有限责任公司，法定代表人黄某；2007年11月16日，法定代表人变更为陈某辉，股东为湖南桃岭农业科技有限责任公司、陈某辉、郑某；2012年12月24日，股东变更为湖南桃岭农业科技有限责任公司、陈某辉、王某；2013年7月，被告人陈某辉将其持有的湖南恒凯公司股份转让，得转让款3400万元，其中违法所得为200万元；同年7月31日，股东变更为湖南桃岭农业科技有限责任公司、王某，法定代表人变更为王某；2014年2月19日，股东变更为湖南福天兴业投资集团有限公司、王某、罗某，原湖南恒凯公司的股东已全部发生变更，所谋取的不正当利益也已经归原湖南恒凯公司股东个人所有。

司法处理结果

法院经审理认为，被告人陈某辉作为被告单位湖南恒凯公司的股东和直接负责的主管人员，为被告单位湖南恒凯公司谋取不正当利益而向国家工作人员行贿，湖南恒凯公司于2007年3月27日依法注册成立，历经多次变更，最后的股东变更为湖南福天兴业投资集团有限公司、王某等，原行贿事实发生时的股东已全部发生变化，且因行贿所取得的非法利益均已被原股东个人所拥有，故本案应以行贿罪论，被告人陈某辉的行为构成行贿罪，被告单位湖南恒凯公司不构成单位行贿罪。被告单位湖南恒凯环保科技投资有限公司无罪；被告人陈某辉犯行贿罪，免予刑事处罚；被告人陈某辉违法所得200万元予以追缴，上缴国库。

(三)"山东省公路建设集团有限公司、王某单位行贿案"

案情简介

2010年初,贵州省高速公路开发总公司对六镇线路各标段进行招标,被告单位山东公路建设集团有限公司报名参与了六镇线第七标段的竞标活动,并由山东省公路建设集团有限公司贵州分公司(以下简称"贵州分公司")经理即本案原审被告人王某负责该项目的竞标事宜。在招投标过程中,被告人王某在得知贵州省路桥集团有限公司(以下简称"贵州路桥公司")也参与了六镇线第七标段的竞标,便找到贵州路桥公司负责竞标的副总经理邹某请求给予帮助,并承诺事成之后给邹某100万元的好处费。被告单位山东公路公司在邹某的帮助下顺利中标,后被告人王某送给邹某100万元。

司法处理结果

2012年10月,贵州省开阳县人民法院原经审理认为,被告单位山东公路建设集团有限公司在工程竞标活动中,为谋取不正当利益,向国家工作人员行贿100万元,其行为已构成单位行贿罪;被告人王某是单位犯罪的直接责任人,应当受到刑罚处罚,公诉机关指控被告单位山东公路公司、被告人王某犯单位行贿罪的罪名成立。被告人王某犯罪后主动到检察机关投案,并如实供述自己的犯罪事实,系自首,对其从轻处罚,且庭审中认罪态度较好,有一定的悔罪表现,对其适用缓刑。以被告单位山东公路公司、被告人王某犯单位行贿罪,分别判处被告单位山东公路公司罚金100万元、判处被告人王某有期徒刑1年,缓刑2年。

2014年10月9日,原审被告单位山东公路公司以原判决认定事实不清、证据不足、适用法律错误,被告人王某的行贿行为系其个人行为,被告单位山东公路公司无罪为由提起申诉,经审查后认为原审违反法律规定的诉讼程序,可能影响公正审判,决定指令贵州省开阳县人民法院对本案进行再审。

贵州省开阳县人民法院再审认为,原审被告人王某通过不正当手段促成了原审被告单位山东公路公司与贵州高速公路开发总公司签订公路承建合同,其行为构成单位行贿罪。本案中,被告人王某非被告单位山东公路公司法定代表人,六镇项目第七标段工程的招投标和签订合同虽然是以原审被告单位山东公路公司名义进行,但公诉机关并未提交充分证据证明被告人王某的行贿行为受被告单位山东公路公司委托,同时也未提供充分证据证明被告人王某用于行贿的 100 万元是山东公路公司给付,故被告人王某的行贿行为不能代表山东公路公司,公诉机关指控被告单位山东公路公司犯单位行贿罪证据不足,不予认定。被告人王某系贵州分公司负责人,其行为代表该公司,被告人王某的行贿行为已经贵州分公司召开会议作出决定,并形成会议纪要,因此,被告人王某向他人行贿的行为代表贵州分公司,所构成单位行贿罪的单位主体应是贵州分公司,贵州分公司虽系非法人单位,但按照相关法律规定,对于分支机构以单位名义进行的犯罪,如果单位并不明知分支机构的犯罪行为,分支机构可成为犯罪主体,本案中没有证据证明山东公路公司事前对王某的行贿行为知晓或事后追认,故本案单位犯罪主体应为贵州分公司。因公诉机关在本案中未将贵州分公司列为被告单位起诉,对于公诉机关不起诉的分支机构,本案只能按法律规定以单位行贿罪对直接责任人(即被告人王某)予以刑事处罚。据此依法改判,原审被告单位山东省公路建设集团有限公司无罪;原审被告人王某犯单位行贿罪,判处有期徒刑 1 年,缓刑2年（缓刑考验期从判决确定之日起计算）。

该判决宣判后，原审被告山东公路公司及原审被告人王某服判，未提出上诉。贵州省开阳县人民检察院不服，以"再审判决认定山东公路公司无罪，属认定事实不清，适用法律错误"为由提出抗诉。贵州省贵阳市人民检察院决定支持抗诉，其支持抗诉理由是"被告贵州分公司、被告人王某构成单位行贿罪"。

二审期间，原审被告人王某对指控其作为贵州分公司负责人，通过行贿获取工程项目的犯罪事实不持异议，请求维持原判。其辩护人提出辩护意见称，本案单位行贿的主体应为贵州分公司，原审法院已对贵州分公司负责人王某进行了刑事处罚，认罪服判，现该项刑事处罚已经执行完毕，请求对王某不再处罚。原审被告单位山东公路公司请求维持原判，认为现有证据不能证明该公司存在行贿行为。其辩护人提出如下辩护意见：①对王某的行贿行为，山东公路公司在事前、事中及事后均不知情；②行贿款并非山东公路公司支付；③山东公路公司只是收取管理费，因王某行贿取得的不正当收益并不归山东公路公司所有；④山东公路公司不构成单位行贿罪，即使认定贵州分公司有罪，也与山东公路公司无关，贵州分公司虽然是非独立法人单位，但具备合法主体身份的相应证照，在一定范围内能够独立承担责任。现贵州分公司已于2015年4月28日依法注销，在贵州分公司主要负责人王某已被追究刑事责任的情形下，不应再追究贵州分公司的刑事责任。

二审法院经审理认为，原审被告人王某作为贵州分公司负责人安排贵州分公司财务人员筹集款项并支取款项行贿他人，采取不正当手段获得投标成功，山东公路公司对此并不知情，后王某使用山东公路公司资质取得承建工程。同时，原一审判决的罚金也是由贵州分公司缴付的,山东公路公司也不知情。因山东公路公司没有参与贵州分公司的行贿行为,故王某的行贿行为不能代表山东公路公司,山东公路公司不构成单位行贿罪,原审被告单位山东公路公司及其辩护人提出的上述辩解、辩护意见成立,予以采纳。抗诉机关的抗诉理由不能成立,不予采纳。原审判决对原审被告人王某构成单位行贿罪、对原审被告单位山东公路公司无罪的认定事实基本清楚,定罪处刑及适用法律正确,但在贵州分公司构成单位行贿罪问题上,考虑到贵州分公司在审理期间已被注销的事实,本案现已不具备对贵州分公司进行审理的客观条件,故维持原判。经审判委员会讨论决定,依照《中华人民共和国刑事诉讼法(2012修正)》第225条第1款第1项,《最高人民法院关于适用〈中华人民共和国刑事诉讼法〉的解释》第286条、第384条的规定,裁定如下:维持贵州省开阳县人民法院的再审刑事判决。

(四)"荆州亿丰建设工程有限公司、苏某单位行贿案"

案情简介

被告人苏某于2011年开始筹建公司并开始经营活动,2013年3月,苏某注册成立被告单位荆州亿丰建设工程有限公司,担任法定代表人并负责管理公司。

2011年至2014年,被告人苏某为承接湖北某房地产开发有限公司建设荆州某某项目的部分工程,向该项目在政府部门的联系人,即时任某区委常委的宋某行贿共计280 000元。宋某则利用其联系荆州某某项目的便利,给湖北某房地产开发有限公司董事长曾某打招呼,要求曾某将某某工程分包一部分给苏某。为了在以后的工程中得到宋某的支持,曾某同意将某某项目的部分工程分包给苏某。2014年5月31日,苏某为公司承接某某商品城建设项目向时任宋某行贿的 280 000 元在公司财务上以开办费用及标书费用开支予以报销。

此外，苏某分别以荆州市某某建设工程有限公司、荆州亿丰建设工程有限公司及个人名义与湖北某房地产开发有限公司、贵州省某建设公司荆州分公司签订建设施工合同。其中，苏某借用荆州市某某建设工程有限公司资质承接荆州某某商品城一期工程三个项目，已实现利润总额 627 668.3 元；苏某承接贵州省某建设公司荆州分公司转包荆州某某商品城一期工程的部分土建、水电工程，已实现利润总额 1 084 750 元；荆州亿丰建设工程有限公司承接荆州某某商品城二期土方回填工程，已实现利润总额 177 644 元，苏某从中分得 100 000 元；荆州亿丰建设工程有限公司承接荆州某某商品城二期土建、安装工程，经审计所确认的预计可实现利润 3 474 450 元，未实现。

司法处理结果

荆州市沙市区人民法院经审理认为，被告人苏某借用荆州市某某建设工程有限公司名义以及使用个人名义，为谋取不正当利益，给予国家工作人员贿赂 260 000 元；在荆州亿丰建设工程有限公司成立以后，苏某为继续谋取不正当利益，基于此前同一请托事项，以荆州亿丰建设工程有限公司名义继续承接荆州某某商品城后续项目工程，并给予国家工作人员贿赂 20 000 元，其行为已构成行贿罪，对被告人苏某应予处罚。江陵县人民检察院指控被告单位荆州亿丰建设工程有限公司犯单位行贿罪的证据不足，指控的罪名不能成立。被告人苏某经检察机关电话通知后，能主动到检察机关如实供述其罪行，且能当庭自愿认罪，是自首，对被告人苏某可从轻处罚。依照《中华人民共和国刑法》第 389 条第 1 款、第 390 条第 1 款、第 67 条第 1

款、第 72 条第 1 款、第 73 条第 2 款、第 3 款、第 52 条、第 53 条、第 64 条的规定，判决如下：被告单位荆州亿丰建设工程有限公司无罪。被告人苏某犯行贿罪，判处有期徒刑 6 个月，缓刑 1 年，并处罚金 120 000 元（缓刑考验期从判决确定之日起计算；罚金自本判决生效之日起 3 日内缴纳）。对苏某借用荆州市某某建设工程有限公司名义获取的违法所得 627 668.3 元、对苏某承接贵州省某建设公司荆州分公司转包荆州某某商品城一期工程的部分土建安装工程获取的违法所得 1 084 750 元、对苏某在荆州亿丰建设工程有限公司承接荆州某某商品城二期土方回填工程获取的违法所得 100 000 元，予以追缴，上缴国库。

（五）"王某受贿案"

案情简介

2008 年初至 2013 年末，被告人王某在担任杭州市江干区笕桥医院（杭州市江干区笕桥镇社区卫生服务中心）、某乙社区卫生服务站团队长期间，利用其负责服务站全面医疗、进药用药工作的职务便利，非法收受北京某医药有限责任公司医药代表赵某（另案处理）氨氯地平片、缬沙坦胶囊两种药品回扣款共计 31 万余元，并为其谋取利益，后将部分款项分发给服务站的医护人员。王某在收受回扣后就让团队的医生加大上述药品的使用量，并于每月将这些回扣款分给站里的医生和护士，其自己共分到 55 000 元左右。赵某之所以给其回扣，是因为其作为团队长，拥有进药和用药的权力，其收受回扣并未经过单位集体讨论，分钱时其也未对团队的医生、护士明确说过是回扣款。

司法处理结果

杭州市江干区人民法院经审理认为，被告人王某未经单位集体讨论即私自同意收受赵某的回扣款,其行为并非单位意志而是其个人的意志的体现,而被告人王某将回扣款分配给站内的医生和护士是其个人的决定,是否分配以及分配数额均由其个人决定,应当认定为其对赃款的处分,而并非是将赃款用于单位利益。此外,证人赵某的证言亦能证实,其系因被告人王某具有进药的职权而对其行贿,且明确表示回扣款是给王某个人的。因此,被告人王某的行为并不符合单位受贿罪的构成要件,王某辩护人认为被告人王某构成单位受贿罪的辩护意见与法律不符,不予采纳。判处被告人王某犯受贿罪,有期徒刑7年,并处没收个人财产1万元(刑期从判决执行之日起计算。判决执行以前先行羁押的,羁押一日折抵刑期一日,即自2014年11月24日起至2021年11月23日止)。现暂扣于杭州市江干区卫生局的赃款190 600元,均予以没收并上缴国库。

二、关于单位犯罪认定标准及其刑事责任的问题探讨

(一) 如何判断单位犯罪的条件?

《刑法》第30条、第31条是单位犯罪的总体规定,明确了单位的范围和入罪的条件。单位的范围包括公司、企业、事业单位、机关、团体;最高人民法院发布的司法解释明确"公司、企业、事业单位"既包括国有、集体所有的公司、企业、事业单位,也包括依法设立的合资经营、合作经营企业和具有法人资格的独资、私营等公司、企业、事业单位。由此我们可以总结出,是否构成单位犯罪,关键的判断因素是:①单位依法成立;②体现单位整体意志的行为;③以单位名义。如果个人为进行违法犯罪活动而设立的公司、企业、事业单位实施犯罪的;公司、企业、事业单位设立后,以实施犯罪为主要活动的;盗用单位名义实施犯罪,违法所得由实施犯罪的个人私分的,均

不以单位犯罪论处，以自然人犯罪定罪处罚。[1]如果以单位的分支机构或者内设机构、部门的名义实施犯罪，违法所得亦归分支机构或者内设机构、部门所有的，应认定为单位犯罪。[2]该规定既明确对该种情形应当按照单位犯罪处理，不能按照自然人犯罪处理；也明确被追究刑事责任的是分支机构或者内设机构、部门，从形式上避免了机构、部门的归属单位被追究刑事责任。

单位实施犯罪行为实际上是由单位的成员实施的犯罪行为，因此，要区分开是个人犯罪还是单位犯罪的关键要件就是"实施犯罪行为是否属于单位意志"。单位意志即为单位决策，单位决策机构或者具有决策权力的人员决定单位实施犯罪行为，此时应当认定为是单位意志。其次，在单位组织中起决定、批准、指挥等作用的主管人员授意、批准单位其他人员在业务活动中所实施的行为，均为单位意志。对此，有观点认为，在认定单位意志时需考虑是否具有整体性与程序性，即往往要求该意志需通过特定的程序并经过单位决策机关的整体同意，才能将单位成员意志上升为整体意志。[3]

在"山东省公路建设集团有限公司、王某单位行贿案"中，王某的行贿行为经贵州分公司召开会议决定，并形成了会议纪要。因此，被告人王某向他人行贿的行为上升为了贵州分公司的单位意志，代表贵州分公司。而对于山东公路公司来说，王某作为贵州分公司负责人安排贵州分公司财务人员筹集款项并

---

[1]《最高人民法院关于审理单位犯罪案件具体应用法律有关问题的解释》第2条、第3条。

[2]《全国法院审理金融犯罪案件工作座谈会纪要》（法[2001]8号）第2条。

[3] 边锋："论行贿罪与单位行贿罪的区分"，载《民主与法制时报》2018年9月27日。

支取款项行贿他人，采取不正当手段获得投标成功，山东公路公司对此并不知情，后王某使用山东公路公司资质取得承建工程。同时，原一审判决的罚金也是由贵州分公司缴付的，山东公路公司也不知情。因山东公路公司没有参与贵州分公司的行贿行为，故王某的行贿行为不能代表山东公路公司的单位整体意志，山东公路公司不构成单位行贿罪，但按照相关法律规定，对于分支机构以单位名义进行的犯罪，如果单位并不明知分支机构的犯罪行为，分支机构可成为犯罪主体，故本案中构成单位行贿罪的单位主体应是贵州分公司。

在司法实践中，大部分刑事判决书对于"单位意思"的论证很不充分。在大多数情况下只是将单位主要负责人的意思等同于单位意思，个别案例还会考察行贿资金是否源于单位以及违法所得是否归单位所有。当出现单位主要负责人的意思违背单位的基本宗旨和具体制度时，本应认定为个人犯罪，却被误认为是具有"单位意思"的单位犯罪。在这种情况下，单位主要负责人的个人意思表示是否能代表单位意志而被认定为"单位犯罪"呢？有观点认为，是否经过集体研究并不是认定单位意志的唯一条件，还应该考虑所得利益的归属。当所得利益归属单位，危害行为的做出是出自能够代表单位的主要负责人的意思表示时，即应认定为符合单位犯罪的条件。司法实践中还存在如下情形：经单位集体研究决定，由相关人员实施行贿行为；经单位主管人员批准，由相关人员实施行贿行为；单位主管人员以法定代表人身份实施行贿行为。显然，只有第一种行为具备程序性这一要件，但后两种行为亦均具备了单位意志的整体性，都是刑法应当规制的单位行贿行为。因此，过分强调单位意志形成的程序性要件，最终可能会影响到对单位意志的准确认定。

在司法实践中，"是否以单位名义"作为实质要件略有争议。一种观点认为，单位犯罪的成立应当同时具备以单位的名义实施的表面要件和犯罪所得利益归单位所有的实质要件，二者缺一皆不能成立单位犯罪。另一种观点认为，单位犯罪的认定应当进行具体分析，尽管行为人没有以单位名义实施，但是只要行为人实质上是为了单位利益而进行，且违法所得也归属单位，就应当认定为单位犯罪。有学者认为，"以单位名义"并非是所有单位犯罪的特征，很多单位犯罪是秘密进行的，甚至有冒用其他单位、自然人名义进行犯罪的。在单位意志控制下的、为单位谋取不正当利益的工作人员实施的个人行贿行为，是否应认定构成单位犯罪呢？笔者认为，"以单位名义"只是单位犯罪外在的、表面的、形式的现象，因为大多数单位行贿犯罪都可能会"以单位名义"实施，但也存在相当数量的单位犯罪并不以本单位的名义实施。而且，从逻辑上来讲，还存在并不需要行为人以何种名义实施犯罪的情况，如以绕关方式实施的单位走私犯罪，犯罪单位根本不需要也不可能亮明字号。因此，要判断是否"以单位名义"实施犯罪，应对"以单位名义"进行实质的理解，即单位法定代表人、主管人员及其他直接责任人员的职务活动实质上是"为了本单位的利益"，也就可以被认定为是"以单位名义"实施，并不一定要求这些人声明他们代表自己所在的单位。

在"苏某单位行贿案"中，苏某分别以荆州市某某建设工程有限公司、荆州亿丰建设工程有限公司及个人名义与湖北某房地产开发有限公司、贵州省某建设公司荆州分公司签订建设施工合同。苏某在荆州亿丰建设工程有限公司成立前就已经进行了行贿犯罪，在荆州亿丰建设工程有限公司成立以后，苏某为继续谋取不正当利益，基于此前同一请托事项，以荆州亿丰建设工程有限公司名义继续承接荆州某某商品城后续项目工程。在此种情况下,虽然苏某表面上是以公司名义实施行贿行为,但是基于该行贿所得利益归属,不应直接认定公司成立单位犯罪。

在单位犯罪的认定标准上"为单位的利益"是否属于认定单位犯罪的条件?在"陈某敏、陈某昌及民太公司单位行贿案"中,陈某敏基于民太公司的利益,在与其他股东商议后所进行的行贿行为,应当被认定为单位犯罪,反之,虽然陈某昌与民太公司成立共同犯罪,在 308 项目中投资比例占有股份,但陈某昌作为个人,其行贿的目的是为自身谋取利益,应当成立自然人行贿罪。笔者认为,"为单位利益"只是主观动机方面的要素,并不能成为构成要件的必要要素,毕竟以动机作为判断行为性质的标准具有较大的不确定性,也难以操作。在"陈某辉、湖南恒凯公司行贿案"中,陈某辉作为湖南恒凯公司的直接负责人,为争取湖南省长沙市汽车尾气检测项目,多次以湖南恒凯公司的名义向湖南省环保局局长黎某行贿,陈某辉的行贿目的是使湖南恒凯公司获得长沙市汽车尾气检测项目。但在追诉时,原行贿事实发生时的股东已全部发生变化,行贿所得的非法利益已转成个人利益,因而此时的湖南恒凯公司不构成单位行贿罪,原行贿行为人陈某辉成立自然人行贿罪。

(二)如何看待单位犯罪主体范围逐步扩大的这一趋势?

我国《刑法》第 30 条规定了公司、企业、事业单位、机关、团体等五类主体。由于我国刑法理论界在宏观上对于单位犯罪的价值定位、刑事责任、惩罚依据等基本立场问题尚有诸多争议,以致司法适用层面存在困惑。单位内部机构、职能部门、村民委员会、村民小组、工程队、筹备组等是否能够成为单位犯罪主体?刑法学界对于私营企业、单位的分支机构和内设机构是否可成为单位犯罪主体存在肯定说、否定说和折中说。[1]其中,学界对私营企业、单位分支机构可为单位犯罪主体意见比较一致。[2]但对于单位的内设机构、职能部门能否成为单位犯罪主体则存在较大分歧。主流观点认为,企业法人的下属职能部门与企业法人的分支机构不同,它不具有独立的人格,所从事的一切活动均受命于法人,不是法人(单位)犯罪的主体。但2001年1月最高人民法院出台的《全国法院审理金融犯罪案件工作座谈会纪要》指出:"以单位的分支机构或者内设机构、部门的名义实施犯罪,违法所得主要归分支机构或者内设机构、部门所有的,应认定为单位犯罪。"该会议纪要明确了单位的分支机构、内设机构、部门可成为单位犯罪的主体。2008年,《最高人民法院、最高人民检察院关于办理商业贿赂刑事案件适用法律若干问题的意见》第2条规定:"刑法第一百六十三条、第一百六十四条规定的'其他单位',既包括事业单位、社会团体、村民委员会、居民委员会、村民小组等常设性的组织,也包括为组织体育赛事、文艺演出或者其他正当活动而成立的组委会、筹委会、工程承包队等非常设性的组织。"由于《刑法》第164条同时出现了"其他单位"及"单位犯前两款罪的"两种表述,因此实务部门普遍认为此处"单位"即指的是单位犯罪主体。然而,究竟"其他单位"是否包括村民委员会和居民委员会呢?一种观点认为,公安部在给内蒙古自治区公安厅《关于村支书、村主任以村委会的名义实施犯罪可否构成单位犯罪的请示》的答复中指出:"村民委员会是村民自我管理、自我教育、自我服务的基层群众性自治组织,不属于刑法第三十条列举的范围。因此,对以村民委员会名义实施犯罪

---

[1] 李希慧:"论单位犯罪的主体",载《法学论坛》2004年第3期。
[2] 赵秉志:《犯罪总论问题探索》,法律出版社2003年版,第173~174页。

的，不应以单位犯罪论，可以依法追究直接负责的主管人员和其他直接责任人员的刑事责任。"公安部的答复虽不是司法解释，但该答复代表了公安部的意见。另外一种观点认为，《最高人民法院、最高人民检察院关于办理商业贿赂刑事案件适用法律若干问题的意见》已经将村民委员会列为"其他单位"，其属于单位犯罪的主体范围。在村民委员会犯罪的案件中，一般情况下违法所得均由全体村民分享，依据此评价标准更有充分理由认定村民委员会可成为单位犯罪主体。2015年4月，最高人民法院研究室发布意见，认为《刑法》第272条规定的"其他单位"包括村民小组，村民小组组长可以成为挪用资金罪的犯罪主体。该意见确立了村民小组作为单位犯罪的主体地位。

单位犯罪的主体从我国《刑法》第30条规定的公司、企业、事业单位、机关、团体等五类主体扩张到了单位内设机构、职能部门、村民小组。从表面上归纳，其是从法人主体向非法人主体扩张，但是这一步的跨越涉及一个本质的问题——非法人的单位犯罪是否需要单位的意志？如果需要单位意志，内设机构、职能部门和村民小组等非法人主体如何形成单位意志；如果不需要单位意志，惩罚单位的依据是什么？单位意志显然不能简单地等同于单位成员的意志的集合。正如有学者所指出的："单位与其成员是两个独立的社会主体，各自具有独立的人格，如果我们仅依单位成员的行为来认定单位犯罪，那么实际上是否认了单位的独立性，从而否认了惩罚单位犯罪的必要性。"[1]如在"王某受贿案"中，王某作为社区卫生服务站站长，手上有着服务站进药用药的权力，做压氏达降压药的北京某医药有限公司的医药代表赵某到笕桥社区服务站找其帮忙提

---

[1] 石磊："单位犯罪意志研究"，载《法商研究》2009年第2期。

高压氏达降压药在其负责的两个服务站的使用量和销售量,并承诺以每5元一盒的价格给其回扣,王某未经过讨论开会便决定收取回扣,只是在每次收到现金回扣之后,将回扣分给社区服务站的其他工作人员,且并未向他们说明资金来源。因此,在该案中,王某利用职务便利收受贿赂的行为,仅能代表其个人意志,无法证明该行为代表单位意志,因此王某构成自然人受贿罪。

单位的组织结构决定了单位具有相对稳固的组织程序、议事程序、决策程序。虽然在单位内部机构、职能部门中存在一定的组织性,部门负责人具有一定职权范围的决策权,部门与部门成员之间具有一定的隶属关系,成员对部门决策具有一定的服从性,但是从整体而言,将部门作为单位犯罪主体,必定与单位本身存在矛盾。其一,必定出现两个"意志":一是单位意志;二是所谓的"部门意志"。司法实务中有关部门实施单位犯罪的案件较为普遍地存在一个尴尬的局面。其二,在单位的结构上,部门成员具有遵守单位规章制度的组织性要求,部门成员完全具有反对部门非法行为而遵守单位规章制度的选择权。假如刑法认为部门成员由于受到部门内部的组织性制约从而存在意志选择障碍,需要给予从宽惩罚,那么就可能会造成对单位主体自身利益的忽视。

另外,具有组织性并非一定具有"意志性"。现实中存在具有组织性的主体非常之多,任何形式的小组、委员会、联席办等都可能具有组织性。具有组织性仍旧只有在人格性的前提上才有评价意义,否则其组织性在社会评价上并无积极意义。但是,如果将这些主体均纳入单位犯罪范畴,一则过于宽泛,二则对组织性的识别也并非容易的事,必定存在争议。而如此宽泛的主体范围,对于刑法本身而言,惩罚的意义也是微乎其微的。

值得关注的问题还有，《最高人民法院关于审理单位犯罪案件具体应用法律有关问题的解释》确立了单位人格否认制度。高铭暄教授指出，最高司法机关发布的这个关于单位犯罪的司法解释于特定的情形下否认了单位主体的独立人格，直接追究单位背后的滥用单位主体独立人格的行为人的刑事责任，其也体现了公平、正义的法理念。由此，我们可以看出，《最高人民法院关于审理单位犯罪案件具体应用法律有关问题的解释》契合了公司法规定的人格否认制度，二者都是在单位人格独立的前提下，于特定的情形中否认单位的独立人格，从而使法律责任的承担者发生变更，最大限度地体现了公平、正义的法理念。[1] 该规定出台以后，不少涉及单位犯罪的案件均因"人格否认制度"而被认定为自然人犯罪。然而，单位内设机构、职能部门是否可以适用人格否认制度呢？我国《民法总则》第58条规定，法人应当依法成立，有自己的名称、组织机构、住所、财产或者经费。而单位内设机构和职能部门不具有法人资格，在一般情况下不具有必要的财产或者经费，也不能够独立承担民事责任。如果其本身就没有人格，何来否定呢？这就是一个自相矛盾的问题。众所周知，在绝大多数情况下，单位犯罪对个人的处罚比自然人犯罪处罚要轻。一些人甚至认为，单位犯罪是列为自首和立功之后的第三种"法定量刑情节"。我国刑法规定，单位行贿罪，单位责任人员最高法定刑为有期徒刑5年，而普通行贿罪，自然人主体最高法定刑为无期徒刑。走私普通货物、物品罪，自然人主体最高法定刑为无期徒刑，而单位犯罪的最高法定刑为有期徒刑15年。此外，由于大量罪名在自然

---

[1] 高铭暄、王剑波："单位犯罪主体人格否认制度的构建——从单位犯罪相关司法解释谈起"，载《江汉论坛》2008年第1期。

人和单位犯罪数额标准上有不同的规定，导致在司法实践中，案件是否成立单位犯罪可能导致量刑的巨大变化。虽然说法律争议亦属正常，但分歧过大，法院判决不一致，却可能伤害司法权威和司法公正。在分歧没有统一前，将单位内部机构、村民小组、工程承包队等组织纳入单位犯罪主体范围，无异将法律适用差异扩大，加剧自然人犯罪与单位犯罪之间的刑罚失衡现象。[1]

（三）单位犯罪的量刑标准是否合理？

在单位犯罪的处罚模式上，单位犯罪中的单位成员是否应该与自然人犯罪中的自然人一样承担相同的刑事责任？对此，学界主要有两种观点，即区别对待说以及同等对待说。在区别对待说中，有学者认为，应当比照个人犯罪从轻或者减轻处罚。[2]有学者认为，应当设立低于个人犯罪的刑罚。[3]这些学者虽然都认为应该区别对待，但是他们之间仍然有区别，主要体现在：其一，是否应当为单位犯罪中的自然人单独设置刑罚；其二，如果不单独设置刑罚，是否应该比照个人犯罪从轻或者减轻处罚。在同等对待说中，有学者认为："对于二者，应根据其在单位犯罪中的地位、作用和犯罪情节，分别处以相应的刑罚。"[4]有学者认为："不应一概地对参与单位犯罪的单位成员从宽处罚。"[5]有学者认为："应当将单位犯罪与自然人犯罪的

---

[1] 周德金："论我国单位犯罪的主体范围及其本质回归"，载《中国社会科学院研究生院学报》2019年第4期。

[2] 周竟成："完善单位犯罪立法的几点思考"，载《湖湘论坛》2006年第3期。

[3] 冯峰："审理单位犯罪案件两个问题"，载《人民法院报》2002年第1期。

[4] 宋会谱："单位犯罪中直接责任人的认定与处罚"，载《人民司法》2008年第14期。

[5] 高铭暄：《刑法专论》（第2版），高等教育出版社2006年版，第239页

处罚标准统一起来。"[1]也有学者认为,应当采用部分统一、部分有区别的处罚标准。[2]究竟是在任何情况下,单位犯罪的单位成员都应该同自然人犯罪的自然人采用同样的处罚标准,还是应该分情况考虑?实际上,我国刑法采用的是以统一为原则、差别为例外的标准。刑法中大多数单位犯罪相关条文中都规定,"单位犯前款罪的,对单位判处罚金,并对其直接负责的主管人员和其他直接责任人员,依照前款规定处罚"。但是,也有部分条文并非如此。《刑法》第180条内幕交易、泄露内幕信息罪规定:"单位犯前款罪的,对单位判处罚金,并对其直接负责的主管人员和其他直接责任人员,处五年以下有期徒刑或者拘役。"《刑法》第180条第1款规定的自然人犯罪有两个量刑档次,分别是五年以下有期徒刑或拘役以及五年以上十年以下有期徒刑。在刑法典中,对单位犯罪中的单位成员的处罚只有两种模式:第一种为单位犯罪中的单位成员与自然人犯罪中的自然人承担相同的刑事责任;第二种为单位犯罪中的单位成员相对于自然人犯罪中的自然人承担较轻的刑事责任,但是刑法中并没有规定单位犯罪中的单位成员相对于自然人犯罪中的自然人承担较重刑事责任的情形。

我国《刑法》第390条、第393条对自然人犯行贿罪的,有三个量刑档次,最高可判处无期徒刑。而在单位行贿罪中,对直接负责的主管人员或其他直接责任人员只有一个量刑档次,即处五年以下有期徒刑或拘役。根据刑法规定我们可以看出,在一个单位与自然人成立行贿共犯的情况下,作为单位直接负

---

〔1〕 赵能文:"单位犯罪与自然人犯罪的处罚标准宜统一",载《法学》2015年第1期。

〔2〕 张文、贾爱英:"关于单位犯罪的几个问题",载《北京大学学报(哲学社会科学版)》2001年第3期。

责人最高被判处五年有期徒刑，而自然人在同样的犯罪情节下，被判处的实刑甚至可能为无期徒刑。在"陈某昌、陈某敏单位行贿案"中，对作为单位负责人的陈某敏判处有期徒刑2年6个月，缓刑3年。对陈某昌以单位行贿罪判处的是有期徒刑2年，缓刑2年6个月，李某石犯行贿罪，判处有期徒刑8年。对定为单位犯罪的两位自然人的处罚皆适用缓刑，同案中的李某石定为自然人行贿罪，判处有期徒刑8年，差距十分明显。

单位犯罪中单位成员与自然人犯罪中自然人的刑事责任相比是应该更轻还是应该更重，抑或是相同？是否应当承担相同的刑事责任？在"陈某昌、陈某敏单位行贿案"中，陈某昌、李某石与民太建筑公司是共同犯罪。其中，民太建筑公司与李某石在共同犯罪中起主要作用，为主犯，陈某昌在共同犯罪中起次要作用，为从犯。一审法院在判决中认为因作为单位的民太公司在共同犯罪中起主要作用，陈某昌作为从犯，所以对陈某昌按照单位行贿罪的规定定罪量刑。根据二审法院的判决，陈某昌应成立自然人行贿罪，而要成立自然人行贿罪的话，所判处的刑罚是要比一审判决的刑罚高。那么，陈某昌认定成立自然人行贿罪的观点是否合理呢？虽然陈某昌是与民太公司的股东共同行贿，并且在308项目中按股份比例受益，但陈某昌既不是民太公司的股东或员工，也没有以其他单位的名义参与涉案行贿犯罪，不属于按单位犯罪处罚的人员范围。其次，陈某昌通过参与行贿承接涉案工程项目取得的经济利益直接归其个人所有而非民太公司或其他单位所有。虽然陈某昌在共同犯罪中起次要作用，但不能以共同犯罪中主犯是单位犯罪的性质，而将作为从犯的自然人也认定为单位犯罪。

虽然单位与单位成员在不同的情况下有不同的责任分担方式，但是单位成员是否成立犯罪并不是单位成立犯罪的前提条件。单位因其自身的制度或履行义务的情况自己承担责任,而单位成员也为自己的行为承担责任,在这个意义上,单位成员与单位之间并不是密不可分的整体。从社会危害性的角度上来说,相同罪名下的单位人和自然人犯罪,其行为均侵害的是同一种法益,"某种行为社会危害性的大小虽然带有价值判断的因素,但是就同一种行为而言,同样严重程度的危害行为,侵害法益的程度也是一样的"。[1]因此,单位成员的责任与自然人犯罪中的自然人的责任并无二致。在实际情况中,如果单位成员在单位犯罪中为了单位的利益实施了违法行为,那么在这种情况下就直接可以以单位犯罪的相关规定予以处罚。如果单位成员在单位犯罪中为了个人利益实施了违法行为,那么在这种情况下应当认定单位成员与单位构成共同犯罪,依照共同犯罪的相关理论进行处罚。无论是哪种情况,单位成员所承担的责任与单位本身应负的责任都并不相同,单位成员是为自己的过错负责。因此,单位成员应负与自然人犯罪中的自然人相同的责任,在立法上也应当同等对待。[2]对于单位和单位成员一起承担责任的罚金分配方式,单位成员如果是为自己谋利,则应当对自己的过错负责,因此单位成员的罚金应当同自然人犯此种罪的罚金相同,而单位仍然需要承担比自然人犯罪高的罚金,因为这里有两个过错、两个主体、两个行为,因而并不违反一事不再罚的原则。另一种情况是单位成员为单位谋利,单位与单位成员应当在罚金的数额上按照责任大小进行分配。这里应该分两种情况讨论,如果单位是故意的,即单位制度设计上的

---

[1] 赵能文:"单位犯罪与自然人犯罪的处罚标准宜统一",载《法学》2015年第1期。

[2] 郑祖星:"论单位犯罪的处罚模式——以'单位刑事责任双层论'为视角",载《华中科技大学学报(社会科学版)》2018年第6期。

问题,那么单位相比于单位成员应当承担更多的罚金。如果单位是过失,即没有尽到必要的法律义务,而成员也是为了单位谋取利益,因为单位成员自身可以自由选择为或不为一定的行为,因此这里两方过错大小相当,可以平均分配罚金的数额。所以,针对这些情况,我国应该对单位犯罪罚金刑的处罚适当地作出细化的规定。

三、法律依据

(1)《中华人民共和国刑法》第30条:公司、企业、事业单位、机关、团体实施的危害社会的行为,法律规定为单位犯罪的,应当负刑事责任。

(2)《中华人民共和国刑法》第31条:单位犯罪的,对单位判处罚金,并对其直接负责的主管人员和其他直接责任人员判处刑罚。本法分则和其他法律另有规定的,依照规定。

(3)《中华人民共和国刑法》第390条:对犯行贿罪的,处五年以下有期徒刑或者拘役;因行贿谋取不正当利益,情节严重的,或者使国家利益遭受重大损失的,处五年以上十年以下有期徒刑,并处罚金;情节特别严重的,或者使国家利益遭受特别重大损失的,处十年以上有期徒刑或者无期徒刑,并处罚金或者没收财产。

(4)《中华人民共和国刑法》第393条:单位为谋取不正当利益而行贿,或者违反国家规定,给予国家工作人员以回扣、手续费,情节严重的,对单位判处罚金,并对其直接负责的主管人员和其他直接责任人员,处五年以下有期徒刑或者拘役,并处罚金。因行贿取得的违法所得归个人所有的,依照本法第三百八十九条、第三百九十条的规定定罪处罚。

(5)《最高人民法院关于审理单位犯罪案件具体应用法律有

关问题的解释》第 2 条：个人为进行违法犯罪活动而设立的公司、企业、事业单位实施犯罪的，或者公司、企业、事业单位设立后，以实施犯罪为主要活动的，不以单位犯罪论处。

(6)《最高人民法院、最高人民检察院关于办理商业贿赂刑事案件适用法律若干问题的意见》第 2 条：刑法第一百六十三条、第一百六十四条规定的"其他单位"，既包括事业单位、社会团体、村民委员会、居民委员会、村民小组等常设性的组织，也包括为组织体育赛事、文艺演出或者其他正当活动而成立的组委会、筹委会、工程承包队等非常设性的组织。

(7)《最高人民法院关于适用〈中华人民共和国刑事诉讼法〉的解释》第 286 条：审判期间，被告单位被撤销、注销、吊销营业执照或者宣告破产的，对单位犯罪直接负责的主管人员和其他直接责任人员应当继续审理。

论司法适用中犯罪故意与犯罪过失的界分

《刑法》第 16 条规定:"行为在客观上虽然造成了损害结果,但是不是出于故意或者过失,而是由于不能抗拒或者不能预见的原因所引起的,不是犯罪。"这条规定说明,行为人是否犯罪取决于他在主观上有无罪过(即故意或过失)。行为人的行为无论造成了多严重的损害结果,如果没有故意或过失便不构成犯罪,不应当承担刑事责任。因此,犯罪故意和犯罪过失的界分标准以及在司法适用中的判断规则对于准确定罪量刑有着非常重要的意义。相较于危害事实的客观认定标准,主观方面的认定有不同程度的模糊地带,各种罪过之间很难做出明确的区分,特别是间接故意和过于自信的过失之间的界分十分模糊,司法人员时常会面临两难的选择。在此,笔者将选择几个涉及主观罪过认定的典型案例进行分析,以探寻犯罪故意与犯罪过失的司法判断标准。

一、案情简介及司法处理结果

(一)"骆某林运输毒品案"

案情简介

2008 年 5 月 16 日,被告人骆某林驾驶藏有毒品的车牌号码为"川 A5V165"的黑色长安轿车从云南省孟连县经景洪市前往四川省成都市。当日 23 时 50 分,在途径普洱市思茅区刀官寨时，被公开查缉的公安民警抓获，当场从其驾驶的车辆后排两扇门夹层中查获毒品甲基苯丙胺 11 块，净重 5589 克。

司法处理结果

普洱市中级人民法院经审理认为，被告人骆某林为牟取非法利益，违反国家毒品管制法规，非法运输毒品，其行为构成运输毒品罪。依照《刑法》第 347 条第 2 款第 1 项、第 57 条第 1 款之规定，以运输毒品罪判处骆某林死刑，剥夺政治权利终身，并处没收个人全部财产。

一审宣判后，骆某林不服，以不明知所驾驶的轿车车门夹层内藏有毒品，认定其犯运输毒品罪的事实不清、证据不足为由提出上诉。云南省人民检察院以书面意见形式向云南省高级人民法院提出，一审判决认定被告人骆某林犯运输毒品罪的事实不清、证据不足，建议将此案发回重审。

云南省高级人民法院经审理认为，上诉人骆某林始终辩解不知道所驾驶的轿车车门夹层内藏有毒品，本案又无证据能够印证骆某林明知存在毒品而进行运输，一审判决认定被告人骆某林运输毒品的犯罪事实不清、证据不足，遂裁定撤销一审判决，发回重审。

普洱市中级人民法院重审期间，公诉机关建议延期审理，并以事实不清、证据不足两次退回公安机关补充侦查未果。2010 年 5 月 24 日，普洱市人民检察院作出不起诉决定（存疑不起诉），并于当天将骆某林释放。

（二）"李某顺运输毒品案"

案情简介

2007 年 3 月 30 日，被告人李某顺携带毒品，在乘车途经木康检查站时被抓获,边防人员当场从其携带的木箱夹层内查获海洛因 1388 克。

司法处理结果

德宏傣族景颇族自治州中级人民法院依照《刑法》第 347 条第 2 款第 1 项、第 48 条第 1 款、第 57 条第 1 款、第 64 条之规定,以运输毒品罪判处被告人李某顺死刑,剥夺政治权利终身,并处没收个人全部财产。一审宣判后,被告人李某顺以其不知道木箱内藏有毒品、一审判决量刑过重为由提出上诉。

云南省高级人民法院经二审审理认为,上诉人李某顺为牟取非法利益运输海洛因,其行为已构成运输毒品罪,且运输毒品数量大,应依法惩处。李某顺提出其不明知所携带的木箱内藏有毒品的上诉理由,与其将木箱从芒市带到保山即可获得高额报酬的事实不符,不予采信。依照《刑事诉讼法》第 189 条第 1 项之规定,裁定驳回上诉、维持原判,依法将本案报请最高人民法院核准。

最高人民法院经复核认为,第一审判决、第二审裁定认定的事实清楚,证据确实、充分,定罪准确,量刑适当,审判程序合法。依照《刑事诉讼法》第 199 条以及《最高人民法院关于复核死刑案件若干问题的规定》第 2 条第 1 款的规定,裁定核准云南省高级人民法院维持第一审对被告人李某顺以运输毒品罪判处死刑,剥夺政治权利终身,并处没收个人全部财产的刑事裁定。

(三)"李某等人过失致人死亡案"

案情简介

1999 年 3 月 26 日晚,被告人李某、王某与吐某江(在逃)

在阿克苏市一歌舞厅饮酒时，被害人阎某进入李某、王某的包间与之攀谈，期间阎某提出与李某、王某合伙挣钱，称准备绑架一市长的儿子。后被告人李某、王某兵乘坐吐某江驾驶的白色奥拓车将阎某拉至该市团结路一茶园处，李某、王某等人追问绑架何人，阎某不说，李某、王某等遂对阎某拳打脚踢。期间，与被害人阎某相识的一出租车司机上前劝阻，李某、王某等人停止了殴打并乘车离开，阎某趁机躲进茶园地下室。后被告人李某、王某又返回茶园，找到阎某，并将其强行拉上车带至西湖后湖堤处。李某、王某等人将阎某拉下车，拳打脚踢逼问其欲绑架的具体对象，并以此敲诈其钱财。后被害人阎某为摆脱李某、王某等人的殴打，趁其不注意跳入西湖中。李某、王某等劝其上岸，并调转车头用车灯照射水面，见阎某仍蹚水前行不肯返回，被告人王某让李某下水拉阎一把，李某称其水性也不好。三人为消除阎某之顾虑促其上岸，遂开车离开湖堤。后阎某的尸体在西湖后湖堤附近被发现。法医尸体检验报告证实，阎某肺气肿、肺水肿，全身无明显损伤，结论为溺水死亡，排除暴力致死。

司法处理结果

阿克苏市检察机关以故意杀人罪、寻衅滋事罪对被告人李某、王某提起公诉。阿克苏市人民法院经审理认为，二被告人殴打被害人，迫使其跳湖逃生，以致溺水死亡，其二人的行为构成（间接）故意杀人罪，且均系本案主犯。公诉机关指控二被告人犯寻衅滋事罪定性不当，不予支持。依照《刑法》第232条、第36条第1款、第25条第1款、第69条、第70条、第57条第1款、第26条之规定，判决如下：①被告人李某犯故意杀人罪，判处无期徒刑，剥夺政治权利终身；②被告人王某犯故意杀人罪，判处有期徒刑15年，剥夺政治权利5年。

一审宣判后，被告人李某、王某均不服，向新疆维吾尔自治区高级人民法院提起上诉。二审法院经审理认为，原判认定事实清楚，证据确实、充分，但定性不准确。上诉人李某、王某基于猎奇和敲诈财物的心理殴打被害人，致使被害人为摆脱殴打和纠缠而跳入湖水中，二上诉人自以为是地认为在其离开后被害人会返回上岸，最终导致被害人溺水死亡，其二人的行为构成过失致人死亡罪。依照《刑事诉讼法》第189条第2项和《刑法》第233条、第36条第1款之规定，判决如下：①维持一审法院刑事附带民事判决中的民事部分；②撤销一审法院刑事附带民事判决中对上诉人李某、王某的定罪量刑部分；③上诉人李某犯过失致人死亡罪，判处有期徒刑7年；上诉人王某犯过失致人死亡罪，判处有期徒刑5年。

（四）"朱某平过失致人死亡案"

案情简介

被告人朱某平，淮安市淮阴区人，初中文化，农民。被告人朱某平为了获得更多的拆迁补偿款，从拆迁市场购买回旧砖头、旧钢筋、旧楼板交给无建筑资质的于某建两层楼房，并吩咐于某为其节省资金。2004年5月15日，于某带领王某玉、王某宝、王某喜、王某莲等人进行施工。在施工过程中，未采取安全防范措施。2004年5月28日下午，当被告人朱某平经于某同意将两桶烂泥浆调到二楼廊檐顶部时，在楼板自重和施工操作等复合作用下，挑梁断落，致使王某玉被砸当场死亡；王某宝被砸伤后抢救无效死亡；王某喜、王某莲被砸成轻微伤。经鉴定，该房建造标准很低，主要承重构件构造连接和整体性很差，挑梁不符合现行建筑结构设计规范的有关要求。

司法处理结果

淮安市淮阴区人民检察院以被告人朱某平犯过失致人死亡罪，向淮安市淮阴区人民法院提起公诉。淮阴区人民法院认为，被告人朱某平建设两层楼房，购买的是旧材料，为了获得拆迁补偿款，吩咐于某尽量节省。其由于疏忽大意没有预见到后果发生的可能性，并且亲自用吊车将两大桶烂泥浆吊到二楼，最终导致楼房崩塌，致 2 死 2 伤的后果。被告人主观上具有疏忽大意的过失，客观上其行为与 2 死 2 伤的后果有因果关系，其行为符合过失致人死亡罪的法律特征。考虑到被告人朱某平在整个事故中起次要作用，其犯罪情节轻微，可以免除刑事处罚。依照《刑法》第 233 条、第 37 条之规定，判决如下：被告人朱某平犯过失致人死亡罪，免于刑事处罚。一审宣判后，被告人朱某平未上诉，检察机关也未抗诉，判决发生法律效力。

（五）"刘某松故意伤害案"

案情简介

2008 年 1 月 5 日晚，被告人刘某松在广州市某区的"欢乐有约"娱乐厅喝酒消费时，在厅门口因琐事与被害人江某峰的同伴邓某某、李某某发生争执，后双方和解。其后，得知此情况的被害人江某峰不顾劝阻上前抓住被告人刘某松的头发并往下按，被告人刘某松即用随身携带的刀具刺了被害人江某峰的腹部两刀，遂逃离现场。被害人江某峰经送院抢救无效于同年 1 月 7 日死亡。经法医鉴定：被害人江某峰系被锐器作用右侧腹部致肝右叶、肝门静脉及下腔静脉破裂因失血性休克死亡。

司法处理结果

2008年1月18日，被告人刘某松在广东省东莞市被抓获。6月11日，广州市番禺区人民法院以故意伤害罪判处被告人刘某松有期徒刑14年，剥夺政治权利4年。

2009年2月26日，被害人江某峰的父亲江某强不服法院判决，向检察机关提出申诉，认为法院错误将故意杀人罪定为故意伤害罪导致对被告人量刑畸轻。检察院控申部门慎重对待该案，于2009年3月16日立案复查。经过调阅公安机关、公诉部门以及法院的案卷，并多方调查取证，于2009年5月20日复查终结。经复查认为，原判决认定事实清楚，证据确实、充分，定性准确，适用法律恰当，量刑得当，故决定驳回其申诉。

二、关于犯罪故意与犯罪过失的问题探讨

（一）如何认定犯罪故意中的"明知"？

犯罪故意包括认识因素和意志因素，其中认识因素是基础要素。"明知"作为犯罪故意的认识因素，是判断犯罪成立的一个不可缺少的前提条件。"明知"在现代汉语中的意思是明明知道，大众对"明知"的理解是对某种事实或者道理有认识和了解。"明知"作为犯罪故意的前提条件的立法旨意是展现人在故意犯罪时对其所做行为的性质、后果等客观事实有一定的认识，反映行为人的主观恶性。为了在司法实践中统一"明知"的判断标准，我国陆续出台了一系列法律文件和司法解释。"明知"的含义在不断地扩充，不再仅仅是确实、显然知道的意思，还包含了应当知道、可能知道的内容。1998年5月，最高人民法院、最高人民检察院、公安部、国家工商行政管理局联合发布的《关于依法查处盗窃、抢劫机动车案件的规定》第17条规

定，本规定所称的"明知"，是指知道或者应当知道。2000年11月22日，最高人民法院发布的《关于审理破坏森林资源刑事案件具体应用法律若干问题的解释》第10条规定，《刑法》第345条规定的"非法收购明知是盗伐、滥伐的林木"中的"明知"是指知道或者应当知道。

我国刑法学界对于"明知"的内涵有着诸多的讨论，就"明知"是否包括"应当知道"一直存在争议，具体有以下几种有代表性的观点：第一种观点认为，明知包括"明确知道"和"应当知道"。有的学者基于规范化理念解释犯罪故意，认为故意是一个规范概念，是理性社会对行为人负责领域的评价。冯军认为："从规范论的立场出发，认定不存在犯罪故意的标准，不是行为人没有认识到结果的发生，而是行为人对没有认识到结果的发生不具有负责性，不能心理地把故意仅仅视为已经知道，而是要规范地把故意视为应该知道。"[1]第二种观点认为，"应当知道"不应该被包括在明知内。应当知道不应该作为明知的下位概念，明知是确定知道，应当知道这种不确定的认识不能作为明知的内容。张明楷认为："明知是一种现实的认识，不是潜在的认识，即明知是指行为人已经知道某种事实的存在或者可能存在，而不包括应当知道某种事实存在，否则便混淆了故意与过失。"[2]张明楷教授就窝赃、销赃罪还提出："应当知道是赃物，无论如何不属于明知是赃物。首先，应当知道是赃物本身就表明行为人事实上还不知道是赃物，而明知是赃物表明行为人事实上已经知道是赃物，故应当知道不属于明知。其次，如果说应当知道是特定主观要件，则属于第一次应

---

[1] 冯军：."刑法的规范化诠释"，载《法商研究》2005年第6期。
[2] 张明楷：《刑法分则解释原理》，中国人民大学出版社2004年版，第53页。

当知道（或预见），刑法总则第十二条中的应当预见属于第二次应当知道；具有第一次应当知道后，才可能有第二次应当知道。因此，应当知道只是过失心理状态的表现。"[1]第三种观点认为，可以用"推定故意"取代"应当知道"。推定故意是指根据某些特定客观事实行为人被合理地认为怀有犯罪故意，行为人如果想否定这种故意，需要提出有力的证据进行证明。陈兴良教授提出："我认为应当摈弃应当知道的提法，而把奸淫幼女的明知分为两种：一是确切知道，二是推定知道。推定知道也是明知的一种，它虽然不像确切知道那样有事实直接证明并且行为人也承认，而是没有直接证据证明并且行为人加以抵赖，在这种情况下，通过推定方法能够证明行为人主观上对幼女不满十四周岁是明知的，同样也应以犯罪论处。"[2]

以上三种观点分别从不同的角度出发，阐述了"明知"和"应当知道"的关系。如果将明知局限于明确知道未免过于狭隘和严格，在司法实践中，如果行为人事实上有认识，但是拒不承认其明确知道，那么可能会难以定罪，导致纵容犯罪的结果。应当知道是一种没有被认识到的客观状态，从本质上来说更像是过失，司法解释之所以将明知的含义扩展到应当知道，是为了实现刑法惩罚犯罪、保护法益的目的，但是把应当知道运用到对明知的界定中可能会引起错误的解读，导致语言逻辑上的混乱。笔者赞同第二种观点，即张明楷教授的观点，应当知道不应该被包括在明知中，应当知道是主观的判断方法，明知是一种对犯罪构成事实的认识状态，立法者应当考虑到公众的认

---

[1] 张明楷："如何理解和认定窝赃、销赃罪中的'明知'"，载《法学评论》1997年第2期。

[2] 陈兴良："奸淫幼女构成犯罪应以明知为前提"，载《法律科学》2003年第6期。

识，不应该超越最基本的词语含义，使社会大众产生误解。对于陈兴良教授提出的用推定故意替代应当知道，笔者认为这会使得本已十分复杂的概念更加复杂化，不利于对明知概念的理解和认定。

明知不包括应当知道，但是明知也不仅仅是指明确知道。笔者认为，"明知"应该包含"可能知道"的含义，知道或者不知道都是很容易去认定的，那么对于可能知道应该如何认定呢？可能知道是指行为人的主观心态既不是确定但也不去排除，这种心理其实就是间接故意。以毒品犯罪为例，行为人认识到自己贩卖、运输的物品可能是毒品，但是出于获得高额的回报或者其他的利益，不想去求证，对于贩卖、运输的物品是否是毒品持无所谓、不反对的态度。

"骆某林运输毒品案"的争议焦点在于被告人是否明知所驾驶的轿车车门夹层内藏有毒品。根据已掌握的证据无法认定被告人主观明知。首先，被告人骆某林没有获得高额报酬，同时运输采取的是人货分离的运输方式，在毒品的包装上也没有提取到骆某林的指纹信息。在租车期间，曾有自称"二哥"的人驾车单独离开过，无法排除在这期间有人在车门夹层中藏匿毒品的可能性，因此无法判断行为人明确知道或者可能知道车中藏有毒品，无法认定行为人主观明知。"李某顺运输毒品案"的争议焦点在于被告人是否明知木箱里藏有毒品。被告人随身携带的木箱中藏有毒品，虽然被告人辩称其并不知情，但是被告人因为这一运输行为可以获得明显不合理的高额报酬，以被告人的年龄和阅历很可能明知其运输的是毒品。最后，事件发生在毒品犯罪较多的云南地区，我国司法机关和相关机构经常在该地区进行毒品犯罪的宣传和教育，当地群众很容易辨认这种获取高额回报的运输可能运输的是毒品，所以司法机关认定被告人对木箱中的毒品持明知的主观态度。

综上所述,"明知"包括明确知道和可能知道,但是不包括应当知道,对于明知的认定只需要认定行为人的主观心态是明确知道或可能知道即可。

(二)如何界分"间接故意"和"过于自信的过失"?

在犯罪的主观罪过问题上,最重要的也是最有争议性的问题是间接故意和过于自信的过失的界分,这是中外刑法理论中罪过形式论的一个重要课题。根据刑法的规定,间接故意是指行为人明知自己的行为可能会发生危害社会的结果,并且放任这种结果发生的心理态度。过于自信的过失是指行为人已经预见自己的行为可能造成危害社会的结果,但轻信可以避免,以致发生了这种结果的心理态度。

关于间接故意和过于自信的过失,国外刑法理论主要有盖然说和容认说两种观点:盖然说认为,认识到结果发生的可能性较大并且实施了该行为,属于间接故意;认识到危害结果发生的可能性较小而实施了该行为的,属于过于自信的过失。容认说认为,行为人对结果发生的可能性有认识,而且对结果的发生持容认的态度,是间接故意。但是确信自己的技能或出于侥幸避免的意思,认为能够防止或者避免危害结果发生的,是过于自信的过失。这两种观点都是存在问题的。首先,盖然说以对结果发生可能性的认识程度作为区分标准,但是什么程度是比可能性高,比高度盖然性低,这个标准是不明确的。容认说将行为人容认其行为发生危害结果的态度作为区分的关键,重视意志因素,但是忽略了认识因素方面的差异,也是有失偏颇的。

我国刑法学界有影响性的观点主要有以下几种:第一种观点认为,间接故意和过于自信的过失的区别在于,首先在危害结果方面，过于自信的过失中行为人轻信危害结果可以避免，而间接故意中行为人放任危害结果的发生，对自己的行为可能造成的危害结果持漠不关心的态度。同时，间接故意中行为人不会采取防止危害结果发生的措施，而过于自信的过失中行为人存在采取一定的措施防止危害结果发生的情况。[1]第二种观点认为，二者对于危害结果发生的认识程度不同，间接故意中行为人认识到了危害结果发生的现实可能性，而过于自信的过失中行为人只认识到了结果发生的可能性，行为人认为结果的发生是可以避免的，只是因为其采用的措施或者所依赖的条件不成熟才导致了结果的发生。在意志因素上，间接故意是"放任"；而过于自信的过失是"不希望"，行为人对危害结果的发生持否定态度。[2]第三种观点是现行罪过理论中比较普遍的学说。首先，间接故意中行为人对危害结果发生的可能性认识更大，间接故意是明知危害结果发生的可能性，而过于自信的过失是预见到危害结果发生的可能性，明知的范围显然要大于预见。其次，间接故意中行为人不考虑是否可以避免危害结果的发生，也不会采取相应措施，而过于自信的过失中行为人考虑到了危害结果的发生，事实上也采取了一定的措施来避免。最后，间接故意中行为人对危害结果的发生持放任态度，结果的发生并不违背行为人的意愿，过于自信的过失中行为人既不希望也不放任危害结果的发生，危害结果的发生违背了行为人的主观意志。[3]

笔者认为，间接故意和过于自信的过失二者的不同主要表

---

[1] 高铭暄：《刑法学》，法律出版社1982年版，第152~153页。

[2] 何通胜、吉罗洪："试论间接故意与过于自信的过失的异同"，载《法学杂志》1989年第1期。

[3] 苏惠渔：《刑法学》，中国政法大学出版社1999年版，第169页。

现在构成因素上：第一，认识因素不同。首先，二者在认识程度上存在差异。根据刑法的规定，间接故意对危害结果的可能发生是"明知"；过于自信的过失对危害结果的可能发生是"已经预见"，"明知"和"已经预见"的认识程度是不同的，"明知"是行为人对行为和危害结果之间的因果关系认识得更清晰、全面，而"预见"是根据事物的发展预料到将来，这种判断主观成分较大，对行为和危害结果之间的因果关系认识得较为模糊。其次，二者对危害结果发生的可能性是否会转化为现实性的判断不同。虽然二者对危害结果都有可能性的认识，但是对危害结果转化为现实的可能性程度的认识不一致，这种认识程度的不同是区分二者认识因素的标志。间接故意的行为人明知自己的行为会发生危害结果，也就是说对危害结果发生的可能性转化为现实性有准确的认识而过于自信的过失的行为人出于自身能力以及其他条件做出了错误的判断，误以为危害结果不会转化为现实，对危害结果发生的可能性转化为现实性缺少正确的认识。第二，意志因素存在差异。二者虽然都不希望危害结果发生，但是二者对危害结果的态度是不同的。首先，从意志态度上来说，间接故意中行为人对危害结果的发生主观上是持"放任"的心态；而过于自信的过失对危害结果的发生是"轻信能够避免"，是持一种排斥危害结果发生的态度。再者，在意志努力方面，由于过于自信过失中行为人对危害结果的发生是排斥的心理态度，在这种排斥的心理态度的支配下行为人往往会依据自身内在或外在条件积极通过作为或不作为的方式来意图降低或消灭危害结果发生的可能性。间接故意的行为人对危害结果的发生主观上虽然也不是"积极追求"或"希望"，但是却持一种漠视危害结果发生可能性的放任心态。这种放任的心态将"后果不发生"的可能性依靠于其自身因素之外的外在偶然因素，而且间接故意的行为人不会有采取一定的措施避免危害结果发生的能动性，也不会采取事先的预先措施或事后的补救措施。

"李某等人过失致人死亡案"的争议点在于二被告人的行为构成（间接）故意杀人罪还是过失致人死亡罪。根据上述的间接故意和过于自信的过失在认识因素和意志因素上的不同，笔者认为，二被告人对被害人死亡结果的发生是基于过于自信的过失。被告人李某、王某对被害人进行殴打，导致被害人跳入湖中，李某、王某在被害人跳入湖中后没有采取进一步的加害行为，而是劝其上岸，见被害人仍然往水深处走，王某还劝李某下水拉一把，但是李某因为水性不好而拒绝，后来二被告为了消除被害人的顾虑，促其快点上岸，遂开车离开。因此，二被告人在认识到被害人跳入湖中有生命危险时，对被害人死亡这一结果的发生既不是希望也不是放任，而是采取了措施，以防止死亡结果的发生，二被告人离开现场的目的是让被害人尽快上岸，摆脱危险，并非是置被害人于不顾。二被告人对被害人可能出现的死亡结果是有预见的，但是轻信在其离开后被害人会自行上岸，因此二被告人对被害人死亡结果的发生是持一种过于自信的过失心态。

（三）如何理解疏忽大意的过失中的"应当预见"标准？

我国《刑法》第15条第1款明确规定："应当预见自己的行为可能发生危害社会的结果，因为疏忽大意而没有预见，或者已经预见而轻信能够避免，以致发生这种结果的，是过失犯罪。"过失犯罪包括疏忽大意的过失和过于自信的过失。其中，疏忽大意的过失是指行为人应当预见自己的行为可能发生危害社会的结果，因为疏忽大意而没有预见，以致发生这种结果的心理态度。但是，对于疏忽大意的过失中的"应当预见"应该如何认定学术界和实务界中一直存有争议。所谓"应当预见"，是指行为人在行为时，具有预见可能发生危害结果的义务和具有预见的能力与可能性，这是疏忽大意的过失与意外事件的区别所在。[1]"应当预见"包括的必备要件是预见义务、预见能力和可预见性。

首先，行为人对危害结果的发生有预见义务。对于疏忽大意的过失的预见义务有狭义说和广义说两种观点：狭义说认为预见义务仅包括法律规范所确定的义务；广义说认为预见义务不仅仅局限于法律规范所规定的义务，还包括日常生活准则所提出的义务。笔者赞同广义说的观点，如果仅把预见义务局限于法律的规定未免过于狭隘，行为人的预见义务应该分为两种，一种是法律规定的义务，包括法律、行政法规、各种规章制度等，另一种是现实生活中某些作为一般人实施行为时所应当遵守的注意义务。

再者，行为人对危害结果的发生具有预见能力和可预见性。预见能力是预见义务的前提，预见能力以危害结果的发生的可预见性为条件，如果危害结果的发生在一定条件下没有可预见性，那么即使行为人有预见的义务，也不构成过失犯罪。对于如何判断行为人对其造成的结果能否预见，刑法理论界主要有以下几种观点：第一，主观说，也称个人标准说。该说认为能否预见应该根据行为人的主观条件来判断，应该考虑行为人平时的一贯作风，根据行为人的年龄、健康、发育状况、知识水平、工作经验、业务水平以及所担负的责任等主观条件，来判断行为人对自己的行为发生危害社会的结果是否有预见能力。第二，客观说，也称社会标准说。该说主张以社会一般人的认

---

[1] 林亚刚：《犯罪过失研究》，武汉大学出版社2000年版，第228页。

识能力和水平为标准。在当时的具体情况下，如果一般人能够预见到危害结果发生的可能性，则认为行为人也可以预见到；如果一般人不能预见，行为人也不能预见。〔1〕第三，主客观相统一说。该说主张解决这个问题要坚持主、客观的统一，既要考虑到行为人的年龄、所从事的职业、技术熟练程度、社会阅历、智力发育情况等行为人的主观特征，又要考虑在当时具体情况下一般具有正常理智的人对这种结果的发生能否遇见。〔2〕第四，折中说。该说主张要综合主观标准和客观标准来认定行为人的认识能力。与主客观相统一说不一样的是，折中说主张以主观标准为根据，以客观标准为参考，即具有决定意义的是主观标准，但是不能忽略客观标准。〔3〕因为每个人的认识能力是有差别的，所以不能以所谓社会一般人的认识能力来判断行为人能否认识。同时，也不能否定客观标准，只有结合行为人自身的认识能力和行为时的客观环境，才能比较合理地判断行为人能否预见，才不会犯主观归罪、客观归罪或者放纵犯罪的错误。笔者赞同第四种观点，即折中说。以折中说的观点来判断行为人是否能够预见自己的行为导致的后果，首先要考虑一般人能否预见结果的发生，然后再考虑行为人的认识能力和水平。如果一般人能够预见，但是行为人的认识能力低于一般人，那么不应该认定行为人有过失。如果行为人的认识能力并不低于一般人，甚至高于一般人，那么应当认定行为人有过失。在"朱某平过失致人死亡案"中，被告人朱某平对自己行为造成的结果是应当预见、能够预见的。朱某平购买旧砖头、旧钢筋、

---

〔1〕 肖洪："如何理解疏忽大意的过失中的'应当预见'"，载《河北法学》2004年第12期。

〔2〕 李迪："辨析疏忽大意的过失与意外事件"，载《宁夏党校学报》2013年第11期。

〔3〕 张明楷：《刑法学》，法律出版社2003年版，第242页。

旧楼板，委托无建筑资质的于某建楼房，并吩咐于某要尽量少用水泥为其省钱，同时，在施工的过程中，没有采取任何防护措施，因此朱某平的这些行为容易导致施工人员伤亡。朱某平在建房时违反房屋建设所必需的安全要求，导致房屋的安全性差，这是导致房梁断落的根本原因。案件中，受害人伤亡的后果与朱某平的行为有直接的因果关系。对于以上的情况，社会一般人对其后果是能够认识的，朱某平作为具有完全刑事责任能力的人，其认识能力和水平不低于一般人，对自己的行为可能导致施工人员伤亡的结果是应当预见和能够预见的。

(四) 如何界定"故意杀人"和"故意伤害"？

我国《刑法》第232条、第234条分别规定了故意杀人罪和故意伤害罪，在司法实践中，故意伤害致人死亡和故意杀人既遂客观上都造成了被害人死亡的结果，如何正确界定故意伤害致人死亡和故意杀人是一个比较复杂的问题。

刑法界理论中对故意伤害罪和故意杀人罪的界分标准主要有以下几种观点：第一，目的说。这一观点认为，区分故意杀人罪和故意伤害罪最重要的是犯罪目的不同：故意杀人罪以非法剥夺他人生命为犯罪目的，而故意伤害罪以损害他人的健康为犯罪目的。[1]根据这种观点，当行为人的犯罪目的是剥夺他人生命时，不论行为人的动机、手段如何，都可以认定其行为构成故意杀人罪；如果能够判断行为人的犯罪目的是损害他人的身体健康，那么即使出现了死亡的结果，也应该认定为故意伤害罪。第二，故意说。这一观点认为，故意杀人罪和故意伤害罪的界限是故意内容不同，要根据犯罪故意的内容来区分这

---

[1] 王志祥："故意伤害罪理论研究六十年"，载《山东警察学院学报》2009年第3期。

两种不同的犯罪。[1]故意杀人罪行为人的主观故意内容是明知自己的行为会造成他人死亡的结果并希望或放任这种结果的发生；故意伤害罪的犯罪故意内容是明知自己的行为会造成损害他人身体健康的结果并希望或放任这种结果发生。第三，工具或打击部位说。根据目的说或者故意说，如果行为人否认自己杀人的目的或者故意，则无法认定为故意杀人罪，这显然是不合理的，容易发生纵容犯罪的情况。工具或打击部位说认为，客观存在的案件事实是行为人无法辩解和否认的，因此故意杀人罪和故意伤害罪的界分标准应该是案件的客观事实。笔者认为，以上的这几种区分标准存在一定的问题。目的说忽略了故意杀人罪和故意伤害罪的间接故意心态，在间接故意犯罪中不存在犯罪目的，而且行为人的目的有时候是难以辨别和查明的，因此目的说并不合理。工具和打击部位说考虑到了认定行为人主观心态的难题，但是如果仅仅关注工具和打击部位来定罪有客观归罪的嫌疑，而且就工具来说，行为人无论有杀人的故意还是伤害的故意都可以以刀作为犯罪工具，因此以犯罪工具或者打击部位来区分是有失偏颇的。我国刑法学理论界的通说是故意说，即区分故意杀人罪和故意伤害罪的标准是二者故意内容的不同，但是由于主观故意有一定的遮蔽性，在实践中会出现行为人故意隐瞒或者否认故意内容的情况，在这种情况下，应当坚持主客观相结合的原则，综合考虑案件的客观事实和行为人的主观故意内容，不能仅靠行为人对自己故意内容的说明来给案件定性。具体应当考虑以下因素：①起因。犯罪行为的发生是因为琐事、仇恨还是其他情况。②行为人的平时表现。行为人平时与人相处的情况以及行为人和被害人的关系如何。

---

[1] 石朋波：":浅谈故意伤害罪与故意杀人罪的界限"，载《学理论》2009年第18期。

③使用的工具。通常来说，如果行为人有杀人的意图，一般使用的是杀伤力较大的工具，如果是伤害的故意往往工具是杀伤力较小而且随手可得的。④打击的部位和强度。故意杀人的行为人一般会选择要害部位，以较大的力度打击，而故意伤害的行为人一般会控制自己的力度，不会刻意选择重要部位甚至会避开要害部位。⑤实行行为有无节制。当被害人丧失反抗能力或者求饶时，行为人是否会就此罢休。⑥事后态度。行为人事后态度是意外、惊恐还是炫耀、满足。司法机关应当结合这些具体情况来认定行为人的主观故意内容，不能仅靠行为人的供述内容简单定罪。

"刘某松故意伤害案"的主要争议是被告人构成故意杀人罪还是故意伤害罪。申诉人认为，在被害人江某未对被告人李某造成人身伤害和威胁的情况下，被告人用随身携带的刀连刺被害人两刀，并且均中要害，在主观上有杀人的故意，构成故意杀人罪。笔者认为，司法机关认定被告人构成故意伤害罪是正确的。首先，被告人刘某与被害人素不相识，没有任何积怨，行凶的原因是因为小事，属于一时冲动。在这种情况下，被告人在主观上是警告或者泄愤的故意，是伤害的故意而非杀人的故意，并且被告人使用的刀具并非是早准备好的，而是在起争执后力所不及的情况下拿出来的，且虽然被告人用刀连刺被害人两刀，但是随后立即逃离现场，被告人的行为比较节制，是为了快点脱身才实施了伤害行为，并非是想置被害人于死地。因此，认定被告人为故意伤害罪是合理的。

（五）"明知必然发生而放任"属于直接故意还是间接故意？

《刑法》第14条规定："明知自己的行为会发生危害社会的结果，并且希望或者放任这种结果发生，因而构成犯罪的，是故意犯罪。"其中，认识因素包括必然发生和可能发生，意志因素包括希望和放任两种情况,这样就会有四种搭配形式:明知必然会发生而希望、明知可能发生而希望、明知可能发生而放任、明知必然发生而放任。对于"明知必然发生而放任"学界存在一定的争议,主要有以下几种观点:第一,直接故意说。认为明知必然发生而放任属于直接故意。直接故意又分出了两派观点:①张明楷教授认为:"既然明知结果必然会发生,就只能是希望的心理状态而不可能是放任的心理状态。因为放任是对结果听之任之无所谓的态度,结果发生可以,不发生也不违背自己的意志。因此放任的前提必须是具有结果发生和不发生两种可能性,唯有如此,行为人才可能存在发生也可以不发生也可以的心理态度。如果认识到结果必然发生,则不可能存在放任结果发生的心态。"[1]②另一部分学者认为,虽然明知必然发生的意志态度是放任,但是这种放任的态度并不影响结果的必然发生,因此从结果上来看,与明知必然发生而希望的情况并无区别,所以应当属于直接故意。第二,间接故意说。认为区分直接故意和间接故意的标准是看行为人对结果发生的态度是希望还是放任,只要行为人持放任的心理态度,就应当是间接故意。姜伟教授认为:"放任是间接故意的意志形式,是构成间接故意的核心要素。"[2]第三,容忍故意说。贾宇教授认为:"明知危害结果必然发生而放任其发生的意志状态,是介乎于希望和放任之间的第三种意志类型,称之为容忍。容忍表示行为人对法定构成要件的结果的发生持完全肯定的态度——不同于放任,但由于该结果并非行为人所追求,而是行为人追求其他目的的必然伴随结果,所以行为人又有不得已而为之的心态——不同于希望。从责任的评价度,容忍故意略轻于希望故意,而重

---

[1] 张明楷:《刑法学》,法律出版社2007年版,第138页。
[2] 姜伟:"论间接故意",载《烟台大学学报》1995年第8期。

于放任故意。"[1]在明知危害结果必然发生的情况下，存在放任的心理。明知必然发生是认识因素，放任是意志因素，认识因素并不能完全决定意志因素，意志因素较认识因素有其相对独立性。[2]根据我国现行刑法的规定，行为人明知自己的行为必然会导致危害结果的发生而仍然实施了行为，应当以对社会的危害程度来评价其行为。虽然行为人的意志因素是放任，但是对于危害结果是明知的、确定的，在这种情况下是否放任对于危害结果的发生是没有意义的，其主观恶性也不仅仅是间接故意了，已经相当于直接故意中的希望，如果把它看作间接故意，处刑低于直接故意，这明显是不合理的。而且，学界的通说是，间接故意没有未遂的状态，如果出现了意志之外的原因导致危害结果没有发生，只能认定其不构成犯罪，这是不符合我国刑法的罪刑相适应原则的。

有一个案例，丈夫婚外恋，想要杀死自己的妻子与他人结婚，在一次一家三口外出游玩时，当走到悬崖边时，丈夫发现该地形非常适合作案，想要把妻子推下悬崖，但是妻子此时正抱着自己的儿子，丈夫感到有些不忍心，但是又不想错过这次机会，于是一狠心将妻子和孩子都推下了悬崖。在这个案件中，行为人明知自己将妻子推下悬崖必然会导致孩子的死亡，但是却放任了这种结果的发生。这是一起典型的明知必然发生而放任的案例，当行为人确信自己的行为必将导致危害结果的发生时，其内心的态度已经无关紧要，因此无论行为人的态度是放任还是希望，危害结果都会出现。综上所述，笔者认为明知必然发生的情况下存在放任的心理态度，应该将明知必然发生而

---

[1] 贾宇：《罪与刑的思辨》，法律出版社2003年版，第138页。
[2] 张彦："对明知必然发生而放任的思考"，载《经济视角》2011年第2期。

放任这种情况界定为直接故意。

三、法律依据

（1）《中华人民共和国刑法》第 14 条：明知自己的行为会发生危害社会的结果，并且希望或者放任这种结果发生，因而构成犯罪的，是故意犯罪。故意犯罪，应当负刑事责任。

（2）《中华人民共和国刑法》第 15 条：应当预见自己的行为可能发生危害社会的结果，因为疏忽大意而没有预见，或者已经预见而轻信能够避免，以致发生这种结果的，是过失犯罪。过失犯罪，法律有规定的才负刑事责任。

（3）《中华人民共和国刑法》第 16 条：行为在客观上虽然造成了损害结果，但是不是出于故意或者过失，而是由于不能抗拒或者不能预见的原因所引起的，不是犯罪。

（4）《中华人民共和国刑法》第 232 条：故意杀人的，处死刑、无期徒刑或者十年以上有期徒刑；情节较轻的，处三年以上十年以下有期徒刑。

（5）《中华人民共和国刑法》第 233 条：过失致人死亡的，处三年以上七年以下有期徒刑；情节较轻的，处三年以下有期徒刑。本法另有规定的，依照规定。

（6）《中华人民共和国刑法》第 234 条：故意伤害他人身体的，处三年以下有期徒刑、拘役或者管制。犯前款罪，致人重伤的，处三年以上十年以下有期徒刑；致人死亡或者以特别残忍手段致人重伤造成严重残疾的，处十年以上有期徒刑、无期徒刑或者死刑。本法另有规定的，依照规定。

论故意犯罪形态的判断标准及司法适用

按照我国刑事立法和刑法理论,故意犯罪的停止形态包括犯罪既遂、犯罪预备、犯罪未遂和犯罪中止四种具体形式。犯罪既遂是行为人的主观犯意和客观犯罪行为都得以贯彻到底,形成故意犯罪的完成形态;而在犯罪预备、犯罪未遂形态中,行为人的主观犯罪意图和客观犯罪行为都受到了意志以外的原因的阻碍,从而导致犯罪未完成;而犯罪中止是行为人出于自己的意志而使犯罪未完成的一种犯罪停止形态。我国刑法对于故意犯罪的四种形态所规定的量刑标准,有很大的差别。刑法规定,对于预备犯,可以比照既遂犯从轻、减轻或者免除处罚;对于未遂犯,可以比照既遂犯从轻或者减轻处罚;对于中止犯,没有造成损害的,应当免除处罚,造成损害的,应当减轻处罚。因此,在司法实践中,正确认定犯罪形态,对于区分此罪与彼罪、正确定罪量刑有着重要的实践价值。因此,笔者选取了几个典型的抢劫案例,分析故意犯罪形态理论在具体个案中的司法适用,以总结出不同的故意犯罪形态的判断标准。

一、案例简介及司法处理结果

(一)"郭某兵入室抢劫案"

案情简介

2003 年 10 月 15 日晚,郭某兵因囊中羞涩,产生了"抢两个钱花"的念头。随后，郭某兵在文峰镇老街一巷道口附近转悠，伺机寻找下手对象，这时郭某兵见方某独自一人行走，遂尾随其后，因路上时有行人，郭某兵未动手抢劫。到了方某家门口，郭某兵见方某家中漆黑一片，以为方某家无其他人，便想强行入室抢劫。方某掏出钥匙打开房门，郭某兵随即强行闯入房中，并随手锁上房门。方某受惊大叫，方某的丈夫袁某水闻声从房内起来，拉开电灯，见郭某兵站在门口，喝问："你干什么？"郭某惶急答道："我找水喝。"袁某水质问："你找水喝，怎么跑到我家来了？"袁某水见郭某兵答不上来，即在邻居协助下将郭某兵扭送公安局派出所。

司法处理结果

江西省吉水县人民法院经审理认为，被告人郭某兵以非法占有为目的，尾随妇女，强行入室，意图抢劫，其行为已构成抢劫罪。郭某兵尾随入室后，由于他人及时制止，犯罪行为尚未着手实施，属犯罪预备，依法可以比照既遂犯从轻、减轻处罚或者免除处罚；被告人郭某兵欲入户抢劫他人财物，符合抢劫罪的八种加重处罚情节之一，从重处罚。最终，法院综合全部情节，以抢劫罪判处被告人郭某兵有期徒刑1年6个月，并处罚金1000元。

（二）"沙某、李某抢劫致人受伤案"

案情简介

2018年6月25日21时许，被告人沙某、李某在昆明市高铁南站附近搭乘被害人周某驾驶的面包车，车辆驶至昆明市西山区宝花公园附近后，两人在车上使用暴力对被害人周某进行抢劫。在抢劫过程中，被告人沙某使用一把水果刀将被害人周某捅伤，经鉴定为轻伤二级，二人并未抢得任何财物。事后，被告人沙某于2018年8月8日在贵州省金沙县上网时触发预警，被民警抓获。被告人李某于2018年8月9日到贵州省金沙县公安机关投案自首。二人到案后均如实交代了各自的犯罪事实。庭审后，被害人周某以被告人家属已代被告人对其进行了赔偿为由，撤回了对被告人沙某、李某的附带民事起诉，表示对被告人沙某、李某予以谅解。

司法处理结果

昆明市西山区人民法院审理认定，被告人沙某、李某以非法占有为目的，使用暴力抢劫他人财物，其行为已构成抢劫罪。在共同犯罪中，被告人沙某、李某地位、作用相当，不宜区分主从犯。被告人沙某具有坦白情节，法院依法对其从轻处罚；被告人李某具有自首情节，法院依法对其从轻处罚；鉴于两名被告人家属已对被害人进行了赔偿并取得了被害人谅解，法院酌情对两名被告人从轻处罚。最终，法院综合全部情节，以抢劫罪判处被告人沙某有期徒刑4年，并处罚金2000元，被告人李某有期徒刑3年，并处罚金2000元。

（三）"梅某抢劫、猥亵案"

案情简介

2013年5月8日，被告人梅某因家庭困难、孩子欠交学费等原因，萌生了抢劫"搞钱"的想法。当日凌晨2时许，被告人手持一把长约20厘米的单刃水果刀进入被害人俞某家中，发现被害人俞某正在睡觉，遂用随身携带的水果刀顶住俞某的头部并威胁其不许喊叫，要其交出钱财。俞某告诉梅某自己有100元现金，银行卡里有几百元。梅某嫌钱少没要，也没有搜查被害人身体或者核实银行卡余额，但提出要摸俞某的胸部，俞某不同意并反抗夺刀，大声呼救。在夺刀过程中，俞某手指被划伤，梅某仅摸到了俞某的背部，之后便逃离房间。俞某的父亲听到呼救后与俞某一起追赶梅某，追上后双方扭打在一起，梅某的刀和手机被夺下后挣脱逃离。

司法处理结果

江西省共青城市人民法院经审理认为，被告人梅某以非法占有为目的，采取暴力威胁的手段持刀入户实施抢劫，其行为已构成抢劫罪，依法应予惩处。被告人梅某在抢劫过程中自动放弃了劫取财物的行为，属犯罪中止，且其并未给被害人造成轻伤以上的损害后果，依法应当减轻处罚；被告人梅某曾因犯抢夺罪被判处有期徒刑之刑罚，于2009年被释放，在刑罚执行完毕后5年内再犯应当被判处有期徒刑以上刑罚之罪，属累犯，依法应当从重处罚；被告人梅某归案后如实供述其抢劫犯罪事实，依法可以从轻处罚；被告人梅某持刀入户抢劫，属于持械（不含枪支）或使用危险性工具犯罪，可以酌情从重处罚；案发后，被告人梅某积极悔过，并取得了被害人家属的谅解，可以酌情从轻处罚。最终，法院综合全部情节，以抢劫罪判处被告人梅某有期徒刑3年6个月，并处罚金5000元。

二、关于故意犯罪停止形态判断标准的问题探讨

（一）如何判断犯罪行为中的"着手"？

按照刑法理论，犯罪未遂形态与犯罪预备形态区别的主要标志是犯罪实行行为是否着手，即被告人的行为是为实施犯罪行为作准备，还是已经着手实施犯罪行为。所谓已经着手实行犯罪，是指行为人已经开始实施刑法分则规范里具体犯罪构成

要件中的犯罪行为。

对于认定着手的标准，大陆法系国家主要有三种主张：一是客观说，即主张从客观事实出发来确定着手实行犯罪的含义，认为是否属于着手实行犯罪，不应以行为人的主观意思为标准，而应以客观行为为依据；二是主观说，认为应注意行为人的主观方面，以证明行为人具有犯罪意思为依据来确定着手实行犯罪；三是折中说，认为着手实行犯罪具有主客观两方面的意义，两个方面是互相印证的，认定着手实行犯罪要把两个方面结合起来，客观的着手实行犯罪要能证实主观犯意的确定性和遂行性，主观的犯意要得到客观着手犯罪行为的证实。[1]

我国刑事立法和刑法理论认为，着手的概念和特征体现了主客观的有机统一。首先，着手是实行具体犯罪构成客观行为的起点，它不是介于犯罪预备和实行阶段之间的一个独立的阶段，而是实行阶段和实行行为本身的起点。着手就是实行行为的一部分内容，它不是预备阶段预备行为的终了行为，而是实行阶段实行行为的开始。着手的出现既是确定犯罪已经开始的标志，也是宣告预备阶段和预备行为已经终了的标志。其次，着手是客观实行行为和主观实行犯罪的意图相结合的产物和标志。因此着手实行犯罪具备主观和客观两个基本特征：主观上，行为人实行具体犯罪的意志已经直接支配客观实行行为并开始通过实行行为充分表现出来，而不同于在此之前预备犯罪的意志；客观上，行为人已经开始直接实行具体犯罪构成客观方面的行为，这种行为已是实行犯罪的性质，已使刑法所保护的具体权益初步受到危害或面临实际存在的威胁。在有犯罪对象的场合下，这种行为已直接指向犯罪对象。如果不出现行为人意

---

[1] 冯殿美："实行行为的着手及其认定——兼论西原春夫的犯罪着手学说"，载《法学论坛》2008年第4期。

志以外原因的阻碍或者行为人主动中止犯罪,这种行为就会继续进行下去,直到完成犯罪即达到既遂。着手实行犯罪是客观的犯罪实行行为与主观的实行犯罪意图相结合的产物和标志。这两个主客观基本特征的结合,从犯罪构成的整体上反映了着手实行犯罪的社会危害性及其程度,也给认定着手实行犯罪提供了一般标准。

在"郭某兵入室抢劫案"中,对郭某兵强行入室抢劫行为是否已经着手存在两种不同观点。第一种观点认为,郭某兵虽有抢劫故意,但未实施抢劫行为,不构成抢劫罪;第二种观点认为,被告人强行入室并随手锁上房门时已由预备阶段转入着手实行阶段,"吓得被害人惊叫"这一点说明其行为已对被害人造成了实际威胁,只是由于他人及时制止,其抢劫行为才未能得逞,因此被告人的行为应属于抢劫未遂。

结合刑法分则中抢劫罪的具体犯罪构成要件,抢劫罪是以暴力、胁迫或者其他方法抢劫公私财物的行为,其中暴力、胁迫和强行劫取公私财物都属于法定实行行为,只要在主观犯罪意图的支配下实施了其中一种行为,就应当视为抢劫行为的着手。第一种观点只注意到被告人流露出的主观犯罪意图,忽略了其尾随他人、强行入室等一系列客观行为的潜在危害性,这些行为为进一步实施犯罪创造了条件,是为刑法所禁止的。第二种观点对被告人强行入室并随手锁上房门的行为定性不准确。其进入犯罪现场,逼近犯罪对象,只是在为实施犯罪行为做准备,由于他人及时制止,被告人没有对犯罪对象实施暴力、胁迫或者强制劫取财物的行为,甚至连一句威胁的话也没有说,足以证明被告人的行为尚未进入实行阶段。致使被害人受到惊吓的是被告人的预备行为,不能因为被害人受到惊吓,就认为被告人的抢劫行为已经着手。犯罪预备是故意犯罪发展过程中的一种形态，它不是犯罪意图的单纯流露，而是在主观犯意的支配下采取积极行为，为着手实行犯罪创造条件，以便最终实现其犯罪目的。如果行为人已经实施犯罪预备行为，由于其意志以外的原因，未能着手实施犯罪，就构成预备犯。综上分析，被告人的抢劫行为由于他人的及时制止而被迫停顿在预备阶段，尚未着手实行，所以其行为属于犯罪预备。虽然被告人的行为处于预备状态，但毕竟为进一步实施犯罪、实现犯罪意图创造了条件，若不是由于意志以外的因素而被迫停止，就可能使特定的人身、财产遭受实际损害。被告人强行进入他人住宅的行为，又构成了《刑法》第245条规定的非法侵入他人住宅罪，一行为触犯两罪名构成想象竞合，应按重罪（即抢劫罪）定罪处罚。

（二）如何理解"犯罪未得逞"条件？

《刑法》第23条第1款规定："已经着手实行犯罪，由于犯罪分子意志以外的原因而未得逞的，是犯罪未遂。"据此，学界理论通说主张，我国刑法中的犯罪未遂形态具有三个特征：一是行为人已经着手实行犯罪；二是犯罪未完成而停止下来；三是犯罪停止在未完成形态是由犯罪分子意志以外的原因所致。①"行为人已经着手实行犯罪"具有奠定未遂犯处罚依据和界分未遂犯与预备犯的双重功能。一方面，该特征为未遂犯的处罚提供了法理正当性。自行为人着手实施犯罪之时，行为人的行为就会对法益造成现实紧迫的危险性，正是基于这种现实紧迫的危险性存在，才使得对未发生既遂结果的未遂犯科处刑罚具有正当性。刑法对未遂犯的处罚，本质上是在处罚行为人所实施的着手行为。另一方面，该特征是区分未遂犯与预备犯的主要标志。所谓预备犯，是指已经实施犯罪的预备行为，但是由于行为人意志以外的原因，未能着手实行犯罪的犯罪形态。[1]据此可知，未遂犯和预备犯的相同之处在于，两者都是基于"意志以外的原因"而未能实现犯罪结果，而两者的不同之处在于，未遂犯是已经着手实施犯罪行为，预备犯是未能着手实行犯罪行为。正如林亚刚教授所言，"着手"标志着犯罪实行行为从"预备"向"实行"跨出了关键一步。[2]因此，"着手实行"之概念乃划分未遂与预备的分界点。②"犯罪未完成而停止下来"具有奠定未遂犯从宽处罚依据和界分未遂犯和既遂犯的双重功能。一方面，该特征是未遂犯得以享受"比照既遂犯从轻或者减轻处罚"优惠的法律依据。根据刑法客观主义立场，刑罚在"质"上是一种恶害，在"量"上必须与犯罪的结果相适应。[3]那么，在没有发生既遂结果的未遂犯场合，未遂犯的刑罚量也应当轻于既遂犯的刑罚量。从此意义上说，"犯罪未完成而停止下来"这一特征并未对未遂犯提供"正向的"处罚依据。相反，该特征是从"反面"为未遂犯提供了从宽处罚的依据。另一方面，该特征是区分未遂犯与既遂犯的主要标志。一般而言，既遂犯是指行为人的行为具备了刑法分则条文所规定的某种犯罪的全部构成要件的犯罪形态。未遂犯是指既遂结果没有发生的场合，或者即使既遂结果发生了，但是该结果与着手行为之间不具有因果关系的场合。总结概括便是，既遂犯以既遂结果出现为必要；未遂犯以既遂结果未出现为必要。③"犯罪停止在未完成形态是犯罪分子意志以外的原因所致"具有界分未遂犯和中止犯的功能。对于中止犯和未遂犯而言，两者的相同之处在于行为人都实施了犯罪行为，既遂结果都未发生。而两者的

---

[1] 马克昌：《犯罪通论》，武汉大学版社2016年版，第416页。
[2] 林亚刚：《刑法学教义》（总论），北京大学出版社2017年版，第396页。
[3] [日]伊东研祐：《刑法讲义总论》，日本评论社2010年版，第8页。

不同之处在于，中止犯是基于本人意愿而阻止既遂结果发生，未遂犯是基于意志以外的原因而导致既遂结果未发生。易言之，"中止犯和未遂犯在既遂结果未发生这一事实状态上相同，在既遂结果未发生的原因上相异"。[1]因此，"犯罪停止在未完成形态是犯罪分子意志以外的原因所致"是区分未遂犯和中止犯的关键因素。

国内刑法学界对"犯罪未得逞"的含义主要有犯罪结果说、犯罪目的说以及犯罪构成要件说三种不同观点：犯罪结果说主要适用于结果犯，对于不区分犯罪结果是否发生的行为犯和危险犯则无用武之地，而且对于将犯罪结果限定在法定结果或是行为人预期结果、物质结果或亦包括非物质结果，学术界目前也有争议。犯罪目的说的适用范围也有限，一些犯罪的成立要求必须具有特定的犯罪目的，例如走私淫秽物品罪要求以牟利或传播为目的，此时的犯罪目的只是构成这类犯罪的要件之一，而不是区分既遂与未遂的标准。犯罪构成要件说是目前刑法理论界和司法实务部门区分犯罪既遂与未遂的主流观点，判断犯罪是否既遂，既不以是否达到犯罪目的为标准，也不以行为是否产生行为人所追求的、犯罪行为性质所要求的结果为标准，而以行为是否具备刑法规定的犯罪构成的全部主客观要件为标准。该学说不仅使犯罪构成理论与犯罪既遂问题得到了有机结合，也填补了犯罪目的说和犯罪结果说不能覆盖所有故意犯罪的漏洞，为判断犯罪既遂提供了一个统一、简便的标准，而且我国刑法分则是以犯罪既遂为模式的，认为行为满足刑法分则规定的全部构成要件就构成既遂具有逻辑正确性。[2]虽然近年

---

[1] 李永升、安军宇："中止犯的减免处罚根据"，载《湖北警官学院学报》2018年第3期。

[2] 刘丛薇："犯罪既遂的标准研究"，载《唯实》2012年第6期。

来该学说受到了一些质疑,也有学者提倡类型化的犯罪既遂标准,[1]但很多质疑都只是对主流观点的补充,很难动摇犯罪构成要件说的主流地位。

"以暴力、胁迫或者其他方法抢劫公私财物"为抢劫罪的基本构成要件,并未规定必须要以实际抢到财物作为抢劫犯罪构成要件齐备及既遂的标准。关于区分抢劫罪既遂与未遂的标准,理论界一直存在争论,目前主要有四种主张:一是占有财物说。认为抢劫罪属于侵犯财产罪,应当以是否抢到财物作为区分既遂与未遂的标准。二是人身权利受侵犯说。认为抢劫罪虽然属于侵犯财产罪,但同时也侵犯了人身权利。因此,不论是否抢得财物,只要在抢劫过程中侵犯了被害人的人身权利,就成立犯罪既遂。三是结合犯说。即以是否属于结合犯而对区分抢劫罪既遂与未遂采用不同标准,认为抢劫致人轻伤的情况是结合犯,其他情况则不是。对于属于结合犯的抢劫罪,抢夺财物本身有可能未得逞,但不论是否抢到财物,只要侵犯人身权利的行为构成了独立的罪名,均应以抢劫既遂论,对不属于结合犯的抢劫罪,应以是否取得财物作为区分既遂与未遂的标准。四是占有财物侵犯人身择一说。只要抢劫行为侵犯了财产权或人身权之一即为既遂,抢劫罪侵犯的是双重客体,在不同情况下应采用不同标准来区分既遂与未遂,即抢劫行为没有造成人身伤亡时,以是否抢得财物为标准。如果抢劫行为造成人身伤害或者伤亡,则不论是否取得财物,都成立抢劫罪既遂,否则便会造成罪刑不均衡。[2]根据《最高人民法院关于审理抢劫、抢

---

[1] 王纪松:"论类型化的犯罪既遂标准",载《中国刑事法杂志》2006年第1期。

[2] 沈志民:"抢劫罪既遂与未遂区分标准新探",载《当代法学》2005年第4期。

夺刑事案件适用法律若干问题的意见》第10条的规定，抢劫罪侵犯的是复杂客体，既侵犯财产权利又侵犯人身权利，具备劫取财物或者造成他人轻伤以上后果两者之一的，均属抢劫既遂；既未劫取财物，又未造成他人人身伤害后果的，属抢劫未遂。该司法解释将具有加重结果的抢劫罪一律认定为既遂状态，实际上蕴含了重刑主义倾向，由此可以看出最高人民法院对抢劫罪既遂、未遂的认定偏向于以抢劫罪的犯罪客体作为区分标准，并以是否造成人体伤害为辅助依据。[1]

在"沙某、李某抢劫致人受伤案"中，对沙某二人构成抢劫罪均无异议，但对其行为属于何种犯罪形态存在分歧：第一种观点根据占有财物说，认为区分抢劫罪既遂与未遂以是否取得财物为标准，二人以非法占有为目的，当场使用暴力企图强行夺取他人财物，但由于意志以外的原因而未能得逞，应构成抢劫未遂。第二种观点根据占有财物侵犯人身择一说，认为只就造成被害人轻伤这一后果便足以认定二人的抢劫行为构成既遂。第一种观点在一定程度上削弱了二人抢劫行为的社会危害性，若按该观点，判刑可能导致罪责刑不相适应。刑法分则之所以将抢劫罪归入侵犯财产罪，原因在于犯罪分子的主观目的是劫财，其行为最终指向的也是被害人的财产权利，但这并不是说犯罪分子对被害人人身权利的侵犯是可以忽略不计的，被害人的人身权利所受到的侵犯有时甚至会远远超过其财产权所受到的侵犯。我国刑法将保护公民的人身权利摆在十分重要的位置，所以，抢劫致人重伤、死亡属于结果加重犯，需要加重处罚。由此，被告人是否抢到被害人的财物，是分析其抢劫行为是否既遂的一方面，是否侵犯被害人的人身权利，是另一方

---

[1] 杨兴培："抢劫罪既遂、未遂的司法解释质疑——兼论司法解释的现实得失与应然走向"，载《政法论坛》2007年第6期。

面。二人以非法占有为目的,持刀抢劫,造成被害人轻伤。虽然被害人的财产权尚未受到侵犯,但此时人身权与财产权相比已处于主要地位。根据立法精神,我国刑法更侧重保护公民的生命健康权。综上分析,二人的暴力行为属于犯罪既遂,其社会危害性主要表现在侵犯被害人的人身权,于法于理均应严惩。

(三) 如何把握犯罪中止的"自动性"条件?

要讨论犯罪中止自动性成立与否,首先要解决判断对象的问题。学界对此有两种不同的观点:一是以外在事由为对象,又被称为非外在障碍说;二是以行为人对外在事由产生的认知作为评判对象。具体来看,所谓非外在障碍说,是指以障碍存在的有无为基础,成立自动中止,要判断客观上是否存在阻断犯罪发生的事由,如果客观上存在导致犯罪不能继续进行的因素,无论行为人对此是否有认知,都要排除其自动中止的可能性。相反,如果客观上并无障碍存在,但行为人误以为有障碍存在而选择放弃犯罪行为,仍成立自动中止。与非外在障碍说相反的另一派观点则认为,应当以行为人对外在事由的判断为对象。具体就是,应当通过行为人对外部事由的感知从而产生的心理判断作为认定犯罪中止自动性的基础,而不是以是否存在外在障碍本身作为判断对象。笔者认为,犯罪中止自动性成立与否应当以行为人对外部事由的感知作为评判标准。原因在于,若以事由本身作为判断对象,则会否认行为人真诚悔悟的动机。行为人基于对被害人的同情,或认识到自己行为的非法性而及时采取措施中止犯罪行为,由于客观上存在阻断犯罪发生的事由,即使行为人对此没有认知,也不能肯定其中止的自动性。因此,该观点看似理性化,实则违背了刑法的本意,只是单纯地以障碍事由的有无作为判断对象,不利于鼓励行为人自动放弃犯意。事实上,若按此观点会导致这样一种情况,即只要客观上存在阻碍犯罪发生的事由，无论行为人的主观状态如何，都将否定其犯罪中止的自动性。但若以行为人对外在事由的认知作为判断对象，就能鼓励行为人自觉回归法律轨道，降低人身危险性，也能体现刑法所具有的保障人权的功能。

自动性判断的标准是行为人对外部事态感知后产生的内心感悟，换言之，中止自动性是否成立取决于行为人选择余地的大小。具体来看，自动性判断又可被细分为"主观说""客观说"和"折中说"三种实操方法。[1]①主观说。该理论认为，判断自动性的基准可被概括为 Frank 公式，即"能达目的而不欲是中止；欲达目的而不能是未遂"。行为人在判断自己能继续实施违法活动时，转而停止犯罪的，可以认定为中止成立。但行为人因为发现自己已经不能继续实施违法活动才选择停止的，则不能成立中止。该学说的实质就如林山田教授所说："行为人主观内心上具有完全的决定自由，其中止的决定，系在全然未受任何外在强制性因素的影响下而形成的，即属犯罪中止。相反，行为人主观内心上因受强制，被迫出于无奈而形成中止的决意者，即非自愿中止。"[2]主观说有其合理之处，但不合理之处同样明显：其一，基于主观说来判断中止的自动性，会导致主观评断泛滥，因为仅以行为人自身的意识作为考量因素，会使得客观评价难以达成，无法真正做到"主客观相统一"之原则，这种判断标准会使中止行为的认定变成单纯的心理判断，因而难以具有规范性。其二，Frank 公式没有对何谓"能"、何谓"不能"作出明确的界定。换言之，针对应当以什么样的标准来判断"能"与"不能"，该公式并未提供明确的指标。如

---

[1] 周光权："论中止自动性判断的规范主观说"，载《法学家》2015 年第 5 期。

[2] 林山田：《刑法通论》，北京大学出版社 2012 年版，第 319 页。

果对心理自动性的界限不明确，那么在具体案件的司法适用中极易产生解释混乱的局面。②客观说。该观点主张把社会一般人的观念作为评判标准来分析行为人作出中止意思的原因。如果行为人在该标准下是迫不得已作出停止违法犯罪活动的行为，便不能成立自动的中止。因此，社会一般人的认知才是判断中止自动性的标准，而行为人基于何意放弃实施犯罪则在所不问。如果根据一般人的认知，认为行为人是在其能自由选择的意识状态下作出中止犯罪的决定，则肯定行为人中止行为的自动性；反之，则不能认定成立自动性。与主观说一样，客观说也存在一定的问题。对此，日本学者大谷实认为："按照客观说的观点，决定自动性成立的关键因素不是行为人的主观心态，也不是外部事由对行为人造成的影响，而是根据一般人的经验判断这些事由对行为人产生的心理作用。这种方法忽略了基于己意的心理状态，是不合理的。"[1]因此，如果仅以社会一般人的观念作为评判因素，则会忽略行为人自身的主观能动性，并且由于不同阶层和群体对社会的认知并不相同，极有可能导致同一类型的案件产生不同的认知标准。③折中说。折中说也被称为"客观的主观说"，即在主观说的基础上加入了客观说的观点。该学说首先从主观的角度分析行为人心理上产生的主观认知，然后再结合客观方面，对是否成立自动性作出判断。简言之，该说的评判依据是行为人在对外部事由有了大概的了解之后所作出的心理上的判断和反应。这种观点评判的最终落脚点是行为人主观上产生的心理状态，而外在事由的性质并不是判断自动性时应考虑的因素。不少学者均认为，折中说存在着和客观说同样的缺陷：虽然在对外在事由进行客观评价时先从主

---

[1] [日]大谷实：《刑法总论》，黎宏译，法律出版社2003年版，第291页。

观说的角度出发，但是对行为人出于何意产生放弃犯罪念头的评判却是从客观的角度展开分析的。折中说只是简单地在主观说的基础上结合客观说进行综合评价，但没有明确说明评价的标准，以及为何要以客观的层面来评判行为人放弃犯意时在主观上形成的心理状态。

结合上述判断对象和判断方法分析，当前刑法学界对自动性判断的着眼点主要有行为人的动机和行为人对外界的认知两个方面。一是在行为人动机方面，经历了从限定主观说到主观说的发展，由只从伦理性的角度去判断自动性与否发展到考量行为人广义的心理状态。二是在行为人对外界的认知方面，可以简单归纳为行为人的期待可能性。也即，如果在当时的客观条件下尚有继续实施犯罪的客观条件，或者说我们并不期待行为人做出放弃犯罪的行为，但行为人依然做出了中止犯罪的举动，我们应当认为此时存在自动中止。但是，针对判断行为人是否可以继续实施犯罪应当以何种标准为基础，刑法学界存在两种不同的观点：行为人标准说和一般人标准说。行为人标准说认为，判断是否可以继续实施犯罪行为，应当以行为人自身的认知状态为基准，而不是以一般人对此作出的判断为标准。对此，一般人标准说提出了不同的观点，认为客观判断的标准应当是一般人的认知状态，而不能完全依照行为人自身的认知状态。[1]既然中止的自动性判断对象是行为人自身的行为，那么就应当以行为人的认知为判断基础。因此，笔者较为认同行为人标准这一观点，即应当以行为人自身的认知为依据来判断其行为是否可以继续，而不是依照一般人的观念来判断是否可以继续实施犯罪。

---

[1] 何鹏、李洁：《危险犯与危险概念》，吉林大学出版社2006年版，第78~79页。

德国刑法学者达林格提出："不能清楚查明是什么想法使得行为人中止，但对此可以设想的每个原因都是构成非自愿的，对中止视为非自愿。如果对某个可以成立自愿性的动机存在疑问，适用存疑时有利于被告人的基本原则。"简言之，如果不能认定行为人作出中止意思时的主观心理，也不能认定行为人放弃犯行时是否受到了外界干扰，就应该结合具体客观情况进行判断。若在当时状况下不可能期待行为人能够基于自愿选择而放弃犯罪，也就是说行为人不可能存在自由选择的余地，在那样的处境下，绝大多数的社会一般人（指生活环境、知识能力等情况与行为人最为接近的一类人）也会选择停止犯罪，行为人就不构成自愿中止。反之，如果行为人并未丧失自主选择的余地，但也不能证明行为人中止意思的作出是其自由选择，还是在综合考量外界因素后所作出的利益权衡，认为继续实施犯罪将会承担高昂的代价因此而选择放弃犯行，按照"存疑时有利于行为人"的原则，应当推定行为人是基于自身意志而放弃犯罪行为。并且，在诸多成立自动性动机的判断存在疑问时，也应按照"存疑时有利于行为人"原则推定成立犯罪中止的自动性。

在"梅某抢劫、猥亵案"中，被告人梅某在得知被害人身上只有100元、银行卡内只有少许现金的情况下，嫌钱少没要，其犯罪行为应属于何种犯罪形态？有一种观点认为，被告人的行为应属于犯罪未遂，其依据是《最高人民法院关于审理抢劫、抢夺刑事案件适用法律若干问题的意见》，即既侵犯财产权利又侵犯人身权利，具备劫取财物或者造成他人轻伤以上后果两者之一的，均属抢劫既遂；既未劫取财物，又未造成他人人身伤害后果的，属抢劫未遂。该观点忽视了案例三中的现实问题。首先，被害人钱少不足以成为客观上阻断犯罪发生的事由，根据我国的立法指导思想，这一事由应足以阻止犯罪分子的犯罪意志和犯罪活动,[1]那么本案中被害人钱少是否足以阻止被告人的犯罪意志和犯罪活动呢？显然不是。被害人的较少财物理论上也可以成为行为人抢劫的对象，否则便会陷入"白马非马"的困境。其次，被告人在抢劫过程中本可以继续实施犯罪取得财物，却自愿选择放弃，或嫌钱少，或出于对被害人的怜悯，不论是基于何种动机，只要自动放弃犯罪，便都应认定为犯罪中止，而且客观上行为人在得知被害人仅有少量财物后并未通过搜身、责令被害人交出等方式进行验证，足以证明被告人当时已停止实施劫取财物的行为，人身危险性大幅降低，并且未造成被害人轻伤以上危害结果，属于《刑法》第 24 条规定的"自动放弃犯罪"，应认定为犯罪中止。退一步而言，即使被告人考虑到为少量财物铤而走险不值得，权衡利弊最终放弃犯罪，按照"存疑时有利于行为人"的原则，也应当推定行为人基于自身意志而放弃犯罪行为，成立犯罪中止的自动性。

（四）如何判断犯罪中止的"彻底性"条件？

行为人仅中止了具体犯罪行为，却并未彻底放弃犯罪意图，在此情形下能否成立犯罪中止，即彻底性是否为构成犯罪中止的必备要件？德国通说对此持否定说，即主张犯罪中止的成立只要行为人基于自己的意思放弃犯罪行为即可，而不必彻底抛弃犯意。日本的大多数学者也主张中止犯的成立不以行为人彻底放弃犯意为必要条件。而我国通说则持肯定说，认为中止犯的成立不仅需要行为人基于自己的意志中止具体犯罪行为，还必须彻底放弃犯罪意图。对此，高铭暄教授认为，犯罪中止的彻底性与自动性是相辅相成的，彻底性是自动性的合理延伸与必要补充，没有自动性就谈不到彻底性，同样，没有彻底性就

---

[1] 曾粤兴："犯罪未遂比较研究"，载《法学家》2002 年第 4 期。

不足以证明其自动性的真实,而且自动性也会丧失法律予以肯定和鼓励的价值。[1]

关于中止犯的成立是否必须以彻底放弃犯意为必要,以及学者们为何有对立的观点,甘添贵解释道:"此与任意性之判断基准有关。依限定主观说,行为人中止之动机,须基于广义之后悔,始得成立中止犯,因此,行为人自须绝对放弃其犯意为必要。至主观说,仅须行为人基于某种理由而自动中止时,即得成立中止犯。客观说则以行为人之意思有无受外界之强制影响,而为决定。故依此两说,行为人中止其犯行,自无须绝对放弃其犯意;纵行为人以待机而动的意思,而暂时中止其犯行时,亦无妨于中止犯之成立。"根据甘添贵教授的观点,成立犯罪中止是否要求彻底放弃犯意,取决于不同的任意性判断标准。同时,甘添贵教授也认为放弃故意使违法性减少,因此主张彻底放弃犯意是构成犯罪中止的要素。

我国通说认为,故意犯罪的停止形态只存在于直接故意犯罪中,即行为人明知自己的行为会发生危害社会的结果并且希望这种结果发生,中止行为既然是对先前直接故意犯罪的否定,那么在主观上就必然要求放弃犯罪故意,即虽然已经认识到自己先前的行为会发生危害社会的结果,但希望不发生这种结果,这种希望结果不发生的心理态度同样不包括对结果不发生的"放任"态度,否则将无法解释积极的中止行为所应表现出的真诚性。因此,要成立中止犯,行为人必须在主观上彻底放弃故意,即主观上必须持积极地追求不发生危害社会结果的心理态度。如果先前犯罪行为中止后行为人再实施犯罪,是否一概否定中止犯?从主观上说,只要行为人放弃犯罪行为的主观意图

---

[1] 高铭暄、马克昌:《刑法学》,北京大学出版社、高等教育出版社2017年版,第159页。

中没有包含等待时机，或者利用先前犯罪行为所创造的条件和状态再施行犯罪的企图，从客观上说，行为人便消除或阻断了先前犯罪行为所创造的条件和状态对后来犯罪行为的联系和影响，不管前、后两种犯罪是同种犯罪还是异种犯罪，都不影响犯罪中止的成立。即"彻底性"在这里是指主观上消除或切断了前、后犯罪意图的连续性，客观上消除或切断了前、后犯罪行为的连续性。

在"梅某抢劫猥亵案"中，被告人梅某嫌钱少没要转而又萌生猥亵被害人的想法，有人认为，这说明被告人没有主动放弃犯罪。高铭暄教授指出，所谓中止犯罪的彻底性即彻底停止犯罪是相对相言的，而不具有绝对的意思，即彻底停止犯罪是指行为人必须彻底放弃正在进行的某个具体犯罪，而不是指行为人在以后任何时候都不再犯同种犯罪，更不能理解为行为人在以后的任何时候都不再犯任何罪，只是要求前行为与后行为在主观犯罪意图和客观犯罪行为方面不具有连续性。故梅某抢劫未果后实施的猥亵行为，应不属于成立犯罪中止要求放弃的范围，该行为并不能影响其已自动放弃抢劫犯罪的真实意图。[1]被告人猥亵被害人的行为应属于另起犯意，不影响对抢劫嫌钱少没要构成犯罪中止的认定，对抢劫和猥亵两个行为应分开看待，所以被告人的行为应属于犯罪中止。

三、法律依据

（1）《中华人民共和国刑法》第23条：已经着手实行犯罪，由于犯罪分子意志以外的原因而未得逞的，是犯罪未遂。对于未遂犯，可以比照既遂犯从轻或者减轻处罚。

---

〔1〕 高铭暄、马克昌：《刑法学》，北京大学出版社2017年版，第159页。

(2)《中华人民共和国刑法》第24条：在犯罪过程中，自动放弃犯罪或者自动有效地防止犯罪结果发生的，是犯罪中止。对于中止犯，没有造成损害的，应当免除处罚；造成损害的，应当减轻处罚。

(3)《中华人民共和国刑法》第263条：以暴力、胁迫或者其他方法抢劫公私财物的，处三年以上十年以下有期徒刑，并处罚金；有下列情形之一的，处十年以上有期徒刑、无期徒刑或者死刑，并处罚金或者没收财产：（一）入户抢劫的；（二）在公共交通工具上抢劫的；（三）抢劫银行或者其他金融机构的；（四）多次抢劫或者抢劫数额巨大的；（五）抢劫致人重伤、死亡的；（六）冒充军警人员抢劫的；（七）持枪抢劫的；（八）抢劫军用物资或者抢险、救灾、救济物资的。

论正当防卫及其限度的判断标准

　　正当防卫条件的把握以及正当防卫与防卫过当的区分是刑法理论和司法实务中的难题。我国刑法典对正当防卫的条件规定得较为抽象。类似正当防卫必要限度这样的授权性规定，要求司法机关根据案件具体情况行使裁量权。在司法实践中，公民正当防卫权所遭遇的最为严重的阻碍，主要来自于两个方面：一是紧迫性要件的增设。法院时常通过在正当防卫的法定要件之外以不法侵害缺乏紧迫性为由，从根本上否定行为人享有防卫权。二是防卫限度判断中的唯结果论。即便肯定行为人拥有防卫权，但如果案件中出现了侵害人重伤、死亡的结果，那么法院往往倾向于以防卫过当为名否定防卫行为的合法性。1997年《刑法》对正当防卫条款进行了大幅修改，以"鼓励公民自觉地同犯罪行为作斗争，更好地保护被侵害人的利益"为目的，试图以此纠正实践中对正当防卫控制过严的现象。但是，20年来正当防卫司法实践的现状却表明，立法者苦心孤诣的努力对于消除以上两方面障碍来说效果似乎并不尽如人意。面对热点案件，学者的责任不仅在于推动个案正义的实现，更在于对案件中所反映出的深层次问题进行反思，以期使每个争议案件都能够成为促进基础理论、思维方法和价值立场革新与进步的里程碑。

一、案情简介及司法处理结果

2018年12月,最高人民检察院印发第十二批指导性案例,其中涉及正当防卫或者防卫过当的案件有四个,这四个指导性案例分别是"陈某正当防卫案""朱某山故意伤害(防卫过当)案""于某明正当防卫案""侯某秋正当防卫案"。最高人民检察院通过发布指导性案例,专门阐释正当防卫的界限和把握标准,进一步明确了对正当防卫权的保护,积极解决正当防卫适用中存在的突出问题。

(一)"陈某正当防卫案"

案情简介

陈某,未成年人,某中学学生。2016年1月初,因陈某在甲的女朋友的网络空间留言示好,甲纠集乙等人,对陈某实施了殴打。1月10日中午,甲、乙、丙等6人(均为未成年人)在陈某就读的中学门口,见陈某从大门走出,有人提出陈某向老师告发他们打架,要去问个说法。甲等人尾随一段路后拦住陈某质问,陈某解释没有告状,甲等人不肯罢休,抓住并围殴陈某。乙的3位朋友(均为未成年人)正在附近,见状加入围殴陈某。其中,有人用膝盖顶击陈某的胸口,有人持石块击打陈某的手臂,有人持钢管击打陈某的背部,其他人对陈某或勒脖子或拳打脚踢。陈某掏出随身携带的折叠式水果刀(刀身长8.5厘米,不属于管制刀具),乱挥乱刺后逃脱。部分围殴人员继续追打并从后投掷石块,击中陈某的背部和腿部。陈某逃进学校,追打人员被学校保安拦住。陈某在反击过程中刺中了甲、乙和丙,经鉴定,该3人的损伤程度均构成重伤二级。陈某经人身检查,见身体多处软组织损伤。案发后,陈某所在学校向司法机关提交材料，证实陈某遵守纪律、学习认真、成绩优秀，是一名品学兼优的学生。

司法处理结果

公安机关以陈某涉嫌故意伤害罪立案侦查，并对其采取刑事拘留强制措施，后提请检察机关批准逮捕。检察机关根据审查认定的事实，依据《刑法》第20条第1款的规定，认为陈某的行为属于正当防卫，不负刑事责任，决定不批准逮捕。公安机关在将陈某释放同时要求复议。

检察机关经复议，维持原决定。检察机关认为，陈某的防卫行为没有明显超过必要限度，不属于防卫过当，不构成犯罪。主要理由如下：第一，陈某面临正在进行的不法侵害，反击行为具有防卫性质。任何人在面对正在进行的不法侵害时，都有予以制止、依法实施防卫的权利。本案中，甲等人借故拦截陈某并实施围殴，属于正在进行的不法侵害，陈某的反击行为显然具有防卫性质。第二，陈某随身携带刀具，不影响正当防卫的认定。对认定正当防卫有影响的，并不是防卫人携带了可用于自卫的工具，而是防卫人是否有相互斗殴的故意。陈某在事前没有与对方约架斗殴的意图，被拦住后也是先解释退让，最后在遭到对方围打时才被迫还手。其随身携带水果刀，无论是日常携带还是事先有所防备，都不影响对正当防卫作出认定。第三，陈某的防卫措施没有明显超过必要限度，不属于防卫过当。陈某的防卫行为致实施不法侵害者重伤，客观上造成了重大损害，但防卫措施并没有明显超过必要限度。陈某被9人围住殴打，其中有人使用了钢管、石块等工具，双方实力相差悬殊，陈某借助水果刀增强防卫能力，在手段强度上合情合理。并且，对方在陈某逃脱时仍持续追打，共同侵害行为没有停止，所以从制止整体不法侵害的实际需要角度来看，陈某持刀挥刺也没有不相适应之处。综合来看，陈某的防卫行为虽有致多人重伤的客观后果，但防卫措施没有明显超过必要限度，依法不属于防卫过当。

(二)"朱某山故意伤害(防卫过当)案"

案情简介

朱某山，男，1961年5月6日出生，农民。朱某山之女朱某与齐某系夫妻，朱某于2016年1月提起离婚诉讼并与齐某分居，朱某带女儿与朱某山夫妇同住。齐某不同意离婚，为此经常到朱某山家吵闹。4月4日，齐某在吵闹过程中，将朱某山家门窗玻璃和朱某的汽车玻璃砸坏。朱某山为防止齐某再进入院子，将院子一侧的小门锁上并焊上铁窗。5月8日22时许，齐某酒后驾车到朱某山家，欲从小门进入院子，未得逞后在大门外叫骂。朱某不在家中，仅朱某山夫妇带外孙女在家。朱某山将情况告知齐某，齐某不肯作罢。朱某山又分别给邻居和齐某的哥哥打电话，请他们将齐某劝离。在邻居的劝说下，齐某驾车离开。23时许，齐某驾车返回，站在汽车引擎盖上摇晃、攀爬院子大门，欲强行进入，朱某山持铁叉阻拦后报警。齐某爬上院墙，在墙上用瓦片掷砸朱某山。朱某山躲到一边，并从屋内拿出宰羊刀防备。随后，齐某跳入院内徒手与朱某山撕扯，朱某山刺中齐某胸部一刀。朱某山见齐某受伤便把大门打开，民警随后到达。齐某因主动脉、右心房及肺脏被刺破致急性大失血死亡。朱某山在案发过程中报警，案发后在现场等待民警抓捕。

司法处理结果

河北省新乐市人民法院经审理认为，根据朱某山与齐某的关系及具体案情，齐某的违法行为尚未达到朱某山必须通过持刀刺扎进行防卫制止的程度，朱某山的行为不具有防卫性质，不属于防卫过当；朱某山自动投案后如实供述主要犯罪事实，系自首，依法从轻处罚，朱某山犯故意伤害罪，判处有期徒刑15年，剥夺政治权利5年。

朱某山以防卫过当为由提出上诉。河北省人民检察院二审出庭认为，根据查明的事实，依据《刑法》第20条第2款的规定，朱某山的行为属于防卫过当，应当负刑事责任，但是应当减轻或者免除处罚，朱某山的上诉理由成立。检察机关二审审查认为，朱某山及其辩护人所提防卫过当的意见成立，一审公诉和判决对此未作认定，属于适用法律错误，二审应当作出纠正，并据此发表了出庭意见。主要意见和理由如下：第一，齐某的行为属于正在进行的不法侵害。齐某与朱某已经分居，齐某当晚的行为在时间、方式上也显然不属于探视子女，故在朱某山拒绝其进院后，其摇晃、攀爬大门并跳入院内，属于非法侵入住宅。齐某先用瓦片掷砸随后进行撕扯，侵犯了朱某山的人身权利。齐某的这些行为均属于正在进行的不法侵害。第二，朱某山的行为具有防卫的正当性。齐某从吵闹到侵入住宅、侵犯人身，行为呈现升级趋势，具有一定的危险性。齐某经人劝离后再次返回，执意在深夜时段实施侵害，不法行为具有一定的紧迫性。朱某山先是找人规劝，继而报警求助，始终没有与齐某斗殴的故意，提前准备工具也是出于防卫的目的，因此其反击行为具有防卫的正当性。第三，朱某山的防卫行为明显超过了必要限度，造成了重大损害，属于防卫过当。齐某上门闹事、滋扰的目的是不愿离婚，希望能与朱某和好继续共同生活，这与离婚后可能实施报复的行为有很大区别。齐某虽实施了投掷瓦片、撕扯的行为，但整体上仍在闹事的范围内，对朱某山人身权利的侵犯尚属轻微,没有危及朱某山及其家人的健康或生命。朱某山已经报警,也有继续周旋、安抚、等待的余地,但却选择使用刀具,在撕扯过程中直接捅刺齐某的要害部位,最终造成了齐某伤重死亡的重大损害。综合来看,朱某山的防卫行为在防卫措施的强度上不具有必要性,在防卫结果与所保护的权利对比上也相差悬殊,应当认定为明显超过必要限度造成重大损害,属于防卫过当,依法应当负刑事责任,但是应当减轻或者免除处罚。

河北省高级人民法院二审判决认定,朱某山持刀致死被害人,属防卫过当,应当依法减轻处罚,对河北省人民检察院的出庭意见予以支持,判决撤销一审判决的量刑部分,改判朱某山有期徒刑7年。

(三)"于某明正当防卫案"

案情简介

于某明,男,1977年3月18日出生,某酒店业务经理。2018年8月27日21时30分许,于某明骑自行车在江苏省昆山市震川路正常行驶,刘某醉酒驾驶小轿车(经检测,血液酒精含量87mg/100ml),向右强行闯入非机动车道,与于某明险些碰擦。刘某的一名同车人员下车与于某明争执,经同行人员劝解返回时,刘某突然下车,上前推搡、踢打于某明。虽经劝解,刘某仍持续追打,并从轿车内取出一把砍刀(系管制刀具),连续用刀面击打于某明颈部、腰部、腿部。刘某在击打过程中将砍刀甩脱,于某明抢到砍刀,刘某上前争夺,在争夺中于某明捅刺刘某的腹部、臀部,砍击其右胸、左肩、左肘。刘某受伤后跑向轿车,于某明继续追砍两刀均未砍中,其中一刀砍中轿车。刘某跑离轿车,于某明返回轿车,将车内刘某的手机取出放入自己口袋。民警到达现场后，于某明将手机和砍刀交给出警民警（于某明称，拿走刘某的手机是为了防止对方打电话召集人员报复）。刘某逃离后，倒在附近的绿化带内，后经送医抢救无效，因腹部大静脉等破裂致失血性休克于当日死亡。

司法处理结果

2018年8月27日，公安机关以"于某明故意伤害案"立案侦查。9月1日，江苏省昆山市公安局根据侦查查明的事实，依据《刑法》第20条第3款的规定，认定于某明的行为属于正当防卫，不负刑事责任，决定依法撤销"于某明故意伤害案"。其间，公安机关依据相关规定，听取了检察机关的意见，昆山市人民检察院同意公安机关的撤销案件决定。

检察机关的意见与公安机关的处理意见一致，具体论证情况和理由如下：第一，关于刘某的行为是否属于"行凶"的问题。在论证过程中有意见提出，刘某仅使用刀面击打于某明，犯罪故意的具体内容不确定，不宜认定为行凶。论证后认为，对行凶的认定，应当遵循《刑法》第20条第3款的规定，以"严重危及人身安全的暴力犯罪"作为把握的标准。刘某开始阶段的推搡、踢打行为确实不属于"行凶"，但在持砍刀击打后，行为性质已经升级为暴力犯罪。刘某的攻击行为凶狠，所持凶器可轻易致人死伤，随着事态发展，接下来会造成什么样的损害后果难以预料，于某明的人身安全处于现实的、急迫的和严重的危险之下。刘某具体抱持杀人的故意还是伤害的故意不确定，这是许多行凶行为的特征，而不是认定的障碍。因此，刘某的行为符合"行凶"的认定标准，应当认定为"行凶"。第二，关于刘某的侵害行为是否属于"正在进行"的问题。在论证过程中有意见提出，于某明抢到砍刀后，刘某的侵害行为已经结束，不属于正在进行。论证后认为，判断侵害行为是否已经结束，应看侵害人是否已经实质性脱离现场以及是否还有继续攻击或再次发动攻击的可能。于某明抢到砍刀后，刘某立刻上前争夺，侵害行为没有停止，刘某受伤后又立刻跑向之前藏匿砍刀的汽车，于某明此时作不间断的追击也符合防卫的需要。于某明追砍两刀均未砍中，刘某从汽车旁边跑开后，于某明也未再追击。因此，在于某明抢得砍刀顺势反击时，刘某既未放弃攻击行为也未实质性脱离现场，不能认为侵害行为已经停止。第三，关于于某明的行为是否属于正当防卫的问题。在论证过程中，有意见提出，于某明本人所受损伤较小，但防卫行为却造成了刘某死亡的后果，二者对比不相适应，于某明的行为属于防卫过当。论证后认为，不法侵害行为既包括实害行为也包括危险行为，对于危险行为同样可以实施正当防卫。认为"于某明与刘某的伤情对比不相适应"的意见只注意到了实害行为而忽视了危险行为。这种意见实际上是要求防卫人应等到暴力犯罪造成一定的伤害后果才能实施防卫。这不符合及时制止犯罪、让犯罪不能得逞的防卫需要，也不适当地缩小了正当防卫的依法成立范围，是不正确的。本案中，在刘某的行为因具有危险性而属于"行凶"的前提下，于某明采取防卫行为致其死亡，依法不属于防卫过当，不负刑事责任，于某明本人是否受伤或伤情轻重对正当防卫的认定没有影响。

（四）"侯某秋正当防卫案"

案情简介

侯某秋，男，1981年5月18日出生，务工人员。侯某秋系葛某经营的养生会所员工。2015年6月4日22时40分许，某足浴店股东沈某因怀疑葛某等人举报其店内有人卖淫嫖娼，遂纠集本店员工雷某、柴某等4人持棒球棍、匕首赶至葛某的养生会所。沈某先行进入会所，无故推翻大堂盆栽挑衅，与葛某等人扭打。雷某、柴某等人随后持棒球棍、匕首冲入会所，殴打店内人员，其中雷某持匕首两次刺中侯某秋右大腿。其间，柴某所持棒球棍掉落，侯某秋捡起棒球棍挥打，击中雷某头部致其当场倒地。该会所员工报警，公安人员赶至现场，将沈某等人抓获，并将侯某秋、雷某送医救治。雷某经抢救无效，因严重颅脑损伤于6月24日死亡。侯某秋的损伤程度构成轻微伤，该会所另有2人被打致轻微伤。

司法处理结果

公安机关以侯某秋涉嫌故意伤害罪，移送检察机关审查起诉。浙江省杭州市人民检察院根据审查认定的事实，依据《刑法》第20条第3款的规定，认为侯某秋的行为属于正当防卫，不负刑事责任，决定对侯某秋不起诉。

检察机关认为，本案中沈某、雷某等人的行为属于《刑法》第20条第3款规定的"其他严重危及人身安全的暴力犯罪"。侯某秋对此采取防卫行为，造成不法侵害人之一雷某死亡，依法不属于防卫过当，不负刑事责任。主要理由如下：第一，沈某、雷某等人的行为属于"其他严重危及人身安全的暴力犯罪"。判断不法侵害行为是否属于《刑法》第20条第3款规定的"其他"犯罪，应当以本款列举的杀人、抢劫、强奸、绑架为参照，通过比较暴力程度、危险程度和刑法给予惩罚的力度等作出综合判断。本案中沈某、雷某等人的行为，属于单方持械聚众斗殴，构成犯罪的法定最低刑虽然不重，但《刑法》第292条同时规定，聚众斗殴，致人重伤、死亡的，依照刑法关于故意伤害致人重伤、故意杀人的规定定罪处罚。刑法作此规定表明,聚众斗殴行为常可造成他人重伤或者死亡。结合案件具体情况,可以判定聚众斗殴与故意致人伤亡的犯罪在暴力程度和危险程度上是一致的。本案中沈某、雷某等共5人聚众持棒球棍、匕首等杀伤力很大的工具进行斗殴,短时间内已经打伤3人,应当认定为"其他严重危及人身安全的暴力犯罪"。第二,侯某秋的行为具有防卫性质。侯某秋工作的养生会所与对方的足浴店尽管存在生意竞争关系,但侯某秋一方没有斗殴的故意,本案打斗的起因系对方挑起,打斗的地点也是在本方店内,所以双方攻击与防卫的关系清楚明了。沈某纠集雷某等人聚众斗殴属于正在进行的不法侵害,没有斗殴故意的侯某秋一方可以进行正当防卫,因此侯某秋的行为具有防卫性质。第三,侯某秋的行为不属于防卫过当,不负刑事责任。本案中沈某、雷某等人的共同侵害行为严重危及他人人身安全,侯某秋为保护自己和本店人员免受暴力侵害而采取防卫行为,造成不法侵害人之一雷某死亡,依据《刑法》第20条第3款的规定,不属于防卫过当,不负刑事责任。

二、关于正当防卫判断标准的问题探讨

(一) 如何理解正当防卫意义上的"不法侵害"?

正当防卫制度在我国刑法中早已有明确规定,但对正当防卫成立要件只是作了简要、笼统的规定。如对防卫起因规定为"只要合法权益正在遭受现实、紧迫的不法侵害,就可以采取有效措施进行防卫"。然而,关于什么是正当防卫意义上的不法侵害以及不法侵害的范围都未作具体规定。学术界对此也尚未形成统一观点。部分学者认为,所谓不法侵害,"是指侵害人违反法律规定,主观上故意或过失地实施侵害法律所保护的权益的

行为"。另一部分学者认为,只有同时具有社会危害性和侵害紧迫性两个特点的行为才属于防卫意义上的不法侵害。因此,他们认为作为防卫起因的不法侵害就是具有法益危害性和侵害紧迫性的违法行为。

对"不法"含义的理解,我国刑法理论界主要存在主观说、客观说、主客观相结合说三种观点。客观说认为,所谓不法,就是指行为在客观上具有实质上的现实侵害性,强调侵害行为在客观上造成的现实损害,只要合法权益正在遭受现实紧迫的侵害,就符合不法侵害中的"不法",行为能力和侵害能力并非不法侵害的构成要件。主观说的观点是,不仅要求行为在客观上具有现实存在的社会危害性,同时还要求行为具有违法性,行为能力、责任能力以及行为人的主观心理也是不法侵害的构成要素。主客观相统一说认为,客观说与主观说都强调了一方面的内容,具有一定的合理性,但不全面。客观说过于强调行为的现实危害性,而忽略了行为人是否具有行为能力和责任能力,即有责性。主观说把责任能力、行为人罪过形式作为认定不法的要件,但在具体案件中,行为人客观上实施了具有社会危害性的侵害行为,但由于行为人缺乏责任能力和主观上不具有过失等原因,这种行为是不能被评价为犯罪行为的,当然也就不能被认定为正当防卫意义上的不法侵害行为。对"不法"含义的界定,应遵循主观说与客观说相统一的原则,对客观行为作出判断,并结合主观情节加以分析。对不法侵害的定义应从客观角度进行理解。其一,不法侵害与犯罪行为存在包含关系,不法侵害的基本成分包含犯罪行为,但不能将不法侵害与犯罪行为完全等同,不法侵害的范围界限比犯罪行为要广,行为性质的社会危害性比犯罪行为要轻。赵秉志教授认为:"刑法对正当防卫的起因规定为'存在现实的不法侵害',而不是犯罪侵害，因此不可将不法侵害范围限于犯罪行为。"[1]《刑法》在第 20 条第 1 款使用"不法侵害"，而在第 3 款用"犯罪"两种不同的用语正是支撑了赵秉志教授的观点。其二，法律追求的价值目标是公平正义，凡是存在损害法律所保护法益的不法行为，就是损害法律公平正义的价值。行为人的责任能力、主观意思都不能阻却行为人对这一价值的破坏，故该行为已为法律所禁止。其三，刑法设定正当防卫的精神在于公民的合法权益受到急迫侵害之时，其他途径无法进行救济，允许公民行使防卫权自我救济。此时，公民面临紧迫的侵害，还要求公民在情况危急的状况下查清侵害人的责任能力、主观心理状况，进而才可行使防卫权。但不法侵害往往具有突发性、急迫性等特征，防卫者无法在短时间内做出准确判断，显然会错失防卫最佳时机。因此，这一要求对防卫人未免过于苛刻，不利于防卫人行使防卫权，挫伤公民行使防卫权的积极性，有违刑法设定正当防卫的立法精神。所谓侵害，学界通说观点认为"就是不法行为法益具有现实侵袭和损害"。

在"于某明正当防卫案"中，刘某的行为是否属于"不法侵害"呢？对此可谓争论颇多，而该案的主要分歧点有两个方面：一是醉酒或无责任行为能力人的行为是否属于刑法意义上的"不法侵害"？"于某明正当防卫案"存在此种典型情况，也即刘某显然是醉酒驾驶，而且是在醉酒状态下主动下车对于某明实施攻击，其行为是否是"不法侵害"，至今存有争议。如有学者认为，于某明防卫案存在防卫前提，即刘某从车上取刀向于某明"挥砍"的行为系"不法侵害"。[2] 也有学者认为："根据

---

[1] 高铭暄：《刑法专论》，高等教育出版社 2002 年版，第 162 页。
[2] 周益帆："刑法专家谈'于海明案'"，载 http://news.ifeng.com/a/20180830/59993905_0.shtml. 访问时间：2019 年 8 月 30 日。

我国传统刑法理论，如果于某明知道刘某在打斗时处于醉酒状态，就只能对他进行紧急避险，而不能对他进行正当防卫；根据我国现有的理论，在于某明对刘某的攻击行为采取回避措施并不存在特别负担的情况下，也不宜进行正当防卫。"甚至有学者认为："在被害人受伤并且逃跑的情况下，防卫人的连续攻击行为已经超越了私力救济的范围。"[1]传统观点认为："正当防卫所针对的不法侵害只能是达到法定年龄、具有辨认控制自己行为能力的人在罪过（就犯罪而言）或过错（就其他违法行为而言）心理支配下实施的违法犯罪行为。如果面临没有达到法定年龄的人或精神病人的侵害，则不能进行正当防卫。"故学者提出，如果于某明已经知道刘某系醉酒状态，是否首先应当进行"紧急避险"而不应立即进行"正当防卫"，这不无道理。但这一既无"法律明文规定"又无"明确司法解释"的理论主张却并非必然能适用于"于某明正当防卫案"。更何况同一位学者在其近些年出版的著作中竟有相反的解释与理解："未达到法定年龄、不具备责任能力的人的法益侵害行为同样属于不法侵害，应当允许对其进行正当防卫。"但其同时主张："在对未达到法定年龄、无责任能力的人的不法侵害采取回避措施并不存在特别负担的情况下，不宜进行正当防卫。"[2]甚至有学者针对"于某明正当防卫案"进一步提出："在于某明对刘某的攻击行为采取回避措施并不存在特别负担的情况下，不宜进行正当防卫。"[3]显然，此种主张是基于刘某处于醉酒状态提出的，如果该观点在理论上足以推翻目前办案机关对于某明正当防卫结论

---

[1] 冯军："'于海明案'的冷思考——打捞那些被忽略的细节"，载《法律与生活》2018年第17期。
[2] 张明楷：《刑法学》（上），法律出版社2016年版，第199页。
[3] 冯军："'于海明案'的冷思考——打捞那些被忽略的细节"，载《法律与生活》2018年第17期。

的认定,那将会引起对该案的更大争论。然而,这只是一种理论假设,如此严肃的问题甚至事关罪与非罪的认定,不能仅基于一种理论假设便在司法办案中予以确认,更何况在"于某明正当防卫案"中,并没有证据能够证明于某明知道刘某饮酒并处于醉酒状态,加之在没有明确立法与司法解释及对方明确告知防卫者的前提下,用专业理论如此苛刻地要求防卫者或做事后推论,无论如何也是显失公平的。二是"不法侵害"是否具有层级之分?也就是说,是否只能对刑事性质的或犯罪行为的"不法侵害"实施正当防卫,而对于一般的违法行为就不应或不能实施正当防卫?诚然,"不法侵害"至今并未在立法与司法解释意义上进行层级化的概念区分,故一旦有案件发生就会有人提出针对"什么样的行为"才能实施正当防卫的疑问。一般认为,"不法侵害"既包括犯罪行为也包括违法行为,在防卫时很难要求防卫者分清是违法行为还是犯罪行为。但在实际案件的判定中,人们往往会提出"是否达到了必须防卫的程度与条件"等问题。"于某明正当防卫案"也是如此,最初刘某从车上抽出管制刀具并进行乱砍的行为究竟是否属于"不法侵害",尤其是是否存在严重危及人身安全的"不法侵害"才是本案的关键。例如,刘某拿刀前的推搡与拳打脚踢算不算"不法侵害"?显然,很难说其行为不是"不法侵害",至于有人质疑是否达到了"不法侵害"的程度主要是指是否达到了严重危及人身安全的程度,可以说,这也是早已被该案证据证明了的案件事实。就一般意义而言,在执法与司法实践中只要构成"不法侵害",无论是刑法意义上的"不法侵害"还是一般违法意义上的"不法侵害",均系正当防卫的前提条件。

(二)如何判断正当防卫的起止时间?

正当防卫的时间要件分为开始时间与结束时间,对两时间点的界定关系到防卫人行为性质的确定。目前，理论上对两个时间点的争论异常激烈，可谓百家争鸣。

1. 开始时间：急迫危险说

正当防卫的开始时间也是不法侵害的开始时间。理论上对开始时间的观点主要有：着手说、侵入现场说、直接面临说和急迫危险说。

第一，着手说。该说认为不法侵害实行行为的着手是不法侵害开始的时间点，不法侵害行为仅仅处于预备阶段的时候不可进行防卫。[1]着手说将不法侵害的时间点与犯罪形态相衔接，将两个问题合并为一个问题，通过对着手的认定来确定不法侵害的开始时间，因此具有认定的便利性。但是，该学说也存在缺陷：一方面，对着手的认定本身就属于十分复杂的问题。法益侵害分为法益威胁与法益实害，反映在犯罪分类上则分别是危险犯与实害犯。着手是犯罪行为的预备阶段与实行阶段的分界点，也是实行行为的起点，其本身就是犯罪实行行为。但是，犯罪行为的样态没有统一的表现，某些犯罪的着手本身就存在着相当大的争议。另一方面，严格的着手说难以有效地防卫不法侵害。有些不法侵害行为一旦着手就难以防卫，或者来不及防卫。如果严格地以着手作为不法侵害的开始，对于防卫人来说便是苛求了，这种做法无法有效地保护被侵害人的合法权益。

第二，侵入现场说。该说认为不法侵害人进入到现场就可以进行防卫行为。[2]侵入现场说认为，不法侵害人一旦进入到不法侵害现场，被侵害人的合法权益就会存在遭受不法侵害的

---

[1] 冯殿美："实行行为的着手及其认定——兼论西原春夫的犯罪着手学说"，载《法学论坛》2008年第4期。

[2] 周光权："正当防卫成立条件的'情境'判断"，载《法学》2006年第12期。

紧迫危险。另外,由于侵入现场往往意味着不法侵害人离防卫人较近,实施不法侵害的时候往往会使防卫人防卫不及。因此,不能等待不法侵害实施才开始行为,必须将开始时间提前到不法侵害进入现场的时刻。该说体现了正当防卫保障防卫人合法权益的理念,充分考虑到防卫行为制止不法侵害的有效性与及时性,因而具有正确、积极的价值。但是,侵入现场说却走向了另一极端。其一,"现场"认定模糊。空间的概念具有相对性,现场的概念也不可避免地带有相对性的属性。将侵入现场作为不法侵害的时间节点容易产生一个疑问——现场的范围如何界定?即现场是属于同一房间、同一楼层还是属于同一大楼?"现场"这一概念具有模糊性与不确定性,以一个不确定的概念无法准确界定不法侵害的开始时间。其二,忽视侵害人正当合法权益。现代刑法理念主张公力救济,反对私力救济。民众对国家救济的不信任会滋生私力复仇,而私力复仇会扰乱社会秩序和国家安定,也会影响国家在社会生活中的权威性。在法治国家中,公力救济必须占主导地位,但是公力救济也并非能够完全有效、及时地保护被侵害人的合法权益。因此为了保护被侵害人的合法权益,必须有限度地给予公民一定限度的防卫权。过于提前的时间标准可能会使得侵害人在仅侵入现场还未实行不法侵害行为或者还没有侵害危险的情况下便被防卫行为所侵害,明显损害侵害人的合法权益。其三,容易产生假想防卫。过于提前开始时间会使得不法侵害行为还未实施就被"防卫"。在实践中,在这种情况下,我们对进入现场的人是否具有不法侵害的意图是难以知晓的,不法侵害行为的存在更是无法证明。在不法侵害并不存在的场合进行防卫行为的,属于假想防卫。因此,侵入现场说不能满足界定开始时间的需要。

第三,直接面临说。该说以被侵害人直接面临威胁作为开始时间，具体分为两种情况：其一，不法侵害已经着手实施，合法权益正在遭受侵害。其二，不法侵害行为迫在眉睫，合法权益有遭受侵害的威胁。该说把握到了触发防卫行为实施的关键性因素，即合法权益的损害与威胁。正因为有合法权益的损害与威胁的存在，被侵害人才会有防卫的需要。直接面临说抛开了表面现象的繁杂，直接以实质的损害威胁作为标准，因而具有前述诸多学说所不可比拟的优越性。但是，直接面临说也存在相应的问题。其以合法权益遭受的威胁为开始时间，并具体分为不法侵害已经实施与不法侵害有损害的威胁两种情形。一类是损害的正在发生；另一类是损害的威胁。后一种行为完全可以包含前一种行为，不法侵害行为对合法权益的侵害是一个过程，损害的威胁与损害的发生是同一维度的两个时间点。损害的威胁在前、损害的发生在后，不存在没有经历过威胁的损害的情况。直接面临说既然肯定了正当防卫制度的保护需要从威胁开始，那么再将损害的发生作为一种独立的情形便实显累赘。所以，认为应将损害与威胁混为一谈的观点有违逻辑，不能成立。

笔者认为，对于正当防卫的开始时间应以急迫危险说为标准，即当不法侵害的行为实施的急迫危险发生时就可以进行正当防卫。需要强调的是，急迫危险与着手所造成的危险并不相同。着手一般被认为是行为的实施对法益造成了紧迫危险，而急迫危险说的危险是指行为危险，即行为着手实施的危险。急迫危险的界定是为了及时防卫不法侵害行为，体现在传统犯罪形态上便属于预备行为。换言之，这种急迫危险起始于犯罪行为的预备阶段，但是属于紧邻着手的预备阶段而非全部预备阶段。急迫危险说具有以下优势：第一，有利于及时、有效地保护被侵害人的合法权益。行为危险的核心标准是将正当防卫的开始时间提前到危险阶段，一方面有利于减轻刑法对防卫人进行二次伤害。将开始时间提前至危险阶段意味着扩大正当防卫的成立范围，使得更多的被侵害人在遭遇不法侵害时敢于且能与不法侵害做斗争，体现出"正"没必要向"不正"屈服的理念。另一方面，该说符合现实状况。在遇到不法侵害时，如果等到不法侵害人着手实施犯罪，则可能难以有效地防卫不法侵害，甚至会使防卫行为无法进行。第二，有利于保护侵害人的合法权益。危险需要限定为急迫危险，原因在于虽然将防卫开始时间提前有利于保护被侵害人的合法权益，但是正当防卫制度具有双重属性，即既需要保护被侵害人的合法权益，也需要保护侵害人的合法权益。过于提前正当防卫的开始时间会导致公力救济被忽视与否定，因此需要将危险限定到急迫程度。

2. 结束时间：危险消除说

与开始时间相对应的是正当防卫的结束时间。在结束时间方面存在着不同于开始时间认定的诸多理论，主要包括行为完毕说、离去现场说、法益侵害确定说和危险消除说。

第一，行为完毕说。行为完毕说以不法侵害行为的终止作为不法侵害结束的标志。一般来说，不法侵害随着行为的终止而终止，该说能够涵盖大多数正当防卫的结束情形，但是其局限性也较为明显。首先，涵盖范围不全。行为完毕说只是从通常情形下对不法侵害的结束时间进行归纳总结，但是在司法实践中仍存在行为终止却仍有防卫必要的情形。对于防卫人来说，如果不继续进行防卫行为会错失防卫的有利时机，合法权益可能进一步遭受损害。其次，终止与中止难以区分。终止是指行为的彻底结束，中止是指行为的暂时停止但可能还会继续。认定犯罪行为的形态时也涉及判断行为的中止与终止，但是不法侵害行为的认定与此并不相同。对犯罪行为的终止或中止的认定是以事后的冷静的状态作为依据的，而对不法侵害行为的认定则必须站在当时行为的立场，并且必须要考虑到防卫人在面临不法侵害时的各种心理状态。在面临不法侵害时，防卫人很难区分清楚侵害人是中止行为还是终止行为。最后，行为概念不清，行为理论庞杂。行为理论是一个内涵极为丰富的理论。一般认为，行为包含体素与心素，体素是指行为人的身体动静，心素与体素相对应，是指身体的物理性动静是在自由意志控制之下进行的。根据心素的不同内涵，在行为意识方面体现出故意行为与过失行为，行为完毕说并没有对过失行为能否防卫进行阐述。

第二，离去现场说。离去现场说作为不法侵害的结束时间与侵入现场说相对应，其优势在于结束时间与开始时间具有连贯性与一致性。但是，作为一种不法侵害行为的表象仍具有与侵入现场说类似的局限性，在此不予赘述。另外，离去现场说作为不法侵害的结束时间有其特有的缺陷，在此需要进行说明。将侵害人的现场离去作为制止防卫的界限，容易使侵害人通过多次的"离去"来阻碍防卫人的防卫行为。不法侵害具有突发性，防卫行为具有被动性，如果利用离去现场的结束时间标准会使防卫行为更加被动，被侵害人的合法权益便会更加得不到保障。离去现场说也会打击防卫人实施防卫行为的积极性：一方面，防卫行为的防卫效果得不到有效的实施，容易被侵害人所规避；另一方面，防卫人容易出现在防卫过程中由于侵害人的突然离去而造成事后防卫的现象。

第三，法益侵害确定说。该说认为当不法侵害行为已经结束或者不法侵害结果已经确定，实施防卫行为也不能阻止或者挽回损害时，则不能再实施防卫行为，因为在这一刻不法侵害已彻底结束。其优越性在于：其一，该说将法益侵害作为结束的核心标准,侵害概念包含了危险与实害双重含义,注重体现对被侵害人法益的保护。其二,考虑了防卫必要性的因素。"不能阻止或挽回损害"的要求很好地体现了防卫的必要性,对于有必要进行防卫的情形延后了防卫时间(如恢复财产情形),这对保障被侵害人的合法权益明显是有利的。但是,法益侵害说仍有缺陷,其缺陷在于防卫的必要性包含但不限于阻止或者挽回损害。在刑法上,损害是一种实质性概念,与危险相对应。在不法侵害的场合,损害是否存在并不确定,但是可能存在损害危险。特别是在特殊防卫的场合,损害的危险往往是防卫人最需要考虑的因素。阻止损害的语境小于阻止危险的语境,对不法侵害人的保护范围也较窄,故法益侵害说也有不足。

笔者认为,危险消除说值得提倡。所谓危险消除说,是指以急迫危险的消除作为不法侵害结束的时间。危险消除说的价值在于以下几方面:其一,仍贯彻危险实质并与开始时间标准相对应。损害是防卫的重要因素,危险也同样需要进行考量,并且危险的范围大于损害的范围。也可以说,危险的概念包含了损害的概念,因为损害其实就是危险的实质化表现,将危险作为标准可以最大限度地保护被侵害人的合法权益。其二,损害确定或者行为停止都存在着不法侵害的危险。危险是不法侵害的后阶段状态,其不仅存在于行为前,也存在于行为后,行为前与行为后的危险都需要予以关注。其三,对危险进行合理限定。危险的消除并不是需要达到毫无危险的程度,事实上,除了造成被侵害人死亡,危险总是存在的。从利益衡量的角度来说,不法侵害人由于实施不法侵害,利益被刑法降低评价。但是,降低评价并不意味着完全否定其存在价值与合法权益,因此正当防卫存在限度条件,限制防卫人对不法侵害人的损害强度。其四,符合司法实践的需要。我国司法实践中存在对正当防卫认定过严的现象，这一现象形成的原因是多样的。例如，我国"死者为大"的传统思想、司法机关安抚民心的追求以及我国以前以侦查为中心的司法模式等。[1]因此，在司法实践中，我国应当合理地扩展不法侵害的时间段，延后不法侵害的时间范围。故对危险消除说的坚持有利于缓解我国正当防卫认定过严的窘境。

以"于某明正当防卫案"为例，行为后危险的存在是该案件的典型体现。在刘某砍杀于某明之后，由于砍刀脱手且被于某明夺取，刘某向后退跑。这时候，于某明持砍刀追上去进行砍杀的行为是否属于事后防卫？笔者认为，根据危险消除说理论，于某明的追砍行为属于对不法侵害进行中的防卫行为，即追砍行为不属于事后防卫。即使防卫人夺得了武器和侵害人往后退跑，但是侵害人侵害行为的急迫危险仍然存在，侵害人仍可能对其再次进行侵害，因此防卫人进行追砍防卫也是正常反应。[2]即使刘某已经退逃，也不能简单地认定刘某彻底打消了侵害的意图。事实上，刘某在与于某明发生口角的时候，就反身走到宝马车边，从车里抽出砍刀，而在防卫人夺刀之后刘某退逃的方向也是宝马车所在方向。因此，刘某再侵害的可能性与危险性极高，如果这时要求于某明不进行追砍防卫，实在强人所难。由此可见，最高人民检察院发布的指导案例对结束时间认定的实质性标准是危险的消除。也就是说，无论是实质性脱离现场，还是再侵害的可能性，都是急迫危险的体现。当危险消除时，防卫人才无防卫的必要，这时再进行防卫才属于事

---

[1] 王芳："中国防卫权刑事审判共识度实证研究"，载《政法论坛》2018年第6期。

[2] 赵秉志、黄静野："正当防卫时间要件疑难问题研究"，载《京师法律评论》2016年第10期。

后防卫。

（三）如何准确把握防卫的限度？

正当防卫必要限度的认定是一个在刑法理论上存在争议的问题。《日本刑法》第36条第1款规定，正当防卫必须是"不得已实施的行为"。日本学者认为这属于相当性要件。至于相当性的判断方法，日本学者认为可以分为行为相当性与结果相当性。行为相当性是指防卫行为与侵害行为之间具有相当性，只要行为具有相当性，即使防卫行为所造成的结果偶尔大于被侵害的法益，也应为不属于防卫过当。而结果相当性是指在考察是否超过必要限度的时候，不仅要看行为是否相当，还要结合结果进行整体的判断。日本学者西田典之教授认为应当采取行为相当性的观点，但结果相当性在一定情况下也具有参考意义。[1]我国刑法中的正当防卫没有"迫不得已"的要件，因此，从刑法条文规定来看，我国刑法对正当防卫的限度在立法规定上要比日本刑法更为宽松。在理论上一直存在"必需说""基本相适应说"与"适当说"之争。有论者在现行刑法颁布之初便曾提出，防卫限度的问题上，现行刑法突破了基本相适应说的制约，而更倾向于必需说。[2]按必需说的观点，只要防卫行为是为制止不法侵害所必需，原则上便不认为超过防卫限度。该说偏重于对行为限度的考量。不过，刑法理论的通说一直是基本相适应说。基本相适应说本质上还是偏向于适当说，强调对保护法益与受侵害法益进行权衡。基本相适应说与适当说一样，在是否超过防卫限度的问题上，都偏重于对结果的考量。笔者

---

〔1〕［日］西田典之：《刑法总论》（第2版），王昭武、刘明祥译，法律出版社2013年版，第147~148页。

〔2〕高铭暄、赵秉志：《新中国刑法立法文献资料总览》（第2版），中国人民公安大学出版社2015年版，第69页。

认为，对我国刑法中的必要限度的认定，要同时考虑必要性与相当性这两个因素。[1]

张明楷教授认为，在判断防卫行为是否超过必要限度时，除了考虑不法侵害者的行为可能造成的损害之外，还需要考虑不法侵害者已经造成的损害，以及不法侵害者在被防卫过程中实施的新的侵害与危险。不能仅将防卫行为及其造成的损害与不法侵害人先前的不法侵害进行对比，而应当将防卫行为及其造成的损害与不法侵害者原有的不法侵害、新的暴力侵害、可能继续实施的暴力侵害进行比较。例如，乙在实施盗窃行为时，甲为了保护财产而进行正当防卫，乙却对甲实施暴力行为，乙的行为实际上已由盗窃上升为抢劫。从乙对甲实施暴力行为开始，甲就是针对抢劫行为进行防卫，而不只是针对盗窃行为进行防卫。[2]

在"陈某正当防卫案"中，最高人民检察院对此案明确了"明显超过必要限度"的判断方式。即考察防卫行为所要保护的权利性质并结合防卫方式与侵害方的手段强度做对比，综合认定防卫行为是否"明显超过必要限度"。陈某遭受多人持石块、钢管击打和拳打脚踢，因无法脱身，无奈掏出随身携带的折叠水果刀对侵害人挥刺，造成3人重伤。在当时的情境下，陈某的防卫手段是合情合理的，没有明显超过必要限度，因此，依照《刑法》第20条第1款认定其成立正当防卫。[3] 在该案中，考虑到侵害涉及重要的人身法益、武力性质并不太过悬殊且侵

---

[1] 陈兴良："正当防卫如何才能避免沦为僵尸条款"，载《法学家》2017年第5期。

[2] 张明楷："正当防卫的原理及其运用——对二元论的批判性考察"，载《环球法律评论》2018年第2期。

[3] 马乐："'不退让法'与我国正当防卫条款中的'必要限度'"，载《政法论丛》2019年第5期。

害者加剧侵害的可能性很大等因素，陈某对致命性武力的使用难以被认定为"明显"超乎比例。其次，本案亦强调了对未成年人合法权益的保护。当未成年人面临不法侵害时，任何人都有权介入保护，成年人更有责任对未成年人加以救助。可以看到，最高人民检察院已经认识到了在未成年人正当防卫过程中保护其合法权益的重要意义。然而，非常遗憾的是，该指导性案例并未就未成年人正当防卫的限度认定予以特别说明。未成年人由于生理状况与心理状况并未发育成熟，其自我保护能力较差，法律观念相对欠缺。当未成年人面临紧迫的不法侵害而实施防卫时，即便造成伤人甚至是杀人的后果，其行为仍旧有较高的法律容忍度。

在"朱某山故意伤害（防卫过当）案"中，对防卫限度的认定是本案争议的焦点。一审认为朱某山的行为不具有防卫性质；二审认为朱某山的行为属于防卫过当。"明显超过必要限度"的认定相对复杂，对此应当根据案件事实，不法侵害的性质、手段、强度和危害程度，以及防卫行为的性质、手段、强度、时机和所处环境等因素进行综合判断。在本案中，有两个问题值得我们关注：一是朱某山持刀刺杀齐某的行为是否属于特殊防卫？本案中，齐某对朱某山实施了谩骂、非法入侵、持砖拍打等侵犯人身且激烈程度逐步升级的危险行为，但这些行为还不足以构成性质恶劣的暴力犯罪。其一，齐某实施的以上行为虽侵犯了朱某山的隐私权、健康权、财产权等合法权益，但不具备严重危及朱某山生命安全的性质。其二，齐某谩骂、抛掷瓦片、追击拍打等行为属违法行为，行为的危险程度达不到犯罪行为的高度，性质属于挑衅、激怒的程度。这些行为既没有对朱某山的生命权造成威胁，也没有严重侵害朱某山的身体健康，与暴力性质的犯罪相关性太少。其三，齐某无伤害朱某山的意图,他来朱家是企图通过挽留、劝说等手段让朱某打消与自己离婚的念头,他的行为从主观方面来看不满足行凶、抢劫、强奸等暴力犯罪的条件,谈不上特殊防卫。可见,齐某实施侵害行为的危险性达不到暴力犯罪的程度,不具备实施特殊防卫的前提条件,因此朱某山持刀刺死齐某的行为是一般防卫,排除特殊防卫。二是朱某山持刀刺杀齐某的行为是否属于防卫过当?首先,《刑法》第 20 条第 2 款确定防卫过当需要满足两个限度条件:一是明显超过必要限度;二是造成了重大损害。这两个条件要同时满足才能够构成防卫过当。[1] 其次,认定"明显超过必要限度"是防卫过当法律问题需要突破的地方。"明显"是普通人能察觉到与之前发生了明显的程度差异,"必要限度"是对防卫行为的弹性伸缩程度设定的"空间",需从不法侵害行为和防卫行为上分析。就本案而言,对齐某的不法侵害行为进行分析:第一,齐某的侵害行为带有民事纠纷的意味,例如谩骂、推搡、撕扯;其行为虽然侵害到了朱某山的隐私权、人身自由权、健康权和财产权等合法权益,但是其未对朱某山的生命权造成严重的危害,其行为的危害处于违法程度。第二,他只身开车到朱某山家,未携带任何器械,没有伤害朱某山的意图。齐某在朱家门口闹事只是为了挽留其妻,不愿与她离婚。从朱某提出离婚诉讼后,他先后几次到朱家闹事都未伤害到朱家人的生命。第三,朱某山及其邻居劝离齐某后,齐某是离开过朱家的,后来他又回来闹事要考虑到当时他处于醉酒状态,酒精麻醉了其行为意识,使其极易轻率鲁莽行事。对朱某山的防卫行为进行分析:第一,朱某山受到了齐某对其从谩骂升级到更为激烈的撕扯行为的刺激,齐某用砖头对其进行攻击,对朱某山的身体健康权造成了威胁,朱某山随手拿了刀进行防卫。第二,齐某的目的是不想和妻子离婚,出言刺激了朱某山,但并没有实施滋事的攻击行为。朱某山持刀刺死齐某的当下不存在极度紧迫、严重威胁人身安全的情况，他的行为显然超过了必要限度。因此，齐某的侵害行为虽威胁到了朱某山的权益，但其行为在性质和强度上都不足以伤害朱某山的生命安全，他主观上没有杀死朱某山的意图，然而朱某山致死齐某的损害结果已经严重超过齐某对其产生的损害程度。最后，认定"重大损害"也是对防卫过当的判断要素之一。"重大"是指产生了重伤及其以上的伤害，反面解释来说就是除去前者的情况就不属于重大损害的范畴。"损害"是指某人在受到的损失或伤害时，可以依据法律通过诉讼来维护当时自身合法权益，包括人身损害、财产损害。就本案而言，其一，朱某山持刀刺死齐某的行为已造成人员伤亡，致齐某主动脉、右心房和肺脏被刺破大量失血致死，满足"重大"的条件；其二，朱某山持刀刺死齐某的行为对齐某的生命权、身体健康权造成了直接伤害。综上，因为齐某主观上仅是希望与朱某和解且是在醉酒状态下发生的掷石拍砖的行为，并无杀死朱某山的意图，朱某山在防卫的时候没有把握好制止其伤害自己的分寸而造成了齐某的死亡，系防卫过当。

（四）如何认定无限防卫权的适用条件？

我国刑法规定了无限防卫制度，对于严重侵害人身权利的暴力犯罪进行正当防卫的，即使造成重伤、死亡的后果，也不属于防卫过当，不负刑事责任。无限防卫权的立法在我国刑法学界存在一定的争议，学者对无限防卫权的法律规定提出了防卫权可能被滥用的担忧。他们指出："刑法既然允许防卫者在受到暴力侵害时可以不受防卫限度的约束，也即防卫者可以在防卫反击时毫无顾忌，这实际上放弃了对防卫者的责任要求，走向防卫者只享有防卫权，不承担防卫后果责任的极端。立法的这种规定有可能造成防卫者对防卫权的滥用。不仅如此，有些不法分子还可在防卫挑拨后，借口无限防卫而将对方置于死地。无限防卫权变成了某些犯罪人实现非法目的的手段。这恐怕是立法者所始料不及的。"[1]从司法实务来看，尽管被告方以无过当防卫为由进行辩护的案件不少，但极少能够获得法院判决的认可。司法机关对于正当防卫的认定却依然如故，对于正当防卫案件的处理仍然束手束脚，立法者鼓励公民正当防卫的初衷没有得到落实。[2]尤其是近些年来，虽然在司法实践中也存在处理结果较恰当的正当防卫案件，然而，不得不说，大多数案件的处理都并不符合民众的期待。

在"于某明正当防卫案"中，正当防卫的认定争执还集中在对"行凶"的认识以及防卫行为的持续行为方面。首先，如何理解《刑法》第20条第3款所规定的"行凶"。这里的"行凶"严格来讲并非是一个规范用语，而是一个社会化用语，具有抽象性、模糊性的特点，并不十分容易理解。不过，联系刑法分则的限定性，如杀人、抢劫、强奸、绑架等严重威胁人身安全的犯罪，即可推知"行凶"必须是与这些犯罪具有类似性质及相似程度的犯罪，主要是指严重危及人身安全的故意伤害犯罪。所以，"对'行凶'必须做体系性解释，即这里的'行凶'仅是指'打人'，即法律意义上的'故意伤害'，但不要求一定是用凶器进行伤害"。[3]当然，在"于某明正当防卫案"中刘某手持管制刀胡乱砍杀的行为更应当被认定为"行凶"。根据《刑法》第20条第3款的规定，判断"行凶"的核心在于是

---

[1] 劳东燕：" 正当防卫的异化与刑法系统的功能"，载《法学家》2018年第5期。

[2] 陈兴良：" 正当防卫的司法偏差及其纠正"，载《政治与法律》2019年第8期。

[3] 李晓明：《刑法学总论》，北京大学出版社2016年版，第288页。

否严重危及人身安全。考量是否属于"行凶",不能苛求防卫人在应急反应的情况下作出理性判断,更不能以防卫人遭受实际伤害为前提,而要根据现场具体情景及社会一般人的认知水平进行判断。在本案中,刘某先是徒手攻击,继而持刀连续击打,其行为已经严重危及于某明的人身安全,其不法侵害应被认定为"行凶"。由此可见,"于某明正当防卫案"是符合《刑法》第20条第3款关于"行凶"的规定的。其次,我们来看对"严重危及人身安全"的理解。显然,该条款也不是指一般威胁人身安全的犯罪,而是与行凶、杀人、抢劫、强奸、绑架等危害人身安全具有相当危害程度的暴力犯罪,有些教科书列举的内容包括暴力劫持航空器、武装暴乱等。[1]当然,严重危及人身安全的行为并非就一定是暴力犯罪,许多严重危及人身安全的犯罪往往是通过非暴力手段实施的。当然,特殊防卫权中的暴力必须具有危险性、临场性和紧迫性等,"于某明正当防卫案"中的暴力行为不仅表现在后一阶段的挥刀乱砍,甚至表现为开始阶段的拳打脚踢,这些行为显然都具备暴力性质。有学者曾评论道:"持续侵害行为如果严重危及防卫者的人身安全的,可以适用刑法第二十条第三款的兜底条款,认定不法侵害属于'其他严重危及人身安全的暴力犯罪',从而宣告反击者无罪。"[2]再次,特殊防卫权中的正当防卫并没有限度性规定。根据《刑法》第20条第3款的规定,所谓没有限度是指造成侵害者伤亡仍属于正当防卫,并不承担任何刑事责任。对不法侵害者的损害,最大程度不过是剥夺其生命权。这表明,特殊防卫中的正当防卫即使剥夺了不法侵害者的生命,也属于正当防卫,不负刑事责任,因而又被称为"无限防卫权"。不过,对于造成财产权的损害,

---

[1] 李晓明:《刑法学总论》,北京大学出版社2016年版,第289页。
[2] 周光权:"论持续侵害与正当防卫的关系",载《法学》2017年第4期。

我国刑法并没有明确规定，司法实践中因正当防卫造成不法侵害者财产损害的现象也十分常见。至于"特殊防卫"造成财产损害的限度，根据刑法立法目的，其应当也不受限制，即不管造成不法侵害者的财产损害达到何种程度，均属于正当防卫，不仅不以犯罪论处，且对财产损失也不予赔偿。《中华人民共和国民法典》第181条第1款就明确规定："因正当防卫造成损害的，不承担民事责任。"可见，在该问题上不仅具有充分的刑法依据，而且具有充分的民法根据。

三、法律依据

(1)《中华人民共和国刑法》第20条：为了使国家、公共利益、本人或者他人的人身、财产和其他权利免受正在进行的不法侵害，而采取的制止不法侵害的行为，对不法侵害人造成损害的，属于正当防卫，不负刑事责任。

正当防卫明显超过必要限度造成重大损害的，应当负刑事责任，但是应当减轻或者免除处罚。

对正在进行行凶、杀人、抢劫、强奸、绑架以及其他严重危及人身安全的暴力犯罪，采取防卫行为，造成不法侵害人伤亡的，不属于防卫过当，不负刑事责任。

(2)《最高人民法院关于在司法解释中全面贯彻社会主义核心价值观的工作规划（2018-2023）》：最高人民法院司法解释立项修改废止的指导意见，旨在培育和践行社会主义核心价值观，统一裁判标准和裁判尺度，努力让人民群众在每一个司法案件中感受到公平正义。要在司法解释中大力弘扬正义、友善、互助的社会主义核心价值和道德要求。要适时出台防卫过当的认定标准、处罚原则和见义勇为相关纠纷的法律适用标准，鼓励正当防卫，保护见义勇为者的合法权益等。

论紧急避险制度法律适用的判断标准

我国《刑法》第 21 条规定，为了使国家、公共利益、本人或者他人的人身、财产和其他权利免受正在发生的危险，不得已采取的紧急避险行为，造成损害的，不负刑事责任。紧急避险超过必要限度造成不应有的损害的，应当负刑事责任，但是应当减轻或者免除处罚。第 1 款中关于避免本人危险的规定不适用于职务上、业务上负有特定责任的人。紧急避险制度可以说是"紧急时无法律"的具体表现，即不能期待此时行为人能做出其他行为来保护自身的合法利益。在理论学界，有学者认为从功利主义出发，紧急避险没有使得法益受到损失，不应该被纳入刑法评价的范围，大多数刑法学者均认为紧急避险理论属于违法阻却事由。从期待可能性理论的角度看，如果行为人在特定情形下不可能期待其为其他任何的合法行为，则认定行为人的违法行为不具有期待可能性，从而阻却违法。但是，由于法律规定得过于笼统，在司法实践中，有按照紧急避险处理的，也有基于过于慎重的考虑将避险人定罪的。面对紧急避险制度及其司法适用的困惑，笔者选取了几个典型案例来探讨紧急避险制度设置的价值，分析紧急避险制度的具体适用标准。

一、案情简介及司法处理结果

(一)"夏某被胁迫杀人案"

案情简介

2008 年 10 月某晚 10 点多,25 岁的王某独自在 A 市中心行走时,被 8 名犯罪分子强行拉入一面包车内,径直开出市区。2008 年 10 月 14 日,B 市警方接到在该市某检察院工作的夏某报案,称其被人劫持,在蒙眼情况下,他被迫强奸了一名女子,还被迫用绳索勒该名女子。2008 年 11 月 8 日,B 市警方在一个 50 多米深的废弃矿井内发现了王某的尸体。尸体全身缠满铁丝,系生前被人强暴后勒死。经公安机关侦破,石某等 8 人犯罪集团落入法网。该集团为了达到勒索夏某 1000 万元的目的,威胁夏某与王某发生性关系,又威胁其用绳索勒住王某颈部,整个过程被拍成照片作为勒索手段。据称,夏某被绑匪蒙住了双眼,堵住了嘴,脖子、手脖、脚脖等多处被铁丝勒住,稍有反抗就被拳打脚踢。对王某进行侵犯的整个过程都是被人按着进行的。勒王某脖子时,疑犯称如果夏某不勒王,就勒死夏某。后来导致王某被勒死。

司法处理结果

警方认为夏某也是被害人,未对其采取任何措施。

(二)"刘某绑架案"

案情简介

2014 年下半年,刘某邀约被告人岳某、冯某参与谋划绑架宜宾某集团董事长章某。岳某邀约被告人陈某参与。经过多次跟踪，2015年4月，刘某等人发现了章某所住地，并在章某某住所同一单元租住了住房。2015年11月10日21时许，犯罪嫌疑人刘某、岳某、陈某利用冯某事前准备好的脚镣，在南岸雪绒小区电梯内，以喷辣椒水、捆绑手脚、捂嘴蒙眼的方式将章某绑架至赵场街道一出租房内，并用自制手枪威胁章某于2016年3月前交赎金1亿元，章某迫于威胁同意后，4人威逼章某以勒颈的方式杀害翠屏区建设路一按摩店员工，在杀害的同时，嫌疑人对章某的杀人过程进行摄像记录以作为威胁依据，之后将章某释放回家准备赎金。章某于11月11日凌晨4时许到市局刑侦支队报案，警方于中午1时许将4名嫌疑人陆续抓获，死者尸体已经被嫌疑人焚烧火化处理，缴获自制手枪1支，子弹50余发。

司法处理结果

宜宾市中级人民法院经审理查明，被告人刘某因经商不善欠下巨额债务后，产生了绑架他人勒索钱财的念头。2015年11月10日晚上，被告人刘某、岳某、陈某持刀、枪、喷雾剂，将章某绑架至翠屏区赵场街道一租住房内。随后，岳某、陈某将被害人甲谷某某骗至该租住房内。刘某、岳某持刀、枪反复威胁章某，迫使章某答应于2016年3月以前交付赎金1亿元。为确保章某不报警、按期交付赎金，刘某等人胁迫章某与他们一起以绳索勒颈的方式，将被害人甲谷某某杀害，刘某对整个杀人过程进行了录像。法院审理认为，被告人刘某、岳某、陈某、冯某以勒索财物为目的绑架他人，并采用暴力手段共同故意杀害被害人甲谷某某的行为，均已构成绑架罪和故意杀人罪。在共同犯罪中，被告人刘某、岳某、陈某均起主要作用，属主犯，依法按照其参与的全部犯罪定罪处罚；被告人冯某起次要作用，属从犯,依法对其从轻处罚。被告人刘某、岳某、陈某、冯某积极预谋、精心实施本案,在犯罪过程中暴力胁迫他人滥杀无辜、藐视国法、轻视生命,犯罪后又采用焚尸的方式意图逃避法律制裁,犯罪动机极其卑劣,犯罪手段极其残忍,犯罪后果和社会危害极其严重。据此,宜宾市中级人民法院根据各被告人在共同犯罪中的犯罪事实、性质、情节和对社会的危害程度,以故意杀人罪、绑架罪分别判处被告人刘某、岳某死刑,判处被告人陈某、冯某死刑缓期二年执行、有期徒刑 16 年,并对四被告人各处剥夺政治权利 3 年至终身、没收财产、20 000 元至 50 000 元不等的罚金。

(三)"何某军交通肇事案"

案情简介

何某军,男,司机。2009 年 9 月 29 日 9 时许,被告人何某军驾驶鄂 F 牌照轻型自卸货车沿襄樊市襄城区环城东路某向南行驶至荟园门前路段时,见一行人逆向行驶,何某军急打方向盘,在非机动车道与骑自行车的刘某(男,19 岁)发生相撞,将刘某撞伤,并将杨某撞倒。当何某军向后倒车时,又撞倒行人郭某。后何某军打电话报警,将伤者送往医院抢救。经襄樊市中立司法鉴定中心法医学鉴定,结论为:刘某左下肢损伤程度属轻伤;右下肢损伤程度属重伤。刘某人身损伤后果分别构成一个五级伤残和一个十级伤残。经襄樊市公安局交警一大队道路交通事故认定:何某军负此事故全部责任,刘某、郭某不负责任。

司法处理结果

2009 年 9 月 30 日,何某军因涉嫌犯交通肇事罪被襄樊市公安局刑事拘留。湖北省襄樊市襄城区人民检察院指控原审被告人何某军犯交通肇事罪。湖北省襄樊市襄城区人民法院作出刑事判决，判处被告人何某军犯交通肇事罪，判处有期徒刑1年6个月。在二审期间，何某军申请撤回上诉，湖北省襄樊市中级人民法院于2010年6月1日作出刑事裁定，准许上诉人何某军撤回上诉。该判决发生法律效力后，襄樊市襄城区人民法院又于2010年8月5日作出刑事裁定，对该案提起再审。何某军在再审时称，其急打方向是为了避免撞伤杨某，是司机的本能反应，属于紧急避险。紧急避险是指在合法权益遇到危险不可能采取其他措施予以避免时，不得已而通过损害较小的合法权益来保护较大合法权益。从何某军在公安机关的供述和申请再审的理由可见，事故发生时何某军急打方向是出于本能，不是其在权衡比较利益大小后所做的一种选择，其在主观上并没有紧急避险意识，在客观上还造成了刘某重伤的严重后果，且何某军完全可以采取其他合理方法避免事故发生，故何某军的行为不符合紧急避险的构成要件，对何某军及其辩护人的这一观点不予支持。何某军辩护人提出超载驾驶没有有效的证据证实。法院认为，关于何某军驾驶的车辆严重超载的问题，公诉机关在原审时提供了两份书证证实，两份书证之间可以相互印证，且何某军在公安机关的供述也认可了其超载驾驶的事实，何某军辩护人的观点不能成立。何某军的辩护人在再审中还认为，何某军在事故发生后配合公安机关调查、如实供述自己罪行的行为是自首。法院认为，原审被告人何某军违反交通运输管理法规，驾驶严重超载的车辆发生重大交通事故，造成一人重伤的严重后果并负事故的全部责任，原判依照《最高人民法院关于审理交通肇事刑事案件具体应用法律若干问题的解释》第2条第2款第5项的规定，认定何某军犯交通肇事罪事实清楚，证据确实、充分，定性准确，但原判没有将何某军主动投案、配合公安机关调查并如实供述自己罪行的行为认定为自首，再审应予纠正。根据原审被告人何某军犯罪的事实，犯罪的性质、情节及其行为对社会的危害程度和归案后的悔罪态度，经合议庭评议并提交审判委员会讨论决定，依照《刑法》第 67 条第 1 款、第 133 条，《最高人民法院关于处理自首和立功具体应用法律若干问题的解释》第 1 条和《刑事诉讼法》第 206 条，《最高人民法院关于执行〈中华人民共和国刑事诉讼法〉若干问题的解释》第 312 条第 2 项之规定，作出判决，判处被告人何某军犯交通肇事罪，判处有期徒刑 1 年 2 个月。

（四）"吴某、熊某故意杀人案"

案情简介

被告人吴某、熊某长期遭受被害人熊某某（被告人吴某丈夫、被告人熊某父亲）的虐待、殴打。2005 年 3 月 19 日晚，被害人因被告人熊某学业问题又辱骂两被告人，熊某遂提议于当晚弄死被害人。次日凌晨 2 时许，被告人吴某、熊某分别持铁棍、擀面杖，趁被害人熟睡之机，朝其头部、身上多次击打，又用毛巾勒其颈，致其机械性窒息死亡。当天上午，被告人吴某用家中的手术刀将其碎尸。当晚 9 时许，被告人吴某、熊某将肢解后的尸体扔到金某立交桥西侧的水沟内，并浇上汽油焚烧。2005 年 3 月 20 日，二被告人被捕。被告人吴某归案后如实供述了自己的犯罪事实，并主动提出给儿子熊某写字条，让他承认犯罪事实。

司法处理结果

辽宁省大连市人民检察院向大连市中级人民法院提起公诉，

指控吴某、熊某犯故意杀人罪。被告人吴某的辩护律师提出，被告人长期遭受被害人所实施的家庭暴力，应认定为情节较轻的故意杀人。法院的意见是，被告人吴某虽然长期受到被害人对其身心的侵害，但案发当天被害人未对其实施侵害，被告人对被害人实施加害行为是有预谋、有准备的，而且杀人后所实施的手段是恶劣的，故对于辩护人的辩护意见不予采纳。但鉴于本案系因家庭矛盾引起，被害人在案件的起因上有过错，对被告人吴某可判处死刑，不立即执行。最终，法院对于该案判决如下：①被告人吴某犯故意杀人罪，判处死刑缓期二年执行，剥夺政治权利终身；②被告人熊某犯故意杀人罪，判处有期徒刑5年；③被告人吴某赔偿附带民事诉讼原告人（被害人父母）经济损失共计人民币 194 884 元。

二、关于紧急避险制度的问题探讨

（一）涉及生命权时是否可以"紧急避险"？

对于生命权避险是否可以适用紧急避险理论从而阻却违法？《刑法》第 21 条规定紧急避险是为了使国家、公共利益、本人或者他人人身、财产和其他权利免受正在发生的危险，不得已而损害另一法益的行为。这就意味着紧急避险的前提是人身、财产或者其他法益内部或者外部之间产生冲突。生命权避险行为主要分为"一对一"紧急避险行为和"多对一"紧急避险行为。在"多对一"紧急避险行为中，大部分学者认为，在行为人别无他法的情况下，实行"多对一"的行为符合紧急避险的立法宗旨。张明楷教授认为："如果不允许以牺牲一个人的生命保护更多人的生命，则意味着宁愿导致更多人死亡，也不能牺牲一个人的生命，这也难以为社会一般观念所接受。由此看来，至少对保护多数人生命而不得已牺牲一人生命的行为，应当排除犯罪的成立。"[1]而对于以一个生命为代价换取另一个生命的紧急避险行为，学术界和司法实务界一直争论不休。

例如，"夏某被胁迫杀人案"就存在着这样的问题，行为人夏某面临着选择自己的生命还是被害人王某生命的困境。对此，持否定说的学者站在传统道德和生命伦理的角度，坚持不可将生命当作利用工具，亵渎生命的平等性和目的性。[2]德国学者罗克辛教授就指出："在这种类型的案件中，当一种干涉没有进行时，一种由别人来承担的共有性危险，不是缩减了损失，而是转嫁到无关人的身上了。把危险转嫁到其他人身上，在任何时候都有各种各样的可能性，如果容忍了对转嫁行为排除责任，那么，就一定会以令人难以忍受的方式动摇公众对法安全的感情。"[3]也有学者认为："只有一部以人道主义为基础的刑法，才是一部真正具有正义内涵的刑法，才具有正当性和合理性的根据，才具有永久的生命力。"[4]持否定说的学者主要是站在生命权高于一切权利的至高点上，认为生命权不可以作为避险的手段，主要是从伦理道德上对其进行抨击。而持肯定说的学者大都是从功利主义的角度出发，即将两个法益进行比较，如果牺牲较小的法益是为了保全更大的法益，是可以被认定为紧急避险行为的。霍布斯曾说："如果一个人是由于眼前丧生的恐惧而被迫作出违法的事情，他便可以完全获得恕宥，因为任何法律都不能约束一个人放弃自我保全。"[5]黎宏教授也赞成肯定

---

[1] 张明楷：《刑法学》（第3版），法律出版社2007年版，第274页。
[2] 黎宏："紧急避险的法律性质研究"，载《清华法学》2007年第1期。
[3] [德]克劳斯·罗克辛：《德国刑法学总论》（第1卷），王世洲译，法律出版社1997年版，第684页。
[4] 刘远：《期待可能性》，北京大学出版社2009年版，第229页。
[5] [英]霍布斯：《利维坦》，黎思复、黎廷弼译，商务印书局1985年版，第234~235页。

说，其原因总结为：以牺牲他人生命为代价的紧急避险行为，可以在道义上进行谴责，但是在法律上，如果对避险人进行处罚，则达不到刑罚的惩罚效果。因为在实施避险行为时，不可能要求避险人放弃自己的生命。当然，虽然其肯定以生命权为代价的紧急避险行为，但是必须加以严格限制。他认为，我们还是必须一再强调，将他人生命作为紧急避险的客体，只应当被限定于从冲突的利益双方来看，保全利益的保护必要性高于牺牲利益的保护必要性这种极为例外的场合。[1]

笔者认为，紧急避险制度设置的预期目标就是在面对不得不进行的利益取舍时，应该以社会大局为出发点。由此可见，肯定说较为合理。首先，在生命权的避险过程中，行为人无主观恶性和人身危险性。例如，在"夏某被胁迫杀人案"中，夏某全身都被歹徒捆绑束缚住，其加害王某的行为都是被歹徒威逼胁迫进行的，从主观上看，夏某未产生任何加害王某的意图。在"刘某绑架案"中，章某不是故意杀人行为的主动实行者，绑架他、迫使他做出此行为的刘某等人才是真正应当承担刑事责任的犯罪人。"刘某绑架案"中的章某也是实质上的受害者，主观上对于甲谷某某的死亡结果并不存在任何的主观恶性和人身危险性。其次，以生命权为代价的避险行为对法益的侵害程度大小需要斟酌。上述两个案例都有一个明显的前提，无论是被绑架的夏某还是章某都是处于无法逃脱的环境之下被胁迫杀人。在该情形下，被绑架的夏某或章某与被害人的生命有一个一定会被剥夺，作为已经知道自己生命可能会被剥夺的夏某、章某而言，坐以待毙的行为完全不具备任何的期待可能性，不可能期待在该种情形下，夏某、章某不进行自救。最后，刑法

---

[1]《德国刑法典》，徐久生、庄敬华译，中国方正出版社2004年版，第37页。

的立法原本就是功利主义与法益权衡的过程,从功利主义的角度来看并不是以行为的方式来衡量行为的道德性或合理性,而应当是以行为的最终效果作为标准的,而允许以生命权为避险对象虽然在某种程度上与传统的生命价值观念相背离,但是其结果是为了保全更多的人,其目的是最大化地实现更多人的生命利益,那么生命权便是可以避险的。刑法的立法目是保护法益和惩罚侵害了刑法所保护的法益的行为,在"夏某被胁迫杀人案"和"刘某绑架案"中,因为实际造成了死亡结果的发生而不考虑当时凶险的客观环境和行为人主观意识,只是发挥刑法的惩罚作用并没有任何实际意义。

(二) 自招危险时是否可以进行紧急避险?

自招危险是指避险行为人自己在导致了现在的危险后,为了保全置身于危险中的法益,而侵害他人的法益的情况。自招危险能否作为紧急避险的危险来源一直是刑法学界一个颇具争议的议题,这关乎司法实践中对紧急避险的适用。大多数国家的刑事立法均缺乏对自招危险的具体规定,法官往往会依照职业性的法律逻辑思维来推定紧急避险的适用或排除,这会产生与罪刑法定原则的背离。

学界在自招危险的法律适用问题上存在三大主流派系。①全面肯定说。主张全面肯定说的学者认为,从"对避免危险的本能的行动理应宽容的立法的本旨"来看,对行为人面临紧急危险时的避险行为应当予以肯定,而不问其陷入险情的原因。另一方面,考虑到对人性中趋利避害的本能的宽容,出于对避险状态下行为人非难可能性的正向评价,只要其符合紧急避险的要件就应当准许紧急避险的适用。[1]全面肯定说过于片面,且

---

[1] 陈家林:《外国刑法通论》,中国人民公安大学出版社2009年版,第325页。

其并非以现代刑法思想为立脚点，反而是依赖于天赋人权的自由主义思想来发展和论证的。除此之外，全面肯定说的实践势必会导致紧急避险适用的泛滥，甚至无法排除有故意犯罪的行为人依靠紧急避险来实现违法犯罪目的。这种主张严重违背了现代刑法保护社会关系不受侵害的本质，可能会使紧急避险成为有心之人规避刑法的途径。②全面否定说。主张全面否定说的学者认为，自招危险不应被纳入紧急避险危险的来源，亦即行为人无论是故意还是过失，招致危险后的避险行为都不能成立紧急避险。否定说论者普遍认为紧急避险必须是合法利益遭受非由自己招致的损害危险时才能予以适用。[1]全面否定说虽然最大限度地保护了无辜的第三人，但此说依旧是片面的。首先，全面否定说不把行为人的过错形式纳入考量范围，无论是故意还是过失都一概否定紧急避险的适用，这对特定的行为人而言是不公平的，也有违罪刑相适应的比例原则。其次，主张全面否定说的人认为，自招危险作为一个特殊的负面因素叠加在接受保护利益的价值层面上，再进行受保护利益和牺牲利益之间的价值衡量。这一观点显然没有解释非利己避险的情形。全面否定紧急避险的适用可能会导致行为人明明可以通过牺牲较小的利益来避免更大的法益受到侵害，但却因为害怕因此承担更多、更重的责任而选择放任该危险的发生。③二分说。由于全面肯定说和全面否定说都过于片面，越来越多的学者开始支持二分说。二分说又分为形式的二分说和实质的二分说。形式的二分说是指将自招危险按照行为人的主观状态划分为两类——基于故意的自招危险和基于意外或过失的自招危险。主张该说的学者通常认为，基于故意的自招危险不可适用紧急避险，而基于

---

[1] 高铭暄：《刑法学原理》（第2卷），中国人民大学出版社1993年版，第242页。

意外或过失的自招危险则可以适用。形式的二分说改善了全面否定说的其中一部分问题，使其更符合罪刑相适应原则，也更能体现公平原则。但社会生活之复杂性使得形式的二分说同样显得有些"鸡肋"，全面肯定说和全面否定说存在的其他问题在形式的二分说中并没有得到很好的解决。在此背景下，实质的二分说被一些学者提出。实质的二分说又分为个别检讨说、相当性说和原因违法行为理论。[1]个别检讨说将自招危险划分为两类：行为人预见到或应当预见，容易预见自己行为导致的危险所产生的危难和不能预见到自己行为产生的危难。前者排除紧急避险的适用，后者则可以适用紧急避险。但当受保护法益远大于牺牲法益时，无论行为人是否能够预见危难都可成立紧急避险。相当性说是指自招危险后的避险行为除了要符合法律规定，还要符合相当性才可以成立紧急避险。在司法实践中，法官大多依照相当性说的观点来进行自由裁量。张明楷教授、黎宏教授主张相当性说与价值衡量说相结合，认为自招危险后，行为人针对保护自身法益所做出的避险行为的认定，应当具体分析不同的自招危险情形，通过权衡法益、自招危险情节和危险程度等作出具体而综合的评价。[2]此说主张具体问题具体分析，虽然足以涵盖所有的自招危险情形，但与单纯的相当性说一样，由于太具不确定性、过于暧昧而在司法实践中造成了同案不同判的问题。原因违法行为理论是将"原因自由行为"的法理运用到对自招危险的判断中。由于紧急避险是指在符合法条规定的情况下，不应苛求"精神受到强制"的行为人能做出一个合法的行为来代替他实际上所实施的违法行为，这类似于

---

[1] 谢雄伟：《紧急避险基本问题研究》，中国人民公安大学出版社 2008 年版，第 71 页。
[2] 张明楷：《刑法学》，法律出版社 2011 年版，第 208 页。

不具期待可能性原理。故通常来说当前原因行为是违法行为时，即使后避险行为因符合紧急避险的构成要件且受"精神强制"所控制，本应排除避险行为的违法性，因为前原因行为的违法性是行为人在自由状态下造成的，所以当原因行为系违法行为时，行为人应当对由该违法原因造成的结果负责。

由于自招危险是行为人有责地导致的危险，那么就要求行为人在主观上对自招险情存在故意或过失。形式的二分说认为所有过失的自招危险都可以适用紧急避险，个别检讨说认为行为人对无法预见的危难可以适用紧急避险，这些都是对过失的自招危险适用紧急避险的学说的肯定。其原因在于行为人因过失招致危险，主观上即使预见到可能发生的危难，但对于该危难却是抵触、排斥的。在此情况下，危难发生后，行为人的"不得已"状态应当得到肯定。且过失的自招行为通常社会危害性较小，一般不会使得避险行为承继自招行为的社会危害性而令避险行为失去社会有益性，但也有例外。细化过失的自招行为，其又可以被分为"违法的过失招致危险"和"普通的过失招致危险"两种。当过失的自招危险行为是违法行为时，也即上述所称的例外情形时。对于这种例外情形，国内的诸多学者均将其排除在"过失的自招危险"的范围外，并普遍认为，一旦自招行为具有违法性便应否定紧急避险的适用。这似乎因形成了一种通说而少有学者详细论述其中的法理，且往往对此随意地一概而论。以"原因违法行为说"为例，其认为行为人对违法的自招行为所造成的危险结果有忍受义务，即使避险行为符合紧急避险的所有要素，但由于先前在自由意志下的原因行为具有违法性，因此行为人对最终的法益侵害结果必须担责。[1]

---

〔1〕 〔日〕平野龙一：《刑法总》，有斐阁1975年版，第253页。

虽然"原因违法行为说"是唯一讨论并认可在此种情形下适用紧急避险的观点，但事实上，这种观点虽然在表面上肯定了紧急避险的适用，在本质上却并无适用之实。如果将"违法的过失招致危险"一概认定为应被排除在过失的自招危险的讨论范围之外，会导致实践和理论的混乱。

在"何某军交通肇事案"中，何某军为了不与逆向行驶的行人相撞而急打方向盘转入了非机动车道，致使骑自行车的刘某被撞伤。在西安还发生过一个类似的案件，西安市的苗某驾驶232中巴在运营时由于车速过快，为了不与位于其右前方为躲避突然出现的障碍而左打方向盘的527中巴相撞，也左打方向，越过黄线进入逆行车道，由于刹车不及时与相对而来的出租车相撞并使得出租车司机当场死亡。辩护人主张苗为了避免两车人的伤亡而不得已左打方向盘与出租车相撞，是紧急避险行为。碑林区人民法院经审理认为，苗某超速行驶行为已然属于违法行为，具有社会危害性，不能适用紧急避险，仍然构成交通肇事罪。[1]

上述两起案件虽然都是以违法行为为前行为，但它们之间有着明显的区别，前者的违法行为与避险所造成的危害有直接的承接关系，即无论行为人避不避险都会侵害相同的法益。①何某军选择不避险必然会与逆向行驶的行人相撞，此时其超载行为使其构成交通肇事罪。②如果其选择避险，则可避免与行人相撞，但急打方向盘转而撞到同样无责的在非机动车道的刘某仍然会构成交通肇事罪。所以，无论何某军是否选择避险都会导致交通肇事罪成立，如果不避险时触犯了刑法，避险了反而可以规避刑法惩罚，这显然是不合法理的。同样，在"苗某交通

---

[1] 谢雄伟：《紧急避险基本问题研究》，中国人民公安大学出版社2008年版，第76页。

肇事案"中，无论怎样选择都将造成与它车相撞的后果。在这样的对比下，可以得出结论，"违法的过失自招行为"也是过失自招行为的一种，不应随意将其排除在外。且只有在自招行为与避险行为中的损害行为相承接，侵犯的是相同法益，或者当行为人无论是否避险都属于相同性质的违法犯罪行为时，才应否定紧急避险的适用。除此以外，在所有的"过失导致的自招危险"中都应当肯定紧急避险的适用。

基于我国刑法尚未对紧急避险的危险来源作出限制，但社会冲突又呈现出了多样性现状，自招危险后能否适用紧急避险的问题开始引发关注。由于我国对自招危险的情形缺乏一个明确可行的处理办法，使得紧急避险的适用在自招危险范围内容易具有随意性，且仅能依赖法官的任意裁量，不利于社会法秩序的建立。利己避险的危险来源分为故意导致危险和过失导致危险两种。在过失情形下，除了当违法的过失自招行为与避险行为中的损害行为相承接并侵犯的是相同法益时，否定紧急避险适用，其他情形都能成立紧急避险。在故意情形下，违法的故意自招危险只允许在受保护法益的价值位阶高于被损害法益的情形下适用紧急避险。非违法的故意自招危险情形成立紧急避险。这样的解决路径符合我国罪刑法定、罪刑相适应的基本原则，符合紧急避险制度的设立初衷。

（三）是否可在家庭暴力反击案中引入防御性紧急避险理论？

家庭暴力问题是世界各国都面临的一个社会问题，目前我国的家庭暴力防治形势十分严峻。对于正在进行的施暴行为，受虐者有权实施正当防卫。此种情况被称为"对峙型对抗"，即受虐者对正在进行的施暴行为进行"反击"。但是，女性通常会因为体力与男性相差太大而无法进行直接对抗，只能在对方处于睡眠或不注意等无抵抗状态时，借助武器进行反击。此种情形被称为"非对峙型对抗",即受虐者在家庭暴力结束后实施的"反击"。在"吴某、熊某故意杀人案"中,被告人犯罪的原因是长期受到严重虐待。该案属于典型的由家庭暴力引发的以暴制暴型犯罪,被害人自身有严重过错,应属于犯罪情节较轻。知情邻里的证言和被告人陈述等证据表明:被害人熊某某长期、经常性地殴打、虐待其妻吴某,包括实施性虐待,使得吴某不仅在精神上、肉体上遭受了极大痛苦,而且造成了心理上的高度压抑,处于绝望、崩溃的状态。被告人吴某是为了保护孩子和自己,在被害人熟睡之时实施了杀害行为。我国司法实践中对此类案件的通常做法是"定罪轻罚"。法庭会首先认定受虐女性的行为构成故意杀人罪,然后再根据相关司法解释和刑事政策在量刑上予以从轻或减轻。2015 年 3 月,最高人民法院、最高人民检察院、公安部、司法部联合发布《关于依法办理家庭暴力犯罪案件的意见》,为在家庭暴力过程中因受虐者反抗而致施暴人重伤或死亡的案件提供了较为明确和详细的处理意见,从而使司法实践办理相关案件更加有据可依。该意见第 20 条在此基础上明确规定了长期遭受家庭暴力的受虐女性为了摆脱家庭暴力而实施的反击行为具有防卫因素,而对于施暴人具有显著过错或者直接由其导致的,规定可以酌情从宽处罚。虽然该规定使对此类案件的刑事评价有了较为明确的规定,但是此规定仅仅局限于量刑层面,遗漏了对定罪环节中出罪事由的考量。笔者认为,可以引入防御性紧急避险理论作为该类案件的出罪事由。

防御性紧急避险概念始于《德国民法典》的规定。根据《德国民法典》的规定,紧急避险分为防御性紧急避险和攻击性紧急避险。《德国民法典》从避险对象和避险程度上对这两种不同的避险类别进行了规定。《德国民法典》第 228 条规定:"为避免自己或他人因第三人之物所产生的紧迫危险,而损毁或破坏引起此急迫危险之物者,如其毁损或破坏系出于防止危险所必要,且其所造成之损害与危险将引之损害的关系非显失比例,则不违法。行为人若对危险的发生可归责者,应负损害赔偿之义务。"此款规定的是防御性紧急避险。《德国民法典》第904条规定:"行为人为防止现时危险,所采取对于物的必要干涉,若其面临的即将发生的损害对所有人造成的损害相比较,显著巨大时物之所有人不得禁止行为人对于物的侵犯,但所有人得请求补偿其损害。"此款规定的是攻击性紧急避险。在避险对象上,防御性紧急避险针对的是自身利益,攻击性紧急避险针对第三人的利益。在避险程度上,两者的标准不同,防御性紧急避险以"非显失比例"为标准,而攻击性紧急避险则以"显著巨大"作为标准。在限度要求上,防御性紧急避险的限度要求低于攻击性紧急避险。陈璇教授认为,紧急权体系应当包括正当防卫、防御性紧急避险和攻击性紧急避险三种。防御性紧急避险的强势程度处于正当防卫和攻击性紧急避险之间。因此,防御性紧急避险在衡量标准上应当比正当防卫严格,而比攻击性紧急避险宽松。[1]德国刑法对防御性紧急避险的首次肯定是由一个为了拯救母亲而不得不终止妊娠的案件而引起的。按照德国刑法的规定,堕胎妇女和医生的行为构成堕胎罪,但是此时该妇女是为了保护自己的生命而被迫堕胎,其行为符合紧急避险的成立条件。但由于该妇女保护自己生命的代价是牺牲胎儿的生命,不符合德国刑法正当化的紧急避险中的"显著优越"条件,所以只能依据免责的紧急避险的规定得到免责。德国联邦普通法院在一个判决中详细地论述了家庭暴力反击杀人案件

---

[1] 陈璇:"家庭暴力反抗案件中防御性紧急避险的适用——兼对正当防卫扩张论的否定",载《政治与法律》2015年第9期。

的全部问题。被告人 A 的丈夫 B 常年对其实施严重的家庭暴力，对 A 和其孩子造成了重大的伤害。被告人 A 认为丈夫 B 不会有任何改变，只会变本加厉。某天，A 趁丈夫 B 熟睡之际，用手枪将其射杀。原审法院认为，被告人 A 的行为构成谋杀罪，且不成立正当防卫。后被告人向联邦普通法院提出了上诉，联邦普通法院审理后推翻了原判决，并判决 A 的行为构成免责的紧急避险。在本案中，被告人的身体完整性利益得到了保全，而被害人明显更加优越的生命利益受到了侵害。因此，联邦普通法院认为该案件不满足"显著优越"的利益要求，不成立正当化的紧急避险。由此，就是否成立免责的紧急避险，联邦普通法院对此进行了讨论。首先，联邦普通法院认为，该案件具备危险的现在性。理由是"现在的危险"并不等同于"侵害正在进行"，只要长时间存续的危险状态可能转化为实际的损害，那么该继续的危险就会被认定满足德国刑法规定的免责的紧急避险的时间条件。其次，联邦普通法院认为该案件满足不得已要件，不得已要件要求避险行为是将损害降至最低程度的方法。在家庭暴力反击杀人案件中，虽然借助于公安机关的帮助来摆脱施暴者的手段能最大限度地降低损害，但其实际效果并不理想，因此这种避险手段的实际意义并不大。而且，这种避险手段极有可能会导致受虐者遭受更加严重的家庭暴力。最后，在被告人 A 已经长期遭受家庭暴力的情况下要求其继续忍受更加严重的暴力并不具有法律上的期待可能性。因此，联邦普通法院判决该案件构成免责的紧急避险。[1]

在防御性紧急避险中，有两个反向的因素共同影响着利益衡量的判断。一方面，避险对象是危险的产生方，故其法益值

---

[1] 张丽："论家庭暴力反击杀人行为的防御性紧急避险"，载《西南科技大学学报（哲学社会科学版）》2018 年第 6 期。

得保护性必然会有所下降；另一方面，避险对象并未实施违法行为，故其法益值得保护性的下降幅度又不可能等同于正当防卫中的不法侵害人。由此决定，防御性紧急避险中的利益衡量标准较攻击性紧急避险要宽松，但又严于正当防卫。所以，只要保护和损害的法益在价值上基本相当，即可认为避险行为维护了较高的利益。换言之，"防御性紧急避险行为人所代表的利益原则上占据显著的优势，除非他给避险行为被害人所造成之损害的严重程度不合比例地高"。这就意味着，在行为人不得已导致了危险来源者死亡的情况下，如果该行为所保护之法益的价值与生命法益相比并不存在明显失衡的现象，那它就有可能以防御性紧急避险之名找到合法化的空间。在"吴某、熊某故意杀人案"中，熊某长期以来对被告人实施的虐待行为并未达到足以导致后者重伤的严重程度，也没有朝造成重伤结果的方向升级的迹象。故不能认为被告人处于重大人身安全即将遭受侵犯的危险之中。其次，吴某通过氰化钾的出现、熊某某的异常表现等一系列事实，预感到丈夫即将害死自己和儿子，能否据此认为被告人的生命正面临着急迫的危险呢？由于法院判决并未对这一关键性问题给出回答，故在此需要区分情况来讨论：①若查明熊某某确实有杀害两名被告人的打算，则吴某与其子杀死熊某某的行为可以成立防御性紧急避险；②若确定熊某某当时并无杀人的意图，吴某的推测与事实不符，则由于客观上只存在遭受一般虐待的危险，故受到威胁的法益与行为人损害的法益之间相差明显，被告人的避险行为超出了必要限度，不能成立正当化的紧急避险。在这种情况下，需要进一步根据被告人的错误认识是否具有避免可能性做出不同的处理。其一，若被告人在长期肉体和精神遭受折磨的过程中，形成了极度担忧自己和儿子的安全会受到侵害的敏感心理，从而对施虐者的一切反常举动都具有超乎一般的恐惧感和警惕性,那就可以认为,她已经丧失了冷静、准确判断事态的能力。同时,被告人的认识能力之所以下降,并非是因为自身的过错,而是被害人长期虐待行为造成的结果。应当根据我国《刑法》第 16 条关于意外事件的规定,认定避险行为超过限度是由不能预见的原因所引起的,被告人无罪。其二,若被告人有充分的能力和时间查明是否确实存在死亡的危险,则应根据我国《刑法》第 21 条第 2 款的规定,认定其行为属于避险过当,应当负刑事责任,但应当减轻或者免除处罚。

对于防御性紧急避险的立法选择涉及一个敏感的话题,将杀死家暴实施者的行为合法化是否会鼓励一些人一受虐待就动起杀人的念头?笔者认为,防御性紧急避险是以所有其他求助和回避的可能性都已断绝为先决条件的。在"吴某、熊某故意杀人案"中,被告人的杀人行为之所以有可能合法化,是因为国家和社会能为其提供的及时有效的保护手段寥寥无几。因此,建立在最后手段原则上的紧急避险只会以例外的形式出现在极为特殊的案件中,并不会放纵人们滥杀生命。其次,在我国传统社会中,家法族规拥有对国法加以补充的地位,丈夫作为一家之长亦对妻子以及子女享有统治权甚至责罚权,[1]故对于家庭暴力,国家公权力多以"清官难断家务事"为由避免介入。只是,自现代法制建立之后,国家才逐步提升了保护家庭成员基本权利的力度,完善了解决家庭冲突的介入机制。在这一转型过程中,公权力救济途径不可避免地存在漏洞和缺陷。这时,允许家庭成员实行自救就是在国家鞭长莫及之时所采取的权宜之计。可以预料,随着国家和社会针对家庭暴力的预防措施和

---

[1] 张中秋:《中西法律文化比较研究》,中国政法大学出版社 2006 年版,第 56 页。

救助制度日趋完善和多样，受到最后手段性要件的制约，公民行使防御性紧急避险权的空间势必会逐渐萎缩。在一个以建成现代法治国家为目标的国度里，这恰恰是值得期待的发展方向。

三、法律依据

(1)《中华人民共和国刑法》第 21 条：紧急避险是指为了使国家、公共利益、本人或者他人的人身、财产和其他权利免受正在发生的危险，不得已采取的紧急避险行为，造成损害的，不负刑事责任。紧急避险超过必要限度造成不应有的损害的，应当负刑事责任，但是应当减轻或者免除处罚。第一款中关于避免本人危险的规定，不适用于职务上、业务上负有特定责任的人。

(2)《最高人民法院、最高人民检察院、公安部、司法部关于依法办理家庭暴力犯罪案件的意见》：对于实施家庭暴力构成犯罪的，应当根据罪刑法定、罪刑相适应原则，兼顾维护家庭稳定、尊重被害人意愿等因素综合考虑，宽严并用，区别对待。根据司法实践，对于实施家庭暴力手段残忍或者造成严重后果；出于恶意侵占财产等卑劣动机实施家庭暴力；因酗酒、吸毒、赌博等恶习而长期或者多次实施家庭暴力；曾因实施家庭暴力受到刑事处罚、行政处罚；或者具有其他恶劣情形的，可以酌情从重处罚。对于实施家庭暴力犯罪情节较轻，或者被告人真诚悔罪，获得被害人谅解，从轻处罚有利于被扶养人的，可以酌情从轻处罚；对于情节轻微不需要判处刑罚的，人民检察院可以不起诉，人民法院可以判处免予刑事处罚。

对于实施家庭暴力情节显著轻微危害不大不构成犯罪的，应当撤销案件、不起诉，或者宣告无罪。

人民法院、人民检察院、公安机关应当充分运用训诫，责令施暴人保证不再实施家庭暴力，或者向被害人赔礼道歉、赔偿损失等非刑罚处罚措施，加强对施暴人的教育与惩戒。

充分考虑案件中的防卫因素和过错责任。对于长期遭受家庭暴力后，在激愤、恐惧状态下为了防止再次遭受家庭暴力，或者为了摆脱家庭暴力而故意杀害、伤害施暴人，被告人的行为具有防卫因素，施暴人在案件起因上具有明显过错或者直接责任的，可以酌情从宽处罚。对于因遭受严重家庭暴力，身体、精神受到重大损害而故意杀害施暴人；或者因不堪忍受长期家庭暴力而故意杀害施暴人，犯罪情节不是特别恶劣，手段不是特别残忍的，可以认定为刑法第二百三十二条规定的故意杀人"情节较轻"。在服刑期间确有悔改表现的，可以根据其家庭情况，依法放宽减刑的幅度，缩短减刑的起始时间与间隔时间；符合假释条件的，应当假释。被杀害施暴人的近亲属表示谅解的，在量刑、减刑、假释时应当予以充分考虑。

论共同犯罪中的身份犯

——以保险诈骗案为例

共同犯罪是一种复杂的犯罪形态,它可以实施个人不能单独完成的重大犯罪,较单独犯罪具有更大的社会危害性。由于共同犯罪的复杂化与多样化,其在司法实践中往往难以形成统一的定性认识,这就给司法工作带来了很大的难度。我国刑法总则中目前还没有关于共犯与身份的特别规定,在司法实践中,针对无身份者与有身份者的共同犯罪定性仍不明确。《刑法》第25条规定,共同犯罪就是二人以上故意共同实施的犯罪。第26条至第29条对共犯的分类进行了规定,认为共犯分为主犯、从犯、胁从犯和教唆犯。在共犯与身份的问题上总则没有设立相应的条款,而是仅仅体现在分则上,如《刑法》第198条第4款对保险诈骗罪共犯进行规定,保险事故的鉴定人、证明人、财产评估人故意提供虚假的证明文件,为他人诈骗提供条件的,以保险诈骗的共犯论处。由于刑法总则没有明确的认定标准,分则对于某一类犯罪的特殊规定并不能被应用于全部的同类案件。因此,为了弄清各共同犯罪人的行为性质及其刑事责任的大小,笔者将以保险诈骗犯罪案件为例来论证共同犯罪的特殊类型及身份犯定罪量刑的解决路径。

一、案情简介及司法处理结果

(一) "曾某青、黄某新保险诈骗案"

案情简介

2003年4月间,被告人曾某青因无力偿还炒股时向被告人黄某新所借的10万元债务,遂产生保险诈骗的念头。被告人曾某青于2003年4月18日在中国太平洋人寿保险股份有限公司南平中心支公司以自己为被保险人和受益人,投保了2份太平如意卡B款意外伤害保险,保额为16.4万元;于2003年4月21日在中国人寿保险公司南平支公司投保了3份人身意外伤害综合保险(中国人寿卡),保额为18.9万元;于2003年4月22日在其单位中国平安人寿保险股份有限公司南平中心支公司(以下简称"平安保险南平支公司")投保了6.5万元的人身意外伤害团体保险。被告人曾某青为了达到诈骗上述保险金及其单位平安保险南平支公司为在职普通员工承保的30万元人身意外伤害团体保险金的目的,找到被告人黄某新,劝说黄某新砍掉其双脚,用以向上述保险公司诈骗,并承诺将所得高额保险金中的16万元用于偿还欠黄某新的10万元债务本金及红利。被告人黄某新在曾某青的多次劝说下答应与其一起实施保险诈骗。之后,由曾某青确定砍脚的具体部位,由黄某新准备砍刀、塑料袋等作案工具,在南平市辖区内寻找地点,伺机实施。2003年6月17日晚9时许,曾某青按事先约定,骑自己的三轮摩托车到南平市滨江路盐政大厦对面,载上携带砍刀等作案工具的黄某新到环城路闽江局仓库后山小路。黄某新用砍刀将曾某青双下肢膝盖以下脚踝以上的部位砍断,之后,黄某新将砍下的双脚装入事先准备好的塑料袋内,携带砍刀骑曾摩托车逃离现场，在逃跑途中将工具丢弃。曾某青在黄某新离开后呼救，被围观群众发现后报警，后被民警送医院抢救。案发后，曾某青向公安机关、平安保险南平支公司报案称自己被三名陌生男子抢劫时砍去双脚，以期获得保险赔偿。2003年8月11日，曾某青的妻子廖某经曾同意向平安保险南平支公司提出30万元团体人身险理赔申请，后因公安机关侦破此案而未能得逞。经法医鉴定与伤残评定，被告人曾伤情属重伤，伤残评定为三级。

司法处理结果

公诉机关指控被告人曾某青犯保险诈骗罪，黄某新犯保险诈骗罪、故意伤害罪。延平区人民法院一审认为，被告人曾某青作为投保人、被保险人和受益人，伙同他人故意造成自己伤残，企图骗取数额特别巨大的保险金，其行为已构成保险诈骗罪；被告人黄某新故意伤害他人身体，致人重伤，其行为已构成故意伤害罪。而公诉机关指控被告人黄某新犯保险诈骗罪不能成立，按照《刑法》第198条的规定，保险诈骗罪的犯罪主体属特殊主体，只有投保人、被保险人或者受益人才能构成保险诈骗罪。另外，保险事故的鉴定人、证明人、财产评估人故意为保险诈骗行为人提供虚假的证明文件，为其进行保险诈骗提供条件的，以保险诈骗罪的共犯论处。这是刑法对保险诈骗罪的主体及共犯构成要件的严格界定。而本案被告人黄某新既不是投保人、被保险人或者受益人，也不是保险事故的鉴定人、证明人、财产评估人，不具有保险诈骗犯罪的主体资格和构成共犯的主体资格，按照《刑法》第3条法无明文规定不为罪的原则，被告人黄某新的行为不构成保险诈骗罪。一审后，两被告人提出上诉，上诉人曾某青及其辩护人提出曾某青行为不构成保险诈骗罪，要求改判无罪，上诉人黄某新及其辩护人提出，上述人黄某新系受教唆和胁迫，原判量刑畸重。二审法院经审理认为，上诉人曾某青作为投保人、被保险人和受益人，伙同他人故意造成伤残，企图骗取数额特别巨大的保险金，其行为已构成保险诈骗罪；上诉人黄某新故意伤害他人身体，致人重伤，其行为已构成故意伤害罪。对上诉人曾某青及其辩护人提出保险诈骗罪只有既遂才构成，其未领到保险金，且与其共同实施保险诈骗行为的黄某新原判也未认定他构成保险诈骗罪，因此要求改判上诉人曾某青无罪的诉辩意见，根据《最高人民法院关于审理诈骗案件具体应用法律的若干问题的解释》第1条第6款"诈骗未遂，情节严重的，也应当定罪并依法处罚"的规定，上诉人曾某青已着手实施诈骗30万元的保险金，虽因意志以外的原因而诈骗未遂，但数额特别巨大，情节严重，应予定罪处罚。而上诉人黄某新不具有保险诈骗犯罪的主体资格和构成共犯的主体资格，按照《刑法》第3条的规定，上诉人黄某新的行为不构成保险诈骗罪。故上诉人曾某青的上诉理由和辩护人的辩护意见均不能成立，本院不予支持。对上诉人黄某新及其辩护人提出原判对其量刑畸重的诉辩意见，原判根据其犯罪事实和法律规定，对其处以的刑罚适当。故其上诉理由和辩护意见亦均不能成立。原判认定事实清楚，证据确凿，定罪准确，量刑适当，审判程序合法。依照《刑事诉讼法》第189条第1项之规定，裁定驳回上诉，维持原判。

（二）"黄某花、闫某等人保险诈骗案"

案情简介

黄某花系上海明虹投资有限公司（以下简称"明虹公司"）的股东。明虹公司车辆的维修、保养、保险等相关事宜被委托给了上海人民企业集团物业管理有限公司（以下简称"人民企业物业公司")管理,其中明虹公司所有的牌号为沪DT4108的佳美轿车于2008年1月已由人民企业物业公司向中国平安财产保险股份有限公司上海分公司(以下简称"平安保险公司")进行投保,投保人和被保险人均为人民企业物业公司。

2008年4月4日19时许,黄某花的丈夫倪某秋驾驶牌号为沪DT4108的佳美轿车在温州市苍南县与停靠在路边的浙CF3696大客车相撞。接警民警赶至现场,倪某秋已弃车逃离。同月9日,黄某花至苍南县交通警察大队要求交警部门出具事故认定书。苍南县交警大队认为,肇事驾驶员弃车逃离现场,有酒后驾车嫌疑,应负事故全部责任。同年5月14日,在交警的主持下,事故双方签订了协议书,由倪某秋赔偿对方人民币6000元,并在协议书中约定,双方对该事故不作任何保险赔偿。

2008年4月中旬,人民企业物业公司总经理沈某向时任该公司车队队长的被告人林某鸿询问,沪DT4108轿车在温州市发生交通事故,能否办理理赔。因人民企业物业公司的车辆维修、保养、保险理赔等事宜均委托由被告人阎某任经理的上海粤海汽车配件修理部(以下简称"粤海修理部")负责,故林某鸿打电话给阎某,告知公司一辆佳美轿车在外地发生交通事故,向其咨询理赔事宜。阎某明确告知林某鸿,需当地公安机关出具事故认定书并在48小时内向保险公司报案。

2008年5月中旬,黄某花打电话给温州市平阳县雨田集团有限公司(以下简称"雨田公司")的章某,称明虹公司有一辆车在平阳县海滩围垦工地发生交通事故,让章某与平阳县交通警察大队联系。章某遂与平阳县交警大队二中队队长苏某联系,要求其帮忙出具事故认定书。同年5月19日,黄某花指使王某(另案处理)携带由其提供的沪DT4108车辆的行驶证、保单及本人的驾驶证,与章某一起前往交警大队二中队,后由协警根据王某口述出具了交通事故认定书,认定王某于 2008 年 5 月 19 日 19 时许驾驶牌号为沪 DT4108 的佳美轿车在平阳县海滩围垦工地与该工地上一废弃的压路机相撞,致轿车车头部位受损。

2008 年 5 月 21 日,林某鸿、阎某赶至雨田公司,被告人黄某花将车辆行驶证、驾驶证复印件、保单及王某从平阳县交警大队领来的交通事故认定书、伪造的事故现场照片交林某鸿、阎某查阅,阎某向平安保险公司报案,称投保车辆牌号为沪 DT4108 的佳美轿车于 2008 年 5 月 19 日 19 时许在平阳县发生单车事故。当晚,黄某花、林某鸿、阎某同车返回上海。

2008 年 5 月 23 日,牌号为沪 DT4108 的佳美轿车被运至粤海修理部。被告人林某鸿向被告人阎某提供了人民企业物业公司委托书,全权委托阎某办理车辆理赔手续,在保险公司确定该车的理赔款为 16.8 万元后,林某鸿通知阎某,不用修理直接将车带牌出售,并提供了明虹公司的企业代码证等该车的证明材料。阎某遂以 8.5 万元的价格将该车出售给他人。同年 8 月初,阎某向平安保险公司上海分公司申请理赔,保险公司在向王某等人调查后,于同年 9 月 8 日将理赔款 16.8 万元转账至被告人指定账户。

司法处理结果

上海市普陀区人民检察院指控被告人黄某花的行为构成保险诈骗罪、职务侵占罪,指控被告人林某鸿、阎某的行为构成保险诈骗罪。上海市普陀区人民法院以诈骗罪判处黄某花有期徒刑 5 年,并处罚金 1 万元;判处林某鸿、阎某有期徒刑 1 年,缓刑 1 年,并处罚金 3000 元;赃款依法追缴发还被害单位平安保险公司。一审宣判后,上海市普陀区人民检察院提出抗诉。

上海市第二中级人民法院经审理后认为,黄某花与林某鸿、阎某结伙,以非法占有为目的,采用虚构事实、隐瞒真相的方法,骗取保险公司财产,数额巨大,其行为均已构成诈骗罪。三名被告人均不具有投保人、被保险人、受益人的身份,故不符合保险诈骗罪的主体资格,也不成立保险诈骗罪的间接正犯。林某鸿参与骗取保险金的行为,并非由人民企业物业公司决策机构决定或由其负责人员决定,并不能代表人民企业物业公司的意志,不能认定作为投保人、被保险人的人民企业物业公司参与保险诈骗,构成保险诈骗罪。检察机关指控黄某花擅自将明虹公司所有车辆出售后的钱款非法占为己有的证据不足。原判认定上诉人黄某花、阎某、原审被告人林某鸿犯诈骗罪的事实和适用法律正确,量刑适当,且诉讼程序合法。据此,二审裁定驳回抗诉、上诉,维持原判。

(三)"何某祥、叶某武保险诈骗案"

案情简介

被告人何某祥经营一家汽车修理厂,被告人叶某武为芜湖太平洋保险公司定损员。2015年至2016年期间,二人相互勾结伙同他人故意造成财产损失的保险事故,并由被告人叶某武查勘定损,以达到骗取保险理赔金的目的。具体犯罪事实如下:①2015年4月1日,被告人何某祥伙同被告人耿某福在本市弋江北路欧亚达路段,由其驾驶苏A某号牌的雪铁龙汽车故意制造与耿某福所有的皖B某号牌的宝马汽车碰撞的事故。事故发生后,报案至芜湖太平洋保险公司由被告人叶某武查勘定损,骗取保险金13 170元。②2015年6月16日,被告人何某祥在本市弋江北路欧亚达停车场,由其驾驶皖B某号牌的宝马汽车故意制造与皖B某号牌的酷派汽车碰撞的事故。事故发生后,报案至芜湖太平洋保险公司，由被告人叶某武查勘定损，骗取保险金 11 700 元。③2015 年 12 月 26 日，被告人何某祥伙同被告人盛某飞在本市东紫园停车场，由盛某飞驾驶皖 B 某号牌的丰田汽车故意制造与皖 B 某号牌的奥迪汽车碰撞的事故。事故发生后，报案至芜湖太平洋保险公司，由被告人叶某武查勘定损，骗取保险金 4790 元。④2016 年 1 月 4 日，被告人何某祥伙同被告人盛某飞、户某在本市弋江北路欧亚达路段，由户某驾驶皖 C 某号牌的军用汽车故意制造与盛某飞驾驶的皖 B 某号牌的宝马汽车碰撞的事故。事故发生后，报案至芜湖太平洋保险公司，由被告人叶某武查勘定损，骗取保险金 15 750 元。⑤2016 年 1 月 10 日，被告人何某祥伙同被告人盛某飞在本市弋江北路锅炉厂路段，由其驾驶皖 B 某号牌的奔驰汽车故意制造与盛某飞驾驶的皖 B 某号牌的奇瑞汽车碰撞的事故。事故发生后，报案至芜湖太平洋保险公司，由被告人叶某武查勘定损，骗取保险金 13 465 元。⑥2016 年 1 月 30 日，被告人何某祥伙同被告人盛某飞、桂某在本市荆十路老水泥厂门前路段，由其驾驶皖 B 某号牌的奥迪汽车故意制造与盛某飞驾驶的皖 B 某某号牌的奇瑞汽车碰撞的事故。事故发生后，报案至芜湖太平洋保险公司，由被告人叶某武查勘定损，骗取保险金 8580 元。

司法处理结果

芜湖市中级人民法院经审理认为，被告人何某祥、盛某飞、桂某、户某、耿某福共同实施保险诈骗行为，均构成保险诈骗罪，且系共同犯罪；被告人何某祥的犯罪数额为 76 912 元，数额巨大；被告人盛某飞的犯罪数额为 52 042 元，数额巨大；被告人桂某的犯罪数额为 18 037 元，数额较大；被告人户某的犯罪数额为 15 750 元，数额较大；被告人耿某福的犯罪数额为

13 170元，数额较大。被告人叶某武与他人勾结，利用职务上的便利，进行保险诈骗，犯罪数额为 67 455 元，数额较大，其行为构成职务侵占罪，且系共同犯罪。被告人何某祥、盛某飞、户某、耿某福能主动投案并如实供述犯罪事实，系自首，本院予以减轻处罚；被告人叶某武、桂某能主动投案并如实供述犯罪事实，系自首，予以从轻处罚。经审理判决如下：被告人何某祥犯保险诈骗罪，判处有期徒刑 2 年，并处罚金人民币 4 万元；原犯开设赌场罪，判处有期徒刑 6 个月，宣告缓刑 1 年，并处罚金人民币 5000 元，现予以撤销缓刑，合并执行有期徒刑 2 年 1 个月，并处罚金人民币 4.5 万元。被告人叶某武犯职务侵占罪，判处有期徒刑 2 年，宣告缓刑 3 年。

一审判决后被告人不服提起上诉。上诉人何某祥的上诉理由及辩护人的辩护意见是：上诉人何某祥和原审被告人叶某武内外勾结，利用了叶某武的职务便利骗取保险金，应构成职务侵占罪的共犯，以职务侵占罪定罪处罚。二审法院经审理认为，本案系汽修从业人员何某祥为谋取非法利益，与多个机动车投保人、受益人等合谋，其中部分犯罪亦与保险公司工作人员叶某武内外勾结，故意制造汽车碰撞事故从而骗取保险金。其行为符合《刑法》第 198 条第 1 款第 4 项之规定，即"投保人、被保险人故意造成财产损失的保险事故，骗取保险金的"，应以保险诈骗罪定罪处罚。原审被告人叶某武作为勘查定损员，其负有勘验事故真实性与否的职责，然其明知是骗保仍然进行勘验定损，未将事故真实情况予以上报，原审被告人叶某武构成上诉人何某祥等人保险诈骗罪的共犯，同时因其利用了职务便利，故针对太平洋保险公司的同一犯罪行为同时构成了保险诈骗罪和职务侵占罪的想象竞合，应择一重罪处罚。即应对上诉人何某祥、原审被告人叶某武、盛某飞、桂某、户某、耿某福以保险诈骗罪定罪处罚。原审被告人叶某武与何某祥等人共同骗取保险金的行为不属于特别条款所规定的"编造未曾发生的保险事故"的情形，仍应择一重罪即保险诈骗罪对其定罪处罚，原判系适用法律错误。根据《刑事诉讼法》第237条之规定："第二审人民法院审理被告人或者他的法定代理人、辩护人、近亲属上诉的案件，不得加重被告人的刑罚。"因本案系上诉案件，二审不得加重各被告人的刑罚，包括适用的罪名。故本院对于原审被告人叶某武的定罪和量刑不再予以改判。

二、有关共同犯罪身份犯的问题探讨

（一）无特定身份者能否构成身份犯的间接正犯？

间接正犯是利用他人实施构成要件行为的正犯形态。间接正犯是大陆法系刑法中的概念，虽然我国的刑法条文和司法解释尚未使用这一术语，但其早已进入我国刑法理论的研讨视野，并在司法实践中发挥着实际作用。因此，一般间接正犯的把握难度还不算大，但是对于身份犯，无身份者能否通过有身份者成为身份犯的间接正犯呢？目前理论界对此争论很大，实践部门的认识也并不统一。刑法理论上主要有三种观点：一是肯定说，认为一切犯罪都可以成立间接正犯，没有身份的人利用有身份而无责任能力的人实施犯罪，该无身份的人仍为间接正犯。二是否定说，认为犯罪以一定身份为成立要件，没有这种身份就与要件不合，因此利用有身份而无责任能力的人实施犯罪，其自身不能成立该罪。三是折中说，认为判断真正身份犯能否成立间接正犯的标准在于能力犯与义务犯的区别。无身份的人构成真正身份犯的间接正犯的情形，只可能发生在能力犯中。

"黄某花闫某等人保险诈骗案"的主要争议焦点在于对不具有投保人、被保险人、受益人身份的人实施骗取保险理赔款的行为如何定性。检察机关和上诉人黄某花及其辩护人均认为黄某花等人的行为构成保险诈骗罪。检察机关认为，被黄某花等人利用作为投保人、被保险人的人民企业物业公司对黄某花等人故意制造的虚假保险事故不知情。冒用该公司名义，骗取保险理赔款，符合间接正犯的构成要件，应认定黄某花等人的行为构成保险诈骗罪。黄某花及其辩护人则认为，本案系作为投保人、被保险人的人民企业物业公司实施的单位犯罪，黄某花作为共犯参与其中，且在共同犯罪中起主要作用的是人民企业物业公司，故对黄某花应以保险诈骗罪的从犯论处。

笔者认为，作为无特定身份者的黄某花等人不能构成保险诈骗罪的间接正犯。第一，在上述三种学说中，肯定说认为一切犯罪都存在间接正犯，无疑是不适当地扩大了间接正犯的范围。例如，按照肯定说的观点，非国家工作人员可以利用国家工作人员成为受贿罪的间接正犯，这显然同受贿罪的渎职性相矛盾。因此，《刑法修正案（七）》将不具有国家工作人员身份的国家工作人员的近亲属或者其他与国家工作人员关系密切的人利用国家工作人员为请托人谋取不正当利益、索取或者收受请托人财物的行为规定为影响力交易罪而非受贿罪。否定说认为，在身份作为构成要件的犯罪中一概没有间接正犯存在的余地，该理论不适当地缩小了间接正犯的范围。例如，女子也可以通过无责任能力的男子实施强奸而成为强奸罪的间接正犯。第二，身份在刑法中有不同的意义，若将一定身份设定为某些犯罪的成立要件，则身份犯的间接正犯成立的范围必然会受到一定的限制。身份犯之间接正犯是特殊身份与责任主体的分离，因此判断身份犯能否成立间接正犯应视身份与主体能否脱离而定，即判断身份犯能否成立间接正犯的标准是能力犯与义务犯的区别。所谓能力犯，是指特殊身份是一种能力，是身份犯得以实施的条件。在能力犯的场合，能力可以与主体相分离。没有特定身份（能力）的人可以利用具有这种特定身份（能力）而无责任能力的人实施一定行为而构成这种身份犯的间接正犯。例如，对于强奸罪，女性不能成为直接实行犯是由于生理能力的制约。但是，法律规定强奸罪的本质并非是对这种身份的违反，对强奸罪构成要件的实现有决定性的是性器官接合的非法性质。由于强奸罪中男子的能力是可以被借用的，因此女子可以利用无责任能力的男子实施奸淫从而成为强奸罪的间接正犯。所谓义务犯，是指特定身份意味着法律赋予的特定义务，犯罪的实施不只是对一定利益的侵害，更为重要的是对特定义务的违反。在义务犯中，身份意味着承担了一定的义务，实施该种犯罪则构成对此种义务的违反。而在能力犯中，不存在由身份带来的义务，也就没有因此而产生的对义务的违反。[1]正是由于能力犯可以由无身份者成立间接实行犯，因此在正犯是否必须由身份者构成的意义上，能力犯在本质上并不是真正的身份犯。根据权利义务相一致的原则，无特定身份者既然不能享受有特定身份者的权利，当然也就无需承担法律赋予特定身份者的义务，因此，即使无身份者利用有这种身份的人实施一定行为，也不能认为其构成这种真正身份犯的间接正犯。概括来说，无身份的人构成真正身份犯的间接正犯的情形只可能发生在能力犯中，不可能发生在义务犯中。而保险诈骗罪属于身份犯，以具备投保人、被保险人、受益人的特定身份作为该罪成立的主体要件。投保人、被保险人、受益人与保险公司具有合同上的权利义务关系，故该身份犯属于义务犯。投保人、被保险人、受益人以外的人采取虚构事实、隐瞒真相的方式骗取保险理赔

---

[1] 林维：《间接正犯研究》，中国政法大学出版社1998年版，第143~144页。

款的，只能构成诈骗罪，不能构成保险诈骗罪。

根据《刑法》第198条之规定，保险诈骗罪的主体为特殊主体，即投保人、被保险人或者受益人。该罪以特定身份作为犯罪成立的条件。保险诈骗罪是一种义务犯，该罪的成立，必须以行为人与被诈骗的保险人之间存在保险合同为前提，保险合同约定了投保人、被保险人、受益人、保险人各自的权利和义务。利用保险合同关系对保险人实施诈骗，不仅侵害了保险人的合法权益，还违反了保险合同所约定的应履行的义务。而不具有上述特定身份的一般主体不享有保险合同对于投保人、被保险人、受益人所约定的权利，也就无需承担相应的义务。因此，即使他利用具有投保人、被保险人、受益人身份的人实施一定行为，也不能认为其构成这种真正身份犯的间接正犯。本案中，黄某花等人不具有投保人、被保险人、受益人的身份，故不符合保险诈骗罪的主体资格，也不成立保险诈骗罪的间接正犯。

(二) 无身份者能否构成纯正身份犯的共同正犯？

在"曾某青、黄某新保险诈骗案"中，被告人黄某新的行为是否构成保险诈骗罪？对此，学界有两种不同的意见：第一种意见认为，被告人黄某新虽不具有投保人、被保险人或者受益人的主体资格，但其与被告人曾某青有保险诈骗的共同故意和共同行为，系本案保险诈骗罪的共犯，构成保险诈骗罪。另一种意见认为，保险诈骗罪的犯罪主体属特殊主体，被告人黄某新不具有保险诈骗罪的主体资格，不构成保险诈骗罪。以上分歧实际需要解决的问题是无身份者可否成为投保人等有身份者实行的保险诈骗罪的共同正犯。

对于这一问题，我国刑法理论上存在肯定说、否定说和折中说三种不同的观点。第一，肯定说。肯定说认为无身份者可以构成真正身份犯的共同正犯。我国刑法理论界的不少学者均持此种观点。张明楷教授在《论强奸罪的主体》一文中就将女子定性为共同正犯，理由是帮助行为是整个实行行为的一部分，而且还是很重要的一部分。[1]黎宏教授也主张，既然无身份者可以在事实上分担真正身份犯的部分行为的实施，那么完全可以要求他承担全部责任，将无身份者排除在真正身份犯的共同正犯之外是没有任何理由的。[2]第二，否定说。否定说认为无身份者不可以构成真正身份犯的共同正犯，刑法理论界也有很多学者支持此种观点。陈兴良教授认为无身份者不可以构成真正身份犯的共同正犯，其理由是无身份者根本不可能实施基于身份的特定的行为。[3]高铭暄、马克昌主编的刑法教材也认为无身份者无法实施有身份者实施的行为。[4]还有学者指出无特定身份者实施的行为不是真正身份犯的实行行为。例如，无身份者替国家工作人员收受贿赂的行为实际上是帮助行为而不是实行行为，强奸罪女性实施的暴力胁迫行为只具有帮助性质。刑法学者何庆仁博士认为无身份者无论如何都不能构成特定身份者的共同正犯。他从义务犯的角度分析无身份者没有法律规定的特别的义务，不管其怎样支配着犯罪行为的因果发展，都不可能成为身份犯的核心人物。因此，无身份者不仅不能单独构成身份犯的实行犯，而且也不能和有特定身份者构成身份犯的共同正犯。[5]刑法学者林维博士从实行行为的角度分析，认为共同正犯首先是正犯，共同正犯必须要具备正犯所要求的条件，必须具备与单独正犯一致的内涵。共同正犯的实行行为不

---

〔1〕 张明楷："论强奸罪的主体"，载《法学评论》2006年第6期。
〔2〕 黎宏：《刑法学》，北京法律出版社2012年版，第302~303页。
〔3〕 陈兴良：《共同犯罪论》，中国社会科学出版社1992年版，第357页。
〔4〕 高铭暄、马克昌：《刑法学》，高等教育出版社2012年版，第226页。
〔5〕 何庆文：《义务犯研究》，中国人民大学出版社2010年版，第211页。

能被简单地视为数个人实施的在形式上符合实行行为特征的行为。数个人的实行行为必须不仅在形式上完全地或者部分地具备构成要件实行行为的要素，而且数个人的实行行为在实质上均符合单独正犯所具备的构成要件实行行为的本质特征。第三，折中说。折中说认为无身份者能否构成真正身份犯的共同正犯的问题不能一概而论，而应依具体情况而定，区分实行行为的性质区别对待。刑法学家马克昌教授持此种观点。他认为，若无身份者可以分担一部分真正身份犯的实行行为，则无身份者就可以构成真正身份犯的共同正犯；若无身份者根本不可能分担真正身份犯的实行行为，则无身份者就不能构成真正身份犯的共同正犯。赵秉志教授也持此种观点。他认为，对于无身份者是否可以构成真正身份犯的共同正犯这一问题不能一概地肯定或者否定，而是应当区分无身份者实施的实行行为的性质，予以区别对待。以上三种学说都有一定的合理性，但是实际上也都存在着含混之处。折中说就等于将无身份者构成真正身份犯的共同正犯分为两类，并没有统一将身份犯的实质说清楚。而肯定说的观点值得商榷。若任何一个无身份者都能构成真正身份犯的共同正犯，那么身份犯也就失去了存在的意义。身份犯的实行行为就应当是基于身份赋予的特定义务的违反而造成法益侵害的行为，不是基于身份的特定义务的违反就不能构成真正身份犯的实行行为。

基于以上分析，笔者认为，无身份者黄某新不能构成真正身份犯保险诈骗罪的共同正犯。第一，身份犯特定的可罚性基础和归责理由。在刑法中，特定身份者是基于特定身份产生的特有主体，特定身份者所享有的权利，普通无身份者不能享有；特定身份者所承担的义务，普通无身份者也不能承担。普通无身份者不享有特殊身份者的特殊权利，也就不能承担特殊身份者所承担的义务。普通无身份者没有某种特定的义务，即使实施与之形式相同的行为也会因为不具有身份的可发性基础和归责理由而不可能成立特定的真正身份犯。身份是构成真正实行犯的实行行为的重要内容，同时还在于基于身份会形成特定义务，而违反这种义务会对法益造成侵害。无身份者实施的与之形式相同的行为也与身份犯的实行行为所侵害的法益不同。因此，身份犯的实行行为就应当是基于身份赋予的特定义务的违反而造成法益侵害的行为。第二，共同正犯必须和单独正犯的内涵保持一致。对于共同正犯是正犯还是共犯存在激烈的争议。有观点认为共同正犯是正犯的一种，不是共犯。还有观点认为共同正犯是共犯的一种，不是正犯。[1]而我国理论界对此也存在不同的观点。共同实行犯首先是实行犯，因此必须保留同单独实行犯一致的内涵，不能认为共同实行犯可以缺失单独实行犯的某一部分特征。[2]但是，共同正犯毕竟是多个人共同实施构成要件内的实行行为，不能要求每一个共犯人都必须实施全部构成要件的行为，共同正犯允许各实行者之间分担实行行为。概括来说就是共同正犯中的每个正犯人都至少实施了构成要件行为的某一部分。第三，对正犯的实行行为的理解。真正身份犯的共同正犯是由共同犯意及实行行为引起了符合构成要件的法律事实。而对符合构成要件的实行行为存在两种理解，即形式的理解和实质的理解。只要形式上部分地具备构成要件实行行为的要素，就成立共同正犯，这就是形式的理解。例如女性在强奸犯罪中实施的暴力行为、无身份者在受贿罪中接受贿款

---

[1] （日）西田典之：《日本刑法总论》，刘明祥、王昭武译，中国人民大学出版社2007年版，第284页。
[2] 林维："真正身份犯之共犯问题展开—实行行为决定论的贯彻"，载《法学家》2013年第6期。

的行为。如果对真正身份犯作此理解，就会背离实行行为的实质内涵。如果要把握身份犯实行行为的内涵就应当坚持实质的理解，不能将数个人实施的在形式上符合实行行为特征的行为都纳入到共同实行行为的范围之中。数个人的实行行为必须不仅在形式上完全地或者部分地具备构成要件实行行为的要素，而且数个人的实行行为在实质上均符合单独正犯所具备的构成要件实行行为的本质特征。第四，无身份者根本不可能实施真正身份犯的实行行为。无身份者实施的在形式上符合实行行为特征的行为（例如无身份者在受贿犯罪中接受贿赂财物的行为）不具备身份犯的实行行为的内涵，即不是基于身份的义务违反性。在单独犯中，无身份者的类似身份者的行为（例如无身份者在受贿犯罪中接受贿赂财物的行为）不可能被评价为实行行为。而在共同正犯中，身份不能因为参与到共同行为中获得分享，义务违反性也不能因为参与到共同行为中而获得共同享有。因此，原本不具备特定身份的无身份者不能因为在形式上分担共同行为而获得某种特殊，也不可能在参与共同行为的过程中共用特殊身份者的身份，更不可能获得其义务违反性。从刑法理论上讲，任何一种正犯理论都没有混淆共同正犯和单独正犯，没有哪一种正犯理论不会将它的标准贯彻到所有的正犯形态中，它的标准适用于单独正犯，同样也适用于共同正犯。因此，成立共同正犯必须具备身份犯的所有要素，无身份者只能构成真正身份犯的狭义共犯而不能构成共同正犯。

（三）内外勾结型共同犯罪的行为性质如何认定？

"何某祥、叶某武保险诈骗案"中，投保人何某祥与保险公司工作人员叶某武勾结，属于外部无身份人员与内部工作人员共谋共同骗取保险金的行为，符合保险诈骗罪的构成要件，同时也符合职务侵占罪或者贪污罪的构成要件。其引发的问题是：

作为保险公司内部人员的保险公司工作人员和作为保险公司外部人员的投保一方共谋骗取保险金的行为应被以何种犯罪追究刑事责任？这实际上就是讨论有身份者与无身份者共同实施真正身份犯罪如何定性的刑法理论问题。

针对内外勾结型共同犯罪的定性问题，理论上有以下几种观点争议：第一，犯罪客体说。该说认为，决定共同犯罪性质的是共同犯罪行为所侵犯的客体的内容（特别是结构）。[1]对内外勾结实施保险诈骗行为的定性，不可能超出各共同犯罪人所触犯的相关罪名的范围，但到底定哪一个罪名，应看整个共同犯罪行为主要侵犯了哪一个客体。第二，主犯性质决定说。该说认为，共同犯罪的罪名应由主犯所触犯的犯罪性质所决定。这基本上是司法实务的立场。[2]也就是说，如果内部工作人员在共同犯罪中是主犯，则应当认定为贪污罪或者职务侵占罪的共同犯罪。该观点认为，共同犯罪的性质一般是由主犯犯罪基本特征决定的，应该按照主犯行为的特征确定各共同犯罪人的罪名。[3]该观点主要源于2000年《最高人民法院关于审理贪污、职务侵占案件如何认定共同犯罪几个问题的解释》第3条的规定。第三，实行行为决定说。该说认为，共犯的性质取决于实行犯的实行行为的性质。该说侧重于从实行犯的角度进行定罪。其认为，共同犯罪主要是由实行犯实现的，而其犯罪行为不仅对社会危害性具有决定性作用，还对共同犯罪成员的刑事责任起到决定性作用。因此，应以其触犯的罪名来定罪。[4]

---

[1] 古加锦："内外勾结实施金融诈骗行为的定性研究"，载《河北公安警察职业学院学报》2013年第4期。
[2] 陈洪兵："共犯与身份的中国问题"，载《法律科学》2014年第6期。
[3] 高铭暄：《新型经济犯罪研究》，中国方正出版社2000年版，第966页。
[4] 赵秉志：《刑法争议问题研究》（上卷），河南人民出版社1996年版，第458页。

按照实行行为的性质认定，利用职务就是贪污或者职务侵占，不利用职务就是普通非职务类犯罪。第四，核心角色说。该观点根据的是核心角色和部分犯罪共同说的原理，认为尽管大体上可以说共同犯罪的性质是由实行行为的性质决定的，但从不同的角度看，在各行为人都有自己的实行行为时，关键就在于考察共同犯罪中的核心角色。[1]即在保险诈骗罪中，认为若投保人为了骗取保险金勾结内部工作人员，投保人为核心角色，当然在保险诈骗罪的范围内成立共犯，但同时保险公司的工作人员也触犯了职务侵占罪或者贪污罪，符合想象竞合的特征，按照从一重处罚的原则来确定保险公司工作人员的罪名。反之，若保险公司工作人员为骗取保险金勾结投保人，保险公司工作人员为核心角色，在职务侵占或者保险诈骗罪的范围内成立共犯，但同时投保一方也触犯了保险诈骗罪，按照从一重处罚的原则来确定投保一方的罪名。第五，想象竞合说。该观点从行为的实质入手，认为外部非特定身份人员和公司内部工作人员相勾结实行犯罪行为，且不论双方在共同犯罪中的具体分工及主从犯地位如何，事实上内外两方共同实施了一个完整的犯罪的行为，而这一行为同时符合普通非身份犯罪和职务侵占罪或者贪污罪的构成要件，构成想象竞合犯，按照从一重的原则处罚。[2]

在审理叶某武时，法院内部产生了两种意见：第一种意见认为，被告人叶某武为保险公司工作人员，明知何某祥的骗保意图，与何某祥基于共同骗取保险金的目的，由何某祥投保，叶某武内部勾结共谋实施了保险诈骗行为。因此，叶某武与何某祥构成了保险诈骗罪的共同犯罪，叶某武构成保险诈骗罪。

---

[1] 张明楷："保险诈骗罪的基本问题研究"，载《法学》2001年第1期。
[2] 刘士心："保险诈骗罪新探"，载《当代法学》2002年第3期。

第二种意见认为,被告人叶某武作为保险公司工作人员与他人勾结,利用职务上的便利,由何某祥投保,叶某武内部接应,进行保险诈骗,犯罪数额较大,其行为构成职务侵占罪,且系共同犯罪。内外勾结骗取保险金内部工作人员的行为应一律以职务侵占罪或者贪污罪处罚,保险公司内部工作人员叶某武应定为职务侵占罪。其理由如下:第一,从内外勾结骗取保险金的含义来看,内外勾结骗取保险金是职务侵占或者贪污罪的应有之义。对"内外勾结"的理解,从广义上理解即为保险公司内部人员和外部人员相互勾结共同骗取保险金,不论其是否利用了职务便利,从狭义上理解则是保险公司内部工作人员利用职务便利与投保一方勾结共同骗取保险金,[1]以狭义的理解来看,若没有利用职务便利条件则不构成内外勾结型保险诈骗而是普通保险诈骗罪共同犯罪。对"骗取"的理解,骗取保险金的骗取之意符合职务侵占之骗取的意思,但不符合诈骗犯罪骗取的含义。诈骗犯罪的基本流程是"行为人实施诈骗罪行为—被害人产生错误认识处分财产"。[2]单位是通过代表单位的自然人做出意思表示的,代表单位的自然人没有被骗也就代表单位没有被骗。内外勾结骗取保险金的行为是保险公司内部工作人员对于保险诈骗的行为是知情的或者是积极参与的,因而没有基于错误认识处分保险公司财产,保险公司并没有陷入骗局,自然不构成保险诈骗罪。职务侵占或者贪污罪中骗取的意思就是行为人利用工作或者职务便利,采用虚构事实、隐瞒真相的方法,将公共财物非法据为己有。保险公司工作人员利用职务便利编造投保一方正当取得保险金事实,或者隐瞒投保一方不

---

[1] 王非:"保险诈骗共同犯罪的具体形式及其责任认定",载《江南大学学报》2013年第10期。
[2] 徐立:"保险诈骗罪及其相关理论研究",载《企业导报》2012年第20期。

能正当取得保险金事实，与投保一方共同骗取保险公司保险金，因而构成职务侵占罪或者贪污罪。第二，从对骗取保险金整个行为的性质来看，内外勾结骗取保险金的整个行为既有利用职务便利骗取保险金的因素，也有投保一方通过虚构保险标的等方式骗取保险金的因素，那么决定此行为的性质必然是最关键、最重要的因素。[1]究竟哪一个因素是最关键最重要的呢？如果没有虚构保险标的等方式骗取保险金的行为就不会引起发生骗取保险金的危险，因此虚构保险标的等方式骗取保险金的行为是内外勾结骗取保险金的先决条件。但是，是否要发生骗取保险金的危险最终取决于保险公司工作人员能否识破骗局，导致保险金被骗。因此，保险公司工作人员是否正当履行职务是内外勾结骗取保险金的决定因素。如果保险公司工作人员明知投保一方存在保险诈骗行为，更甚者与保险公司工作人员共同实施虚构保险标的等保险诈骗方式的行为，就可以顺利地骗取保险金。如果保险公司识破骗局，从而拒绝理赔，就不会发生骗取保险金的危险。第三，从处罚公平的角度来看，未必会出现处罚不公平，反而更能有效地打击保险诈骗犯罪。一般认为，贪污罪法定刑显然要重于保险诈骗罪，保险诈骗罪具有特殊情况，职务侵占罪比保险诈骗罪更重。而职务贪污罪的法定刑也有可能重于保险诈骗罪。将内外勾结骗取保险金的行为一律以职务侵占或者贪污罪论处符合我国刑法相关规定和司法解释的精神。

三、法律依据

（1）《中华人民共和国刑法》第 198 条：有下列情形之一，

---

[1] 古加锦："保险诈骗罪若干疑难问题"，载《探究与争鸣》2013 年第 6 期。

进行保险诈骗活动，数额较大的，处五年以下有期徒刑或者拘役，并处一万元以上十万元以下罚金；数额巨大或者有其他严重情节的，处五年以上十年以下有期徒刑，并处二万元以上二十万元以下罚金；数额特别巨大或者有其他特别严重情节的，处十年以上有期徒刑，并处二万元以上二十万元以下罚金或者没收财产：（一）投保人故意虚构保险标的，骗取保险金的；（二）投保人、被保险人或者受益人对发生的保险事故编造虚假的原因或者夸大损失的程度，骗取保险金的；（三）投保人、被保险人或者受益人编造未曾发生的保险事故，骗取保险金的；（四）投保人、被保险人故意造成财产损失的保险事故，骗取保险金的；（五）投保人、受益人故意造成被保险人死亡、伤残或者疾病，骗取保险金的。

有前款第四项、第五项所列行为，同时构成其他犯罪的，依照数罪并罚的规定处罚。

单位犯第一款罪的，对单位判处罚金，并对其直接负责的主管人员和其他直接责任人员，处五年以下有期徒刑或者拘役；数额巨大或者有其他严重情节的，处五年以上十年以下有期徒刑；数额特别巨大或者有其他特别严重情节的，处十年以上有期徒刑。

保险事故的鉴定人、证明人、财产评估人故意提供虚假的证明文件，为他人诈骗提供条件的，以保险诈骗的共犯论处。

（2）《中华人民共和国刑法》第287条：利用计算机实施金融诈骗、盗窃、贪污、挪用公款、窃取国家秘密或者其他犯罪的，依照本法有关规定定罪处罚。

论再犯制度与累犯制度的适用

——以毒品犯罪案为例

我国刑法在总则第 65 条和分则第 356 条分别规定了一般累犯与毒品再犯,两个制度的概念和构成要件有部分重叠,又有所区别。《刑法》第 65 条规定:"被判处有期徒刑以上刑罚的犯罪分子,刑罚执行完毕或者赦免以后,在五年以内再犯应当判处有期徒刑以上刑罚之罪的,是累犯,应当从重处罚。"《刑法》第 356 条规定:"因走私、贩卖、运输、制造、非法持有毒品罪被判过刑,又犯本节规定之罪的,从重处罚。"从上述法律规定我们可以看出,毒品再犯与累犯制度在立法和法律适用上都有发生交叉的可能。我国刑事学界与司法领域对于两者适用关系问题的理解一直存有分歧,实践中的认识不一导致了适用标准和裁量方面的差异。在现代社会之中,毒品类犯罪中再犯的比例相对较高,已成为备受关注的社会问题之一。在我国毒品类犯罪的司法过程当中,充斥着再犯制度与累犯制度之间的交叉可能性与适用困惑,本部分根据三个相关的毒品犯罪案件进行分析,试图厘清二者之间的理论关系,为司法实务中的适用选择提供可行的解决方案。

一、案件简介及司法处理结果

(一) "潘某超等人贩卖毒品案"

案情简介

2016年1月底,潘某超与李某菊、付某全夫妇商议分别出资到云南购买海洛因回贵阳等地贩卖。1月30日上午,潘某超、李某菊、付某全与其他两人会合,后一行人驾车到镇雄县交易毒品。同时,其中一人先行来到毕节市青场镇等待接应、运输毒品。同日下午,一行人驾车返回贵阳。1月31日凌晨,警方在毕节市长春堡镇附近拦停其一行人所乘车辆,在其中两人身上缴获毒品共计1050克,并将5人当场抓获。

司法处理结果

2016年11月22日,贵州省毕节市中级人民法院一审作出判决,被告人潘某超、李某菊、付某全犯贩卖、运输毒品罪。其他两人另案处理。一审被告人潘某超、付某全对一审判决不服,提出上诉。潘某超及其辩护人主张"潘某不是主犯"。付某全及其辩护人主张"付某未参与贩卖、运输毒品,事实不清楚、证据不足"。经二审法院审理,案件事实清楚,证据充足,原判定罪准确,量刑适当,审判程序合法,因此对于上诉理由不予采纳,驳回上诉,维持原判。

由于潘某超在2000年4月曾因犯贩卖毒品罪被判处有期徒刑15年,2011年2月刑满释放,李某菊在2009年5月曾因犯非法持有毒品罪被判处有期徒刑7年,2013年6月刑满释放。因此法院在判决书中认定:"潘某超、李某菊均系累犯、毒品再犯,依法应当从重处罚。"

(二)"王某云等人制造毒品案"

案情简介

2014年5月至9月期间,王某云、陆某兵共谋制造毒品,由王某云出资购买制毒原料、设备、租用房屋,陆某兵负责购买设备,租用房屋,后在绵阳市三处出租房内制造毒品冰毒。同年10月,王某云通过QQ邀约李某共同制造冰毒,从廖某军处购买制毒原料苯基丙酮5千克,四人共同制造冰毒。2015年4月,王某云出资安排陆某兵、梁某租用三台县一房屋制造冰毒。2015年5月15日,公安机关在三台县房屋中抓获陆某兵、李某、梁某三人,现场查获冰毒2583克。

司法处理结果

2017年1月5日,四川省绵阳市中级人民法院经审理,判决王某云、陆某兵等人犯制造毒品罪。宣判后,原审被告人王某云、陆某兵等不服,提出上诉。2017年8月28日,四川省高级人民法院经审理认为,原判认定事实和适用法律正确,量刑适当,审判程序合法。驳回上诉,维持原判。

王某云,1981年8月出生,2014年2月20日曾因犯制造毒品罪,被判处有期徒刑1年,缓刑1年。2015年5月16日因涉嫌犯制造毒品罪被刑事拘留,同年6月19日被执行逮捕。

陆某兵,1977年6月出生,2013年10月21日因犯组织未成年人进行违反治安管理活动罪,被判处有期徒刑1年2个月,2014年1月5日刑满释放。2015年5月16日因涉嫌犯制造毒品罪被刑事拘留,同年6月19日被执行逮捕。

同时四川省高级人民法院在判决书中认定:"王某云系毒品再犯,应当从重处罚;陆某兵系累犯,应当从重处罚。"

(三)"徐某等人贩卖毒品案"

案情简介

2016年1月6日,戚某龙、朱某明、刁某武以之前购买的毒品甲基苯丙胺片剂于昆明市官渡区一招待所内与朱某进行毒品交易,后朱某趁抓捕之际逃跑。朱某携带毒品逃离现场后又将毒品贩卖给徐某。徐某除用于自己吸食外,又于2016年1月7日伙同吴某强将毒品贩卖给刘某,并被警察当场抓获。

司法处理结果

2017年3月29日,云南省昆明市中级人民法院经审理认为,戚某龙、朱某明、刁某武、朱某、徐某、吴某强非法贩卖毒品甲基苯丙胺,其行为构成贩卖毒品罪,后戚某龙、朱某明、刁某武、朱某、徐某、吴某强不服,提出上诉。2017年8月20日,云南省高级人民法院对本案进行了审理。经过讯问上诉人以及听取辩护人意见,认为本案事实清楚,决定不开庭审理。现已审理终结。

徐某,1990年4月出生,曾因犯贩卖毒品罪于2008年6月11日被云南省昆明市中级人民法院判处有期徒刑1年6个月,2008年11月刑满释放。因此法院在判决书中认定:"徐某曾因犯贩卖毒品罪被判过刑,但其犯该罪时未满十八周岁,是未成年人,不构成毒品再犯。"

二、关于再犯与累犯制度的问题探讨

(一)毒品再犯与累犯之间是什么关系?

《刑法》第356条规定:"因走私、贩卖、运输、制造、非法持有毒品罪被判过刑,又犯本节规定之罪的,从重处罚。"

《刑法》第 65 条规定："被判处有期徒刑以上刑罚的犯罪分子，刑罚执行完毕或者赦免以后，在五年以内再犯应当判处有期徒刑以上刑罚之罪的，是累犯，应当从重处罚。"

从法律历史渊源上来看，毒品再犯和累犯制度并无直接的相关关系。在我国刑法中没有普遍性处罚再犯的规定。基于对严厉打击毒品犯罪的需要，《刑法》第 356 条作出了特别规定："因走私、贩卖、运输、制造、非法持有毒品罪被判过刑，又犯本节规定之罪的，从重处罚。"这是分则当中唯一针对再犯从重处罚的条款。而总则当中累犯制度的规定与毒品再犯存在内涵与外延的重合之处，这不可避免地带来了一定的实践困难。

从构成要件上来看，二者有高度重叠的交叉关系，但是又有所不同。对比累犯与毒品再犯的立法规定，二者形式上的关系是：①前罪与后罪均需被判处刑罚，毒品再犯对前后罪刑种方面没有要求，可以包括管制、拘役，但累犯要求前后罪的刑罚都必须在"有期徒刑以上"。②前罪与后罪均为故意犯罪，毒品再犯制度中前罪与后罪必须都是毒品犯罪，至于前罪和后罪的情节是否严重，则不影响毒品再犯的成立。③累犯制度中前罪与后罪的间隔有一定要求，"刑罚执行完毕或者赦免以后，在五年以内再犯应当判处有期徒刑以上刑罚之罪"，而《刑法》第 356 条的毒品再犯中并没有时间的要求。④认定后的法律结果不同。《刑法》第 356 条对于毒品再犯的规定是"从重处罚"，而如果判决时确定被告人系累犯，被告人将要面对"不得缓刑和假释"的处罚。

从刑法目的角度看，这两种制度有极大的重合性。不论行为人构成毒品再犯还是一般累犯，对后罪的从重处罚，都是基于其犯有前罪且已经体验刑罚处罚却仍然再度实施犯罪所产生的更为严重的人身危险性。[1]概言之,毒品再犯与累犯制度法定化的核心价值是将行为人无视以往刑罚的体验而再次犯罪作为对后罪从重处罚的根据。据此,对于毒品再犯或累犯的认定,本质上都是针对无视刑罚体验而再次犯罪这一事实的评价,通过对后罪的从重处罚来实现这一否定评价,因而既不影响对前罪所判处的刑罚,更非是对前罪的再次评价,只是针对行为人无视先前刑罚体验而再度犯罪这一事实在整体上所作的否定评价。

有学者认为,毒品再犯和毒品类犯罪累犯是具有交叉关系的法条竞合。在符合"共同的罪质条件"的情况下,毒品累犯制度的内涵比毒品再犯制度的内涵更为丰富,而毒品再犯制度的外延则宽于毒品累犯制度的外延。因此,符合毒品累犯成立条件的行为一定同时符合毒品再犯的成立条件,但符合毒品再犯成立条件的行为却不一定符合毒品累犯的成立条件,即符合毒品再犯制度规定的行为包括构成毒品累犯与不构成毒品累犯两种情形。由此可见,在符合"共同的罪质条件"的情况下,两者的关系为特别关系之法条竞合,规定毒品再犯的法条是普通法条,而规定累犯的法条是特别法条。若我们采用倒推的方法来验证,假设累犯为普通法条,毒品再犯为特殊法条,则会产生这样一种情况:当被告人甲的犯罪构成同时满足毒品再犯和累犯的要件,另一个被告人乙的犯罪构成只满足累犯的要件时,本着优先适用特殊法条的原则,应对甲适用毒品再犯的规定从重处罚,而对乙则应适用累犯的规定从重处罚且不能缓刑和假释。在"王某云等人制造毒品案"中,被告人王某云的行为在形式上同时符合毒品再犯和累犯的构成要件,而被告人陆

---

[1] 李炜、华肖:"论毒品再犯与一般累犯之适用关系",载《法学》2011年第9期。

某兵在形式上只符合累犯的构成要件。因此，四川省高级人民法院在判决书中认定："王某云系毒品再犯，应当从重处罚；陆某兵系累犯，应当从重处罚。"但是，法院对于两个被告人不同的定性会造成刑罚执行的问题。根据立法相关规定，王某云仅仅是"从重处罚"，而陆某兵则要面对"不得缓刑和假释"的处罚。很明显，这种对毒品再犯和累犯二者关系的理解不符合社会大众的一般心理预期和国家从严打击毒品犯罪的现实要求。但是，如果我们采用"毒品再犯和毒品类犯罪累犯是具有交叉关系的法条竞合"这个观点，将累犯看作特殊法条，将毒品再犯看作普通法条，本着优先适用特殊法条的原则，在本案中，王某云应该适用累犯的相关规定，与陆某兵一样不得缓刑和假释。这样更符合社会一般大众对于公平正义的预期和理解。因此，从这个角度来看，应该认定二者为具有交叉关系的法条竞合，且其中累犯为特殊法条，毒品再犯为普通法条，可以更好地维护实体正义。

(二) 审判机关对同时满足再犯和累犯要件的犯罪行为应当如何处理？

在现今的司法实践当中，毒品案件的当事人如若同时构成再犯和累犯，怎样援引法律进行判决也是待解决的一个问题。这一问题的解决可以使司法审判机关更准确地作出判决，维护法律适用的统一性和司法尊严。另一方面，"是毒品再犯还是累犯"不仅仅是一个字面上的"名头"问题，更是关乎被告人切身利益的实际问题，因为《刑法》第356条对于毒品再犯的规定是"从重处罚"，而如果在判决时确定被告人系累犯，则被告人要面对"不得缓刑和假释"的处罚。随着时代和法治的不断发展，厘清这样的适用问题更是促进刑事审判过程当中对于人权的保护。

对于被告人同时构成毒品再犯和累犯的这种情况，我国司法机关一直有相关的处理意见。2000年，最高人民法院出台的《全国法院审理毒品犯罪案件工作座谈会纪要》指出："对依法同时构成再犯和累犯的被告人，今后一律适用刑法第三百五十六条规定的再犯条款从重处罚，不再援引刑法关于累犯的条款。"该司法解释认为，当毒品再犯与累犯竞合时，应当一律援引毒品再犯的相关规定。存在的疑问是：累犯是社会危害性更加严重的犯罪，这种社会危害性不仅体现在客观行为上，更是主观的一种恶性，所以刑法不仅"应当从重处罚"，而且还应当对其限制减刑，不得缓刑与假释。否则，就会造成这样一种局面：甲是故意伤害罪的累犯，乙是毒品犯罪的累犯，根据法律规定与司法解释，甲应当从重处罚，对其限制减刑，不得缓刑与假释。而乙只是从重处罚，没有其他的限制规定。这样的适用导致了同是累犯但处罚程度却大相径庭，可能让更多的人去规避法律的风险，使更多的人成为处罚程度相对很轻的毒品的累犯，所以，此司法解释是不妥当的。2008年，最高人民法院出台的《全国部分法院审理毒品犯罪案件工作座谈会纪要》指出："对同时构成累犯和毒品再犯的被告人，应当同时引用刑法关于累犯和毒品再犯的条款从重处罚。"此司法解释违背了禁止重复评价原则，既然已经评价甲是毒品犯罪的再犯这样一个加重量刑情节，就不能再对其作为毒品的累犯进行第二次评价，否则便是重复评价，对犯罪人应有的权利造成了损害，明明是"轻"罪却判"重"刑。所以，这个司法解释也是不够妥当的。2015年，最高人民法院出台的《全国部分法院审理毒品犯罪案件工作座谈会纪要》沿用了"同时引用刑法关于累犯和毒品再犯的条款"的规定，只是要求在量刑时不得重复进行从重处罚，其虽较前者有所进步，但仍是对同一行为进行了两次评价。例如在"潘某超等人贩卖毒品案"中,法院在给出的判决书当中认定:"潘某超、李某菊均系累犯、毒品再犯,依法应当从重处罚。"法院严格执行了2015年最高人民法院出台的《全国部分法院审理毒品犯罪案件工作座谈会纪要》,但潘某超、李某菊只有一个贩卖、运输毒品的行为,然而却因此同时被定性为累犯和毒品再犯。审判机关"同时引用"的规定虽然在结果上达到了罪刑均衡和禁止重复处罚的要求,但还是没有从根本上解决《刑法》第356条的问题。在"王某云等人制造毒品案"中,被告人王某云犯前罪时是成年人,且前罪是制造毒品罪,被判处有期徒刑1年,在后5年内又犯毒品类犯罪,前后罪相隔一年。在形式上同时符合毒品再犯和累犯的构成要件;被告人陆某兵犯前罪时是成年人,前罪是组织未成年人进行违反治安管理活动罪,被判处有期徒刑1年2个月,5年内又犯制造毒品罪,前后罪相隔2年。其在形式上符合累犯的构成要件。因此,四川省高级人民法院在判决书中认定:"王某云系毒品再犯,应当从重处罚;陆某兵系累犯,应当从重处罚。"但是,法院对于两个被告人不同的定性会造成刑罚执行的问题,根据前述的相关背景和刑法总则关于累犯的规定和第356条对于毒品再犯的规定,王某云仅仅是"从重处罚",而陆某兵则要面对"不得缓刑和假释"的处罚。

在毒品再犯与累犯竞合时,司法解释存在一定的缺陷,学者的观点有以下几种:一是要求修改现行刑法或将原因归结为刑法立法的不完善,如"应修改《刑法》第三百五十六条毒品再犯的规定,在刑法总则中增设有关毒品犯罪累犯的规定";[1]"在我国刑法中应明确规定毒品累犯";"毒品再犯制度的尴尬处

---

[1] 郭毅涛:"对毒品再犯不应适用缓刑",载《检察日报》2003年第9期。

境，在很大程度上是立法的责任"等。这样的观点实质上是将一切责任归结、推卸给立法，而不去真正地思考如何更好地适用法律。二是适用再犯的规定并且宣告其为累犯或者只增加累犯相关的限制以及消极的条款，如"法官应适用《刑法》第三百五十六条规定的再犯从重处罚，同时在判决书中确认一般累犯情节"；"尽管在选择适用法条时要援引《刑法》第三百五十六条对毒品再犯的'从重处罚'规定，但却仍然要考虑同时触犯第五十六条而构成累犯的情形，也应按照《刑法》第七十四条、第八十一条对累犯的禁止性条款，对符合累犯条件的毒品犯罪分子不得适用缓刑和假释"。其实，这种观点正是一种重复评价的行为。如前文所述，禁止重复评价原则要求同一个犯罪构成事实不得在定罪中作两次评价，既然已经评价甲是毒品的再犯这个加重量刑情节，就不能再对毒品的累犯进行第二次加重量刑的评价。三是只认定为毒品再犯，如"行为人曾犯贩卖毒品罪，非法持有毒品罪数罪并罚，在刑罚执行五年以后又犯贩卖毒品罪的，应当在整体上评价为一个毒品再犯情节"；"按照特别法优于普通法的原则，应当按照刑法分则第三百五十六条的规定处罚"。这种观点是将再犯认定为累犯的特别情况，犯了逻辑错误。例如，如果甲是累犯，那么他肯定是再犯；如果甲是再犯，那么他是否是累犯？答案显然是否定的。如果甲犯毒品罪被判处有期徒刑1年，出狱后的第10年又犯毒品罪时，甲确实是再犯，但他不是累犯。因此，累犯与再犯应当是被包含与包含的关系。另一方面，刑法分则的犯罪数量众多，每个犯罪都可能出现再犯的情形，但不可能都出现累犯的情形。其中，可能是某些犯罪最高刑没有达到有期徒刑。比如，危险驾驶罪只有拘役的刑罚，其肯定会有再犯的情况发生，但其无论如何也不构成累犯。四是只认定为累犯，"如果符合累犯规定的，应当首先适用累犯规定，如果不符合累犯规定但符合毒品再犯规定的，应当适用毒品再犯的规定"；"对于符合累犯条件的，必须适用总则关于累犯的条款，而不再适用《刑法》第三百五十六条。易言之，《刑法》第三百五十六条应仅适用于不符合条件的毒品再犯"。

  笔者认为，解决这个问题需先厘清累犯和毒品再犯的关系，我们经过之前的讨论确定了累犯为特别法条，毒品再犯为普通法条，二者是特殊的法条竞合关系，可以据此关系来确定适用规则。一般认为，法条竞合是指某一行为同时符合刑法规定的数个法条，但最终只能适用其中某一个法条而当然地排除其他法条的适用。一方面，在法条竞合的情形下，虽然有若干个可供选用的法条，但是仅有一个行为，因此法条竞合系单纯的一罪；[1]另一方面，法条竞合终究只有一个法条被适用，而参与竞合的其他法条被排除适用，并且被排除之法条不出现在有罪判决中。在特别关系法条竞合中，当行为同时符合普通法条和特别法条的规定时，只能适用其中的一个法条。由于特别法条记载了普通法条的全部违法与责任要素，因此一方面，只有适用特别法条才能实现对行为犯罪性的完整评价；另一方面，只要适用特别法条就已经对行为的犯罪性做出了完整评价。[2]特别关系的法条竞合的适用规则有两条：①特别法条优先（坚持完整评价）；②出于禁止双重评价的原则，排除普通法条的适用，即"在存在法条单一情况下，被排除的法律必须完全不予考虑"。所以，综上所述，对于被告人同时构成毒品再犯和累犯的这种情况，应当优先适用累犯的条款，从重处罚且不得缓刑和假释，同时在判决书当中排除毒品再犯的适用，以免重复评价一个

---

[1] 陈兴良："刑法竞合论"，载《法商研究》2006年第2期。
[2] 张明楷："法条竞合与想象竞合的区分"，载《法学研究》2016年第1期。

行为。

(三) 未成年人应不应该构成毒品再犯？

由于立法不甚明确和毒品犯罪"从重从严"与未成年人犯罪"从轻从宽"处理原则之冲突，未成年人究竟可不可以构成毒品再犯依旧是一个未有定论之问题，在司法实践当中存在着争议。迄今为止，包括法律法规、司法解释、座谈会纪要在内的规范性文件均未对未成年人这一特殊主体能否构成毒品再犯作出明确回应。因此，各法律职业者基于各自的立场和目的，根据不同的理念和解释逻辑，将意见分成"应该构成"和"不应该构成"两种。不可否认的是，每一种意见都有合理且可自圆其说的理由。基于犯罪主体的特殊性、我国宽严相济刑事政策贯彻执行等相关问题，我们有必要对这个问题进行厘清和作出定论，以裨于今后相关司法法律适用和促进法律体系的完善。

主张"未成年人应该构成毒品再犯"的学者认为，认定"未成年人可以构成毒品再犯"符合罪刑法定原则，即一般累犯排除未成年构成主体并不能得出毒品再犯也应排除适用的结论。《刑法修正案（八）》将《刑法》第 65 条第 1 款修改为："被判处有期徒刑以上刑罚的犯罪分子，刑罚执行完毕或者赦免以后，在五年以内再犯应当判处有期徒刑以上刑罚之罪的，是累犯，应当从重处罚，但是过失犯罪和不满十八周岁的人犯罪的除外。"而刑法在关于特殊累犯、毒品再犯的相关规定中，却并未明确排除未成年构成的立法例。从一般累犯与特殊累犯、毒品再犯的逻辑关系来看，二者系交叉关系，即构成特殊累犯、毒品再犯的主体与构成一般累犯的主体不存在包含与被包含的关系。故一般累犯的排除条件不能当然地适用于毒品再犯。最后，国际司法规则不能作为我国刑法的渊源直接适用于司法实践。为保护未成年人合法权益，我国先后颁布实施了《未成年人保护法》和《预防未成年人犯罪法》,2012 年修改的《刑事诉讼法》设专章规定了"未成年人刑事案件诉讼程序",并先后参与制定或加入了联合国《少年司法最低限度标准规则》《预防少年犯罪准则》和《儿童权利公约》等国际社会重要法律文件。其中,联合国《少年司法最低限度标准规则》第 21 条规定了"少年罪犯的档案不得在其后的成人诉讼案中加以引用"。我国《刑法》第 9 条规定:"对于中华人民共和国缔结或者参加的国际条约所规定的罪行,中华人民共和国在所承担条约义务的范围内行使刑事管辖权的,适用本法。"故国际条约不能直接作为刑法渊源,我国的刑法渊源是以现行刑法及附属刑法条款作为司法裁判依据的。作为缔约国,我国可以通过修改法律来与缔结的国际条约相适应。但在修改我国现行刑法规定之前,司法机关不能直接引用国际条约来对我国现行的案件作出裁判。作为司法解释来说,亦不能引用该条款来突破我国现有的法律规定,因为我国签订的国际规则不是我国刑法的法律渊源。根据罪刑法定原则,《刑法》第 365 条中并没有对毒品再犯的年龄作出相应规定,所以从形式上来说,并不能想当然地排除未成年人可以构成毒品再犯的可能性。然而,由于体系解释和法律适用问题,有一部分法院判决中把未成年人排除出毒品再犯的范围,比如在"徐某等人贩卖毒品案"中,当事人徐某在犯罪时系未成年人。判决书中有这样的表达:"徐某曾因犯贩卖毒品罪被判过刑,但其犯该罪时未满十八周岁,是未成年人,不构成毒品再犯。"很明显,法院认为徐某因为是未成年人而不可构成毒品再犯。单纯从罪刑法定原则来讲,这样的判决理由难免有缺乏条文依据之嫌疑。虽然在法律当中没有明确规定未成年人不可构成毒品再犯,但是该案的判决有一定的理论和实际效果的考量。从这个角度讨论,笔者和此法院的意见相同,认为未成年人不应该构成毒品再犯。

主张"未成年人不应该构成毒品再犯"的学者以未成年人不应构成毒品再犯这一相同的立场为出发点，从不同的角度对此进行了不同程度的论证与说理。其中最有影响的论证思路有两种：一是以法条竞合理论为基础，通过分析毒品累犯与毒品再犯发生竞合时的法律关系，进而在论证毒品累犯为特别法条应予优先适用的情况下，再依据《刑法》第65条的规定排除未成年人构成毒品再犯的可能性。该种论者以例证论证，在前罪为走私、贩卖、运输、制造或非法持有毒品罪，后罪为《刑法》第六章第七节规定之罪的情况下，毒品累犯制度的内涵要比毒品再犯丰富，其外延要比毒品再犯窄。因而在行为同时符合毒品累犯和毒品再犯的规定时，两者的关系便为特别关系之法条竞合。其中，毒品累犯为特别法条，毒品再犯为普通法条。另外，毒品累犯的法律后果要比毒品再犯更为严厉。那么，"根据特别关系法条竞合适用原则，既然刑法明确规定不得适用处罚更严厉的特别法条，那么自然也不得适用处罚相对更为轻缓的普通法条"。二是以刑事诉讼法设立的未成年人犯罪记录封存制度为依据，强调犯罪记录封存的效力，以该制度的立法精神为依托，通过"合理解释"推出未成年人在犯罪记录封存的语境下不能构成毒品再犯的结论。此两种论证思路所得出的结论相同，均认为未成年人不能（也不应）构成毒品再犯。该观点以近些年刑法和刑事诉讼法的修改为依据，认为：①犯罪记录封存制度及未成年人免除前科报告义务的规定，体现了对未成年人"教育、感化、挽救"的刑事政策，这是刑事司法所应当遵循的立法精神；②对上述制度的解释，应当符合立法精神，不应当以办案需要为由，做出对未成年人不利的解释，即"未成年人的毒品犯罪记录不应当对其以后的生活、工作等方面产生不利影响",强调司法机关的保密义务。

　　笔者认为,对于未成年人为什么不应该构成毒品再犯,这个问题应该从理论层面和实质效果两个方面进行论证。从理论上来看,我们已经讨论过两者的关系为特别关系的法条竞合,其中毒品累犯为特别法条,毒品再犯为普通法条。如果特别法条已经排除了未成年人的主体构成资格,那么毒品再犯也应排除未成年人。笔者认为,应该从刑事立法的角度,把握两项制度设立的意义和所要发挥的作用,同时结合当然解释的基本原理及罪责刑相适应原则,便可以自然而然地为未成年人不构成毒品再犯寻找到理论上的解释路径。由于禁止重复评价原则的限制,再次犯罪可以作为后罪从重处罚情节的处理方式并没有在所有犯罪中得到贯彻,而只是基于打击和预防犯罪的需要,对某些特殊行为进行了规定,因此便形成了递进式的对再次犯罪的刑法评价体系。通过前文的梳理,并结合各项制度的内涵和外延,我们可以看出,累犯是再犯的特殊情形,其只是从罪质、罪过、时间、法定刑等方面对再犯进行了一定的限缩,也即累犯是再犯的一种特殊情形。而毒品再犯是再犯的下位概念,只是对前后罪在罪质方面做了特殊要求,是特别再犯。从范围来看,累犯与毒品再犯同属再犯的下位概念,两者之间是交叉关系,而这种内在联系使得累犯与毒品再犯之间的比较和推理富有意义。由于刑法对累犯和毒品再犯规定了不同的构成条件,因而两者在某些方面便表现出了大小、轻重的不同。从人身危险性考察的角度来看,累犯的特殊预防必要性要大于毒品再犯;从制度设计的内涵来看,累犯的构成条件要严于毒品再犯,也即前者的有责性要重于后者;从法律后果的角度来看,刑法赋予累犯的不利后果要重于毒品再犯,因为前者不能宣告缓刑和适用假释。也就是说,累犯的刑法评价和刑罚后果均要重于毒品再犯。就未成年人能否构成累犯来说，结论显然是否定的。那么根据刑法举重以明轻的当然解释原理，既然未成年人的重行为没有成为法定从重处罚的情节，那么相对的轻行为就更不应成为从重处罚的情节，刑法既然不严惩未成年人的累犯行为，就更不会严惩其毒品再犯行为。也就是说，依据刑法当然解释的原理，未成年人在不构成累犯时，也当然地排除了其成立毒品再犯的可能性。为了更直观地理解上述推论，我们不妨通过设想极端案例的方式，对未成年人不构成累犯便当然不构成毒品再犯的解释结论进行进一步的说明。未成年人不构成毒品再犯符合罪责刑相适应原则。

我国《刑法》第5条明确规定"刑罚的轻重，应当与犯罪分子所犯罪行和承担的刑事责任相适应"，理论上将其称为罪责刑相适应原则，强调犯罪人所要承担的刑罚应当与其行为的社会危害性程度和刑事责任的大小相适应，做到重罪重罚、轻罪轻罚，罪刑相当、罚当其罪。而对刑事责任进行判断的基础性前提是对刑事责任能力的认定。刑事责任能力主要反映的是行为人对其自身行为的认识和控制能力，其受行为人生理和智力两方面因素的影响。在没有精神疾病等病理性因素导致行为人刑事责任能力减弱或丧失的情况下，刑事责任能力判断的主要依据是主体的年龄大小，不考虑极端案例，人的认知和控制能力会随着年龄的增长而增强。基于此，我国刑法以年龄大小为划分标准，将全体公民划分为无刑事责任能力人、限制刑事责任能力人和完全刑事责任能力人三类。由此可见，刑事责任能力不仅存在有无的问题，更有能力强弱的差别。因而，在具体的刑罚安排上，对未成年犯罪人作出有别于成年犯罪人的处罚规定，便是罪责刑相适应原则的应有之义。

从实质效果来说，如果我们在司法中确认未成年人可以构成毒品再犯，实际上是加重了未成年人犯后罪时的处罚，那么这种"加重"有没有可能实现打击毒品犯罪的效果呢？自20世纪90年代开始，我国对于未成年人毒品犯罪的处罚呈现出逐步严厉的趋势，包括刑事责任年龄降低、入罪标准放宽、毒品再犯从重处罚、刑法适用严厉等。然而，未成年人毒品犯罪的数量并没有像预期那样下降，反而有增多的趋势。2019年6月25日，在最高人民检察院召开的"充分发挥检察职能，依法惩治和预防毒品犯罪"主题新闻发布会上，最高人民检察院第二检察厅副厅长黄卫平就未成年人毒品犯罪问题和如何有效惩治和预防作了相关介绍。黄卫平介绍，当前我国毒品犯罪在重点地区的问题仍然突出，其中未成年人毒品犯罪有增多趋势，社会影响恶劣。关于未成年人毒品犯罪从严刑事政策的实施效果也有相关的研究。比如，西南政法大学的袁林教授以某省法院系统近十年的判决情况为样本，以"影响犯罪因素的相关性分析"作为基本研究方法，将未成年人毒品犯罪与从严刑事政策（影响因素）作为两个变量，通过统计分析从严刑事政策实施后未成年人毒品犯罪数量、类型结构的变化等，客观检验从严刑事政策与未成年人毒品犯罪治理的相关性。该研究发现，和预期的结果不同，惩罚力度越大，未成年人毒品犯罪反而越多。基于此，他提出放弃从严刑事政策并转向适度舒缓刑事政策的改革思路，只有增强未成年人毒品犯罪刑事政策的回应性和包容性，才能走出"惩罚越严，犯罪率越高"的治理困境。[1]

综上所述，我们可以看出，严厉打击的政策并未能有效达成治理未成年人毒品犯罪的目的。从严的刑事政策缺乏客观的验证和科学的理论解释，过于迷信惩罚和约束改正的相关性，

---

〔1〕 袁林："我国未成年人毒品犯罪从严刑事政策的检验和修正"，载《西南政法大学学报》2015年第7期。

也背离了实事求是的基本原则。笔者认为，一味"加重"刑罚并不能有效地预防犯罪，必须寻求其他的有效治理办法。根据从严刑事政策与未成年人毒品犯罪治理的负相关性，有必要将未成年人排除毒品再犯的构成主体范围，执行对未成年人的宽缓原则，可以扩大针对未成年人毒品类犯罪行为的非监禁刑适用范围。根据本部分的分析与梳理，从构成要件、评价角度和刑法目的等角度来看，毒品累犯制度的内涵比毒品再犯制度的内涵更为丰富，而毒品再犯制度的外延宽于毒品累犯制度的外延，二者是具有特殊交叉关系的法条竞合，且毒品再犯的法条是普通法条，而规定累犯的法条是特别法条。而对于被告人同时构成毒品再犯和累犯的情况，我国司法机关一直有相关的处理意见，但均未达到清晰且符合刑法体系与原则的要求。如果确定二者是特殊关系的法条竞合，那么根据特别法条的使用规则，应当优先适用累犯的条款，从重处罚且不得缓刑和假释，同时，在判决书当中排除毒品再犯的适用，以免重复评价一个行为。当然，随之而来的问题是"未成年人应不应该构成毒品再犯"，首先已经讨论过毒品累犯为特别法条，毒品再犯为普通法条，因此，如果特别法条已经排除了未成年人的主体构成资格，那么毒品再犯也应排除未成年人。其次，通过最高人民检察院的报告和袁林教授的研究，可以发现严厉打击的政策并未能有效达成治理未成年人毒品犯罪的目的。

三、法律依据

（1）《中华人民共和国刑法》第65条：被判处有期徒刑以上刑罚的犯罪分子，刑罚执行完毕或者赦免以后，在五年以内再犯应当判处有期徒刑以上刑罚之罪的，是累犯，应当从重处罚，但是过失犯罪和不满十八周岁的人犯罪的除外。前款规定的期限,对于被假释的犯罪分子,从假释期满之日起计算。

(2)《中华人民共和国刑法》第66条:危害国家安全犯罪、恐怖活动犯罪、黑社会性质的组织犯罪的犯罪分子,在刑罚执行完毕或者赦免以后,在任何时候再犯上述任一类罪的,都以累犯论处。

(3)《中华人民共和国刑法》第74条:对于累犯和犯罪集团的首要分子,不适用缓刑。

(4)《中华人民共和国刑法》第356条:因走私、贩卖、运输、制造、非法持有毒品罪被判过刑,又犯本节规定之罪的,从重处罚。

论我国的自首制度及其司法适用

我国《刑法》规定"犯罪后自动投案,如实供述自己的罪行的,是自首",同时规定,"被采取强制措施的犯罪嫌疑人、被告人和正在服刑的罪犯,如实供述司法机关还未掌握的本人其他罪行的,以自首论"。在司法实践中,就自首的本质、自首的处罚根据等方面的理解和把握各界还存在争议,司法解释所列举的典型自首情形无法穷尽实践中的各种情形,导致认定个案中的犯罪嫌疑人是否构成自首仍然存在选择困难。自首的本质是判定自首成立的标准。把握自首的本质,不能依靠直观感受,也不能把自首的构成要件进行简单的排列组合,而是要从诸要件中提炼、领悟其更深层次的内容,从千差万别的自首行为表现形式中寻找自首行为的本质。在此,笔者选取了几个典型案例,对我国自首制度的立法和司法适用问题进行分析,并提出自首条件的判断标准。

一、案情简介及司法处理结果

(一)"李某奎强奸杀人案"

案情简介

2009年5月14日,云南省巧家县茂租乡鹦哥村村民李某国(李某奎兄长)与陈某金(王某飞母亲)因收取水管费的琐事发生争吵,进而动手打架,陈某金称李某奎家人曾于2007年托人到陈家说媒，但遭到陈家拒绝，为此两家积有矛盾。因感情纠纷一直想报复王某飞的李某奎在得知家人与王家发生争执后，随即从四川西昌赶回巧家县茂租乡鹦哥村，5月16日下午1点在王某礼（王某飞父亲）家门口遇到王某飞（18岁）及其弟王某红（3岁），李某奎就两家的纠纷同王某飞发生争吵抓打，抓打过程中李某奎将王某飞裤裆撕烂，并在王某飞家厨房门口将王某飞掐晕后实施强奸。王某飞在遭到李某奎的强暴后被其用锄头敲打致死，并随后被拖至内屋，年仅3岁的王某红被李某奎倒提摔死在铁门门口，李某奎随后将姐弟二人用绳子把脖子勒紧，并在制造血案之后逃离现场。经鉴定，王某飞、王某红均系颅内损伤伴机械性窒息死亡。李某奎于2009年5月20日在逃至四川省普格县时向城南派出所投案自首，被采取刑事拘留措施，同年6月3日被批准逮捕关押在巧家县看守所。

司法处理结果

2010年7月15日，云南省昭通市中级人民法院经审理查明，被告人李某奎犯强奸杀人罪，手段特别凶残、情节特别恶劣、后果特别严重，其罪行极其严重，社会危害极大，应依法严惩。虽李某奎有自首情节，但不足以对其从轻处罚，认定李某奎犯故意杀人罪，判处死刑，剥夺政治权利终身；犯强奸罪，判处有期徒刑5年。决定执行死刑，剥夺政治权利终身。赔偿家属王某礼、陈某金经济损失3万元。

2011年3月4日，云南省高级人民法院经审理认为，原判中认定事实清楚，定罪准确，审判程序合法，但量刑过重。李某奎在犯案后到公安机关投案自首，并如实供述犯罪事实，其具有自首情节，认罪、悔罪态度好，积极赔偿受害人家属经济损失。判处李某奎判处死刑缓期二年执行。云南省高级人民法院的死缓终审判决结果,在家属之间引起轩然大波,受害人家属向相关部门正式提出不服判决,向法院申诉,要求启动审判监督程序,撤销终审判决,依法再审判处执行李某奎死刑。2011年7月6号,云南省高级人民法院首次对"李某奎强奸杀人案"作出回应。云南省高级人民法院新闻发言人田成有表示,案件本身事实清楚、审判程序合法,改判有事实、法律和刑事政策的依据。之所以有争议,主要是对国家的刑事政策及法律的基本精神存在认识上的差异。

2011年7月16日,云南省高级人民法院向"李某奎强奸杀人案"被害人家属送达了再审决定书,另行组成合议庭进行再审。云南省高级人民法院认为对原审被告人李某奎的量刑偏轻,应当予以再审。再审理由是:判决发生法律效力后,原审附带民事诉讼原告人王某礼、陈某金不服,向本院提出申诉。本院及时对案件进行了审查。审查期间,云南省人民检察院向本院提出检察建议,认为本院对原审被告人李某奎的量刑偏轻,应当予以再审。经审查,云南省高级人民法院院长认为该案有必要予以再审,于2011年7月10日提交审判委员会讨论决定,依照审判监督程序进行再审。根据《刑事诉讼法》第204条第3项、第205条第1款及《最高人民法院关于执行〈中华人民共和国刑事诉讼法〉若干问题的解释》第302条、第304条的规定,决定如下,该案由云南省高级人民法院另行组成合议庭再审,同时指出在再审期间不停止原判决的执行。

2011年8月22日,云南省高级人民法院依照审判监督程序再审了"李某奎强奸杀人案"。再审认为,被告人李某奎因求婚不成及家人的其他琐事纠纷产生报复他人之念,强奸、杀害王某飞后,又残忍杀害王某飞年仅3岁的弟弟王某红,其行为已分别构成强奸罪、故意杀人罪,且犯罪手段特别残忍,情节特别恶劣,后果特别严重,社会危害极大,不足以对其从轻处罚。当庭宣判:撤销原二审的死缓判决,改判李某奎死刑,剥夺政治权利终身,并依法报请最高人民法院核准。

2011年9月29日,经最高人民法院核准,李某奎在云南省昭通市被依法执行死刑。

(二)"孙某业等人故意杀人案"

案情简介

2010年3月28日6时许,被害人胡某军(殁年35岁)因自家小羊走失一事至邻居被告人孙某友家质问,双方发生争执,被告人孙某友遭到被害人胡某军的殴打。后经当地公安机关调处,双方回到各自的租住处。被告人孙某友将自己遭到胡某军殴打一事告诉了其儿子(即被告人孙某业)。当日中午,当被告人孙某业得知其父亲孙某友再次遭到胡某军家人的殴打后,即电话联系陈某(另案处理)纠集人员报复。当陈某纠集人员赶到被告人孙某友租住处后,被告人孙某业持尖刀、被告人孙某友持菜刀冲至胡某军租住处,将被害人胡某军逼入查桥山河村兴塘蔬菜地胡某华(胡某军哥哥)家中进行殴打。期间,被告人孙某业持尖刀对被害人胡某军胸背部等处刺戳数刀,被告人孙某友按住被害人胡某军的双肩,被害人胡某军被刺后经抢救无效死亡。被告人孙某业和孙某友在与被害人及其亲属打斗过程中皆受伤。被告人孙某业在将被害人胡某军刺伤后,与被告人孙某友先后回到孙某友租住处。后孙某友见胡某军的小舅子在其屋外路上打电话,担心他可能又喊人前来打架,从而会进一步伤及自身及家人,遂打电话向110报警,称有人打架,并有人受伤,需要120救护车。打完电话之后,二被告人出门等候警车前来。在此过程中,被告人孙某友还受到了被害人亲属的袭击，眼部受伤。二被告人在路上拦下接报而来的警车后先被送往医院救治，后分别到案接受审查，二被告人均如实供述了自己的犯罪行为。

司法处理结果

无锡市人民检察院指控，被告人孙某业、孙某友持械聚众斗殴致一人死亡，应当以故意杀人罪追究其刑事责任。被告人孙某业及其辩护人提出的主要辩解、辩护意见是：孙某业在案发后能主动投案，应认定其自首；被害人胡某军具有重大过错。请求对孙某业予以从宽处理。被告人孙某友及其辩护人提出的主要辩解、辩护意见是：孙某友在案发后能主动投案，应认定其自首；孙某友的行为不构成故意杀人罪，应认定其构成聚众斗殴罪；被害人胡某军具有重大过错。请求对孙某友予以从宽处理。

江苏省无锡市中级人民法院经审理认为，被告人孙某业、孙某友故意非法剥夺他人生命，致一人死亡，其行为均已构成故意杀人罪。被告人孙某业、孙某友案发后能主动投案，并能如实供述自己的犯罪事实，系自首。被害人在无证据证实其小羊走失系被告人孙某友所为的情况下，两次殴打孙某友，具有明显过错。被告人孙某业、孙某友的近亲属能积极代为赔偿，并获得了被害人近亲属的谅解。被告人孙某业在共同犯罪中系主犯，被告人孙某友在共同犯罪中起次要作用，系从犯。综合二被告人的犯罪事实与情节，决定对被告人孙某业予以从轻处罚，对被告人孙某友予以较大幅度的减轻处罚。据此，依照《刑法》第232条，第67条第1款，第25条第1款，第26条第1、4款，第27条，第56条第1款之规定，作出判决：被告人孙某业犯故意杀人罪，判处有期徒刑12年，剥夺政治权利3年；被告人孙某友犯故意杀人罪,判处有期徒刑3年。一审宣判后,被告人孙某业、孙某友均未提出上诉,无锡市人民检察院未提起抗诉,判决已发生法律效力。

(三)"吉某春持枪杀人案"

案情简介

吉某春,二级警督,属于配枪范围人员。2009年2月13日,吉某春与朋友在一起吃饭饮酒,酗酒后(案发后对其做血液中酒精含量的测试数值高达208)后,驾驶私家轿车到蒙自县天竺路"官恒花园"住宅区找朋友办事。倒车时,差点撞上住户潘某的轿车,双方发生争吵。吉某春倒车下坡,因饮酒过多,已不能正常驾驶,在倒车的过程中车辆严重偏移主干道,在倒车至斜坡2/3时,左后轮已经悬空,且离被害人潘某的车只有2厘米的距离。此时,吉某春的朋友喊:"快停车,你的车要撞到别人的车啦。"受害人的妻子也看到了这一幕,就上前对吉某春说:"唉!慢点,小心撞着我的车!"吉某春的朋友找到一块石头帮吉某春垫住后轮,防止车辆下滑,并让受害人的妻子把受害人潘某叫出来帮其倒车。就在这时,吉某春在车里大骂:"谁把车开来这里挡着老子的路?"并打开车门下车与刚从家里出来的潘某理论。在理论的过程中,吉某春首先对潘某进行肢体侵犯从而引起双方打斗,在厮打中,吉某春的鼻子出了血。这时,吉某春的朋友和受害人的妻子赶忙上前把双方拉开。吉某春忽然从腰间拔出手枪对准潘某的胸口连开了三枪,分别打中受害人左颈部(导致动脉血管被打断,并从颈部后方穿出,在地上留下一弹坑)左胸口和左腰部(导致肝脏被震裂)。当时双方的距离不到50厘米远,潘某来不及躲闪。枪声响后,潘某一头倒在地上。因为事情发生得非常突然,等到受害人的妻子明白过来冲上前搀扶地上的潘某时，很快发现潘某的胸口不断喷出血来。看到潘某已经不行了，身着便衣的警察吉某春不仅没有逃走，反而一声不吭地坐在地上了。几分钟后，110民警闻讯赶到，迅速将开枪民警控制后带离现场，随后赶到的120急救人员火速对潘某实施抢救，但伤势过重的潘某在送往医院的途中离开了人世。

司法处理结果

2009年4月13日，云南省红河哈尼族彝族自治州中级人民法院对"吉某春持枪杀人案"作出一审判决，以故意杀人罪判处被告吉某春死刑，剥夺其政治权利终身，赔偿附带民事诉讼原告人经济损失10万元。被告人吉某春认为自首情节应该被认定，当庭表示要上诉。

2009年12月17日，云南省高级人民法院对"吉某春持枪杀人案"作出二审判决：维持民事部分赔偿10万元的判决，吉某春犯故意杀人罪，改判死刑缓期二年执行，剥夺政治权利终身。

（四）"蒋某华盗窃案"

案情简介

2014年1月22日23时许，被告人蒋某华与他人共谋盗窃后，共同将郑某荣停放的正三轮载货摩托车盗走。次日零时30分许，被告人蒋某华等二人驾驶盗得的正三轮载货摩托车，因形迹可疑，被荣昌县公安局民警盘查，另一人逃脱。后蒋某华如实交代了本案犯罪事实。经荣昌县价格认证中心鉴定，被盗正三轮载货摩托车价值9620元。

司法处理结果

重庆市荣昌县人民法院经审理认为,被告人蒋某华以非法占有为目的,采用秘密手段,盗窃他人财物,数额较大,其行为符合盗窃罪的犯罪构成要件。重庆市荣昌县人民检察院指控的罪名及犯罪事实成立,被告人蒋某华犯盗窃罪,依法应予刑罚处罚。被告人蒋某华曾因故意犯罪被判处有期徒刑,在刑罚执行完毕后5年内,再故意犯应当判处有期徒刑以上刑罚之罪,系累犯,依法应当从重处罚。鉴于被告人蒋某华到案后,如实供述自己的罪行,依法可以从轻处罚。依照《刑法》第264条、第45条、第65条第1款、第67条第3款、第52条、第53条、第64条之规定,判决被告人蒋某华犯盗窃罪,判处有期徒刑1年4个月,并处罚金2000元。

一审宣判后,荣昌县人民检察院提出抗诉。荣昌县人民检察院抗诉意见及重庆市人民检察院第五分院支持抗诉意见认为,蒋某华在驾驶盗窃的正三轮摩托车返回永川途中,仅因形迹可疑被荣昌县公安局民警盘查时,即如实供述了盗窃犯罪事实,其行为依法应当认定为自首。一审法院未认定蒋某华具有自首情节,属适用法律错误,从而导致量刑不当。经二审审理查明的事实和证据与一审相同。检察机关、原审被告人蒋某华在二审中均没有提供新的证据,重庆市第五中级人民法院对一审判决认定的事实和证据均予以确认。重庆市第五中级人民法院经审理认为,蒋某华仅因形迹可疑被盘查,主动交代了盗窃事实,系自首,依法可对其从轻处罚。原判审判程序合法,未认定蒋某华具有自首情节,应依法予以纠正。依照《刑事诉讼法》第225条第1款第2项,《刑法》第264条、第65条第1款、第67条第1款、第52条、第53条、第47条之规定,判决:撤销重庆市荣昌县人民法院的刑事判决，原审被告人蒋某华犯盗窃罪，判处有期徒刑 1 年 2 个月，并处罚金 1500 元。

二、关于自首判断标准的问题探讨

（一）如何认定"自动投案"条件？

《刑法》第 67 条规定："犯罪以后自动投案，如实供述自己的罪行的，是自首。对于自首的犯罪分子，可以从轻或者减轻处罚。其中，犯罪较轻的，可以免除处罚。被采取强制措施的犯罪嫌疑人、被告人和正在服刑的罪犯，如实供述司法机关还未掌握的本人其他罪行的，以自首论。"根据我国刑法的规定，自首应当符合以下条件：其一，犯罪分子应在犯罪后自动投案。根据《最高人民法院关于处理自首和立功具体应用法律若干问题的解释》和《最高人民法院、最高人民检察院关于办理职务犯罪案件认定自首、立功等量刑情节若干问题的意见》的规定，一般的自动投案是指犯罪事实或者犯罪分子未被办案机关掌握，或者虽被掌握，但犯罪分子尚未受到调查谈话、讯问，或者未被宣布采取调查措施或者强制措施时，向办案机关投案的情况。此外，"可视为自动投案"的非典型情形包括以下八种：①犯罪嫌疑人向其所在单位、城乡基层组织或者其他有关负责人员投案的；②犯罪嫌疑人因病、伤或者为了减轻犯罪后果，委托他人先代为投案，或者先以信电投案的；③罪行尚未被司法机关发觉，仅因形迹可疑，被有关组织或者司法机关盘问、教育后，主动交代自己的罪行的；④犯罪后逃跑，在被通缉、追捕过程中，主动投案的；⑤经查实确已准备去投案，或者正在投案途中，被公安机关捕获的；⑥并非出于犯罪嫌疑人主动，而是经亲友规劝、陪同投案的；⑦公安机关通知犯罪嫌疑人的亲友，或者亲友主动报案后，将犯罪嫌疑人送去投案的；⑧犯罪分子向所在单位等办案机关以外的单位、组织或者有关负责人员投案的。[1]在"李某奎强奸杀人案"中,李某奎是在犯罪逃跑后,在被通缉、追捕的过程中主动投案,按照司法解释的规定,其行为可被视为自动投案,满足了自首的首要条件。但是,笔者认为,司法解释对于"可视为自动投案"的情形应当进一步加以阐释。就本案而言,犯罪人虽然理论上仍存在逃出的可能,但是实际上,想要在当时的情况下逃脱已经是异想天开的了,李某奎的自首行为从另一个角度来看,其实是一种被逼无奈的选择。而自首制度的本质意义在于促使罪犯认识自己的过错,知晓有自首情形的益处,从而产生趋向作用,促使其归案。其目的在于感化罪犯,降低罪犯在未被抓捕过程中的人身危险性以及司法成本。在认定自首的时候,虽然不要求自首必须出于悔罪的动机,但是否悔罪以及悔罪的程度,对于决定自首从宽处理的幅度仍然有着重要的意义。一般情况下,自首都是出于悔罪动机,是为改过自新而自首。李某奎的行为虽然降低了司法成本,也避免了其在逃逸过程中可能造成的更大社会危害,但其自首的主动性和目的性并不纯洁。其二,犯罪分子必须如实供述自己的罪行,愿意接受国家的审查和追诉。犯罪分子如实供述自己的罪行是自首的实质要件,也是自首的本质特征。同时,愿意接受国家的审查和追诉是自首的主观条件。犯罪分子必须按照实际情况彻底供述自己实施并由自己承担刑事责任的犯罪事实,主动接受司法机关的侦查、起诉和审判。本案中,李某奎在犯案到公安机关投案自首后,认罪、悔罪态度比较良好,在庭审过程中也并未出现其他违反法律的情形。由于我国刑法对自首犯规定了可以或应当从轻、减轻处罚的原则,在大多数

---

[1] 边学文:"论自首制度在司法适用中的若干疑难问题",载《法学杂志》2010年第11期。

情况下，对自首的犯罪分子都要从宽处理，但在少数特殊情况下也可以不予从宽。我国有学者认为，不予从宽的特殊情况应当是于法、于情、于理都无从轻的情节，包括以下这些情况：①首要分子在犯罪前即预谋好让犯罪人在犯罪后投案，妄图蒙骗司法机关的审查。②犯罪分子犯罪之后，迫于严厉打击犯罪活动的形势，自首较轻罪行，企图逃避较重罪行。③犯罪人手段极为恶劣，后果特别严重，民愤极大，实属法不容赦。④虽然投案自首了，但态度恶劣，毫无悔罪之意，经过反复教育仍无济于事。⑤犯罪后畏罪潜逃，被司法机关控制后，走投无路时迫不得已投案自首。除上述情况以外，在决定对自首犯是否予以从宽处理时，还应当结合社会治安环境以及案件的具体情况，实事求是、合情合理地处罚。最高人民法院在《关于处理自首和立功若干具体问题的意见》中也提到，对具有自首、立功情节（包括重大立功）的被告人是否从宽处罚、从宽处罚的幅度，应当从犯罪行为、主观恶性和人身危险性、自首、立功的具体情节三方面综合考虑，根据各情节反映的社会危害性和人身危险性的程度，具体考量每个情节对刑罚裁量的影响，最终确定从宽、从重处罚或者将从宽、从重情节予以抵消。[1]我国最高司法机关对于自首案件的量刑态度并不是教条地规定了必须从宽，不考虑犯罪情节和社会影响而减轻罪犯的刑事责任。在本案中，李某奎先是对王某飞实施了强奸的行为，后用锄头残忍拍击其头部致其重度昏迷，后又将3岁幼童倒提摔向门框的行为可谓毫无人性。尤其是在离开之前仍用绳子紧勒二被害人颈部以确保其死亡的心态，更是野蛮粗暴，令人发指。罪犯李某奎的犯罪手段特别凶残、情节特别恶劣、后果特别严重，造成

---

[1] 周峰、薛淑兰、孟伟："《关于处理自首和立功若干具体问题的意见》的理解和适用"，载《人民司法》2011年第3期。

的社会危害极大；且在自首过程中，如上文描述，李某奎实属走投无路时迫不得已而为之。而二审法院机械地考虑李某奎存在自首的情节而改判，对其主观恶性和人身危险性的分析过于缩限，曲解了最高人民法院和我国刑事法治的从宽精神。[1]

（二）形迹可疑被盘查后如实交代犯罪事实是否属于自动投案？

"罪行尚未被发觉"是判断形迹可疑型自首最为重要的条件之一。与一般自首的基本形态不同。"罪行尚未被发觉"包括两种情形：①犯罪事实尚未被司法机关发现；②犯罪事实虽已被发现，但司法机关尚未将相对人确定为犯罪嫌疑人。这两种情形的共同点就是相对人与具体案件之间的客观联系尚未被司法机关明确。但需要明确的是，"罪行尚未被发觉"不包括犯罪事实和犯罪嫌疑人员均已被发觉，尚未受到讯问、未被采取强制措施的情形。不论犯罪事实的暴露程度如何，行为人主动接触司法机关都是自动投案。相反，司法机关主动接触行为人并不完全排斥自动投案的成立。如果仅仅是形迹可疑，在盘问、教育之下交代的仍然构成自首。如果是有一定的证据证明有犯罪嫌疑的话则排除自动投案。形迹可疑是指行为人的行为举止、言谈、衣着、神态等令人生疑，盘问的人并不掌握一定的犯罪证据，凭的是工作经验、主观推断、职业敏感。盘查的方式有日常的治安检查、刑事案件调查时的摸底排查等。[2]

在"蒋某华盗窃案"中，一审法院认为蒋某华驾驶的正三轮摩托车系其盗窃得来，根据2010年12月20日《最高人民法院关于处理自首和立功若干具体问题的意见》（以下简称《意

---

[1] 袁满："对'李昌奎案'中自首情节认定和量刑的分析"，载《华北电力大学学报》2011年第12期。

[2] 徐安住："自首制度疑难问题的司法认定——基于《刑事审判参考》28个示范案例的实证分析"，载《湖南大学学报（社会科学版）》2012年第1期。

见》）关于自动投案的具体认定中但书的规定,"有关部门、司法机关在其身上、随身携带的物品、驾乘的交通工具等处发现与犯罪有关的物品的,不能认定为自动投案",蒋某华不构成自首。二审法院则认为,蒋某华仅因形迹可疑被盘查,在公安机关掌握犯罪事实之前主动交代了盗窃事实,构成自首。本案的争议焦点为,蒋某华驾乘盗得的正三轮摩托车因形迹可疑被巡逻民警盘查,如实交代其盗窃犯罪事实,是否属于自动投案的情形?这涉及如何理解《意见》规定的形迹可疑型自首。

形迹可疑型自首中的自动投案是司法解释明确规定的投案修正形态之一,与典型的自动投案存在形式上的差异,但形迹可疑型自首仍符合刑法规定的原理和精神。这种情形下的自动投案仍具有自动投案的基本特征。根据《意见》关于自动投案的具体认定之规定:"罪行未被有关部门、司法机关发觉,仅因形迹可疑被盘问、教育后,主动交代了犯罪事实的,应当视为自动投案,但有关部门、司法机关在其身上、随身携带的物品、驾乘的交通工具等处发现与犯罪有关的物品的,不能认定为自动投案。"在司法实践中,为准确认定形迹可疑型自首,有两个问题需要厘清:何以界定行为人形迹可疑?如何认定与犯罪有关的物品?①对形迹可疑的理解与认定。目前,相关法律、司法解释未对形迹可疑作出明确界定,但至少应当包含有关组织或者司法机关尚未掌握行为人犯罪的任何线索、证据,仅因行为人的神情、举止或者出没的时间、地点而基于常理、常情或者凭特定的工作经验所形成的主观判断。形迹可疑的行为人实施自动投案行为的时机具有特殊性。行为人投案的临界点在于有关组织或司法机关对行为人是否犯罪的认识由形迹可疑上升到犯罪嫌疑。倘若有关组织或者司法机关已经发觉或掌握了行为人可能犯罪的线索或部分证据,并能够合理怀疑其为犯罪嫌疑人，此时行为人就不属形迹可疑，而是有犯罪嫌疑。也就是说，对犯罪的认知由形迹可疑上升到犯罪嫌疑，通常需要办案人员根据一定的线索和证据，以一定的客观事实为依据，认定行为人与犯罪事实有关联。当然，不论是形迹可疑还是犯罪嫌疑，都是办案人员基于各种客观事实、线索、证据对行为人犯罪可能性进行综合分析判断的结果，只不过前者的犯罪可能性较小，后者的犯罪可能性较大。有时，办案人员基于常理、工作经验等对行为人的言行、携带的物品进行观察判断，也可以认定其具有犯罪嫌疑。如公安人员在设卡例行检查时从行为人随身携带的行李箱内查获毒品或枪支，此时行为人就属有犯罪嫌疑，即使其如实交代犯罪事实，也不能认定自首。需要强调的是，对于形迹可疑型自首的认定，需要把握的重点是主动交代犯罪事实对确定犯罪嫌疑人是否具有实质意义，因为自首体现了犯罪嫌疑人的悔罪态度，可以防止其留在社会上继续犯罪，而且也有利于节约司法资源。②对与犯罪有关的物品的理解与认定。与犯罪有关的物品应当作相对狭义的理解，即该物品是能够证明行为人犯罪的重要证据，使行为人从形迹可疑升格为犯罪嫌疑人。具体可以根据公安机关的立案情况、巡逻民警在盘查行为人时对犯罪事实的掌握情况，以及对被查获物品性质的主观认知情况等进行判断。如果巡逻民警在盘查行为人时对查获物品属于违禁品或犯罪所得赃物等能有明确认知（如毒品、枪支、盗割的电缆线、大量现金等），则行为人已不属因形迹可疑被盘查的情况，而是有犯罪的重大嫌疑人，此时如实供述犯罪事实不构成自首。如果巡逻民警在盘查时不知道有犯罪事实发生，也尚未查实被盘查物品的性质，即使办案民警随后能够通过正常的工作方法查实犯罪事实，也不影响行为人主动如实供述犯罪事实成立自首。不能依据事后客观查证的犯罪事实来认定查获的物品与犯罪有关，从而否定被告人交代犯罪事实的主动性，否则有悖于相关司法解释的精神。如果仅因行为人驾驶的是赃车，就先于公安机关掌握犯罪事实之前，一概归为与犯罪有关的物品，从而否定行为人交代犯罪事实的主动性，那么倘若行为人实施抢夺、盗窃、抢劫等犯罪行为后将手机、钱包、现金等赃物随身携带，后遇到巡逻民警作一般性盘查，不论被害人报案与否、公安机关是否掌握犯罪事实，行为人都会丧失自首的机会，这一推论显然与我国法律关于自首的规定相悖。

在"蒋某华盗窃案"中，蒋某华在被巡逻民警盘查时，被盗车辆的失主没有报案，公安机关尚未掌握犯罪事实。即使蒋某华未能出示车辆行驶证，巡逻民警也不能当即确定蒋某华驾乘的正三轮摩托车系与犯罪有关的物品。不能因为民警事后能够调查出正三轮摩托车系盗窃得来便以此倒推盘查当时其能确定正三轮摩托车系与犯罪有关的物品，从而否定蒋某华交代犯罪事实的主动性。蒋某华在罪行尚未被司法机关发觉，仅因形迹可疑被公安机关作一般性盘查时，主动如实交代了自己的罪行，应被认定为自动投案，且其到案后如实交代了司法机关尚未掌握的犯罪事实，应认定为自首。

（三）明知已报警而滞留现场等候抓捕应否被认定为自首？

在司法实践中，犯罪人在行为之后会有多种不同的表现，应如何在具体司法实践中认定犯罪人符合"自动投案"与"如实供述"的条件？

学术界和各地司法机关对此均存在诸多争议。要消除自首认定的争议，就要真正理解刑法中自首制度的本质。关于自首的本质，我国刑法学界存在四种观点：①自首的本质是悔罪，悔罪是"自动投案"和"如实供述罪行"的动机，"投案"和

"供述罪行"是悔罪的表现。②自动投案是自首的本质属性，是认定自首的关键。③自首之所以不同于其他行为，就在于它具有犯罪人主动提请司法机关追诉所犯罪行这一本质亦即自身的质的规定性。自首行为正是按这一贯彻始终的质的规定性的要求进行的，并且在自首行为的各个阶段都体现出主动提请司法机关追诉所犯罪行这一本质的要求。因此，自首的本质就在于犯罪人主动提请司法机关追诉所犯罪行。④自首的本质是"犯罪人在犯罪以后自愿承担罪责，主动向有关单位或个人如实揭发自己的罪行"。上述四种观点分别从不同的角度揭示了自首的本质。第一种观点仅强调主观方面，认为自首即是一种悔罪，却忽视了自动投案这一客观要件。犯罪之后、犯罪行为正在进行中或犯罪的预备阶段均会出现悔罪的情况，是否构成自首，仅仅依据悔罪难以判断。若犯罪之后悔罪，则有可能构成坦白，而犯罪行为正在进行中或犯罪预备阶段出现悔罪，则可能成立犯罪中止形态。这些情况的出现，有可能导致自首的不成立。第二种观点强调"自动投案"是自首的本质，如果犯罪人自动投案却不能如实供述自己的罪行，根据相关法律规定不能成立自首。因此，"自动投案"仅是成立自首的前提条件，而非决定性条件。第三种观点认为"犯罪人主动提请司法机关追诉所犯罪行"是自首的本质，这里的"主动"需要与"自愿"联系起来进行理解。犯罪人只有主动接受公安机关的调查并且如实交代犯罪事实，才能成立自首。显然，犯罪人自动投案后是否出于"自愿"仍需要司法机关视具体案件而判断。第四种观点颇为符合认定自首的条件，即"自动投案+如实供述"。但犯罪人犯罪后，即有主动报告的义务，是否成立自首在当前的司法实践中仍然存在争议。

从自首的本质出发，从宽处罚的根据主要是节约司法资源的功利价值。自愿将人身置于司法机关的控制之下,大大减少了发现犯罪、控制犯罪、查证犯罪的困难;自愿将自己的罪行交由司法机关处理,大大减少了侦查、控诉、审判犯罪的困难,客观上达到了节约司法资源的目的,犯罪人罪责的减轻理应得到从宽处罚。这种功利价值在《刑法修正案(八)》第8条中有了很好的注解,即"犯罪嫌疑人虽不具有前两款规定的自首情节,但是如实供述自己罪行的,可以从轻处罚;因其如实供述自己罪行,避免特别严重后果发生的,可以减轻处罚"。不可忽略的是,由于司法实践承认亲友介入型的非典型自首,认可"亲友的主动性"视为"行为人本人的自动性",也使得自首从宽处罚根据中有对亲友义举的人文关怀价值。同样的行为别人做会得到褒扬奖励,亲友做受益的却是罪犯本人。从人伦角度看,亲友介入时会承受极大的情感压力,亲友有从轻处罚罪犯的心理诉求,也只有对罪犯从轻处罚才能促进亲情友情的融洽。2010年《最高人民法院关于贯彻宽严相济刑事政策的若干意见》规定:"对于亲属以不同形式送被告人归案或协助司法机关抓获被告人而认定为自首的,原则上都应当依法从宽处罚;有的虽然不能认定为自首,但考虑到被告人亲属支持司法机关工作,促使被告人到案、认罪、悔罪,在决定对被告人具体处罚时,也应当予以充分考虑。"由此可见,司法实践事实上承认亲友协助下的自首,认可亲友协助下的"主动地投案"及"如实供述自己的罪行",认可认罪伏法的不同类型。从道德伦理的层面来看,亲友协助下进行的自首也是一种从宽处罚的诉求。[1]

在"孙某业等人故意杀人案"中,孙某业的行为是否属于自首?对此目前存在两种不同意见。一种意见认为,被告人孙

---

[1] 卢珺:"论自首的本质",载《湖北警官学院学报》2013年第11期。

某业的行为不能被认定为自首。因为孙某业并没有投案的自主行为，也并未就投案与孙某友进行意思沟通，孙某友报警行为的法律效果不能自动适用于孙某业。另一种意见认为，被告人孙某业的行为与被告人孙某友具有相同的本质，均可被认定为自首。孙某业明知孙某友已经报警却仍与孙某友一起滞留现场，等候公安机关抓捕，表明其有自动投案的主观意愿，客观上将自己交付司法机关处置，符合自首的构成要件。笔者认为，被告人孙某业的行为符合自动投案的内涵。依据《刑法》第 67 条第 1 款之规定，犯罪以后自动投案，如实供述自己的罪行的，是自首。该款规定了自首的两个要件：自动投案与如实供述罪行。自动投案是成立自首的决定性因素，是一般自首的本质特征。本案的焦点即在于能否认定被告人孙某业系自动投案。所谓自动投案，是指犯罪分子在犯罪之后、归案之前，自行投于有关机关或个人，承认自己实施了犯罪，并自愿置于有关机关或个人的控制之下，等候交代犯罪事实的行为。①被告人孙某业具有投案的主观意愿。被告人孙某业明知孙某友拨打 110 报警，基于正常人的思维，其必然能意识到公安机关即将介入此案，其犯罪行为很快将被发现，其随即也将面临被抓捕与制裁。此时，孙某业自主选择的余地较大，其可以选择归案，也可以选择拒不到案。在这种对孙某友行为的后果有清晰认识以及拥有完全的意志、行为选择自由的情况下，孙某业并未反对、制止或逃离，而是选择随同孙某友，留在现场等候公安人员的到来，表明了其对孙某友行为的认同，具有将自身置于司法机关管辖、接受惩罚的主观意志，其归案的自愿性和自动性是不言而喻的。②被告人孙某业具有投案的客观行为。自首制度的设立本身具有一定的功利色彩，除敦促被告人改过自新之外，更是旨在便于案件的及时侦破和审判，提高诉讼效率。被告人孙某业虽然未就报警行为与孙某友进行事先协商、沟通，也没有明确的意思表示，更没有亲自实施报警行为，但在孙某友已经打电话报警成功的前提下，孙某业的罪行败露已成必然，如果其不及时逃跑，被捉拿归案、定罪处罚的命运将不可逆转。此时，其是否再次报警已经没有实质意义，而是否在孙某友之外增加公安机关的侦查负担应当成为对孙某业投案行为的评判标准。孙某业跟随孙某友一起滞留现场，拦下接报前来的警车，服从公安人员的抓捕，有效、彻底地将自己置于公安机关的控制之下，避免了司法机关因对其进行追捕而付出的司法投入。此时，孙某友的报警行为对节约司法成本的意义同样及于孙某业，在孙某业的自主意愿之下，孙某友成了孙某业实现自己投案意志的代行之手，孙某业对该报警行为的默认、放弃逃跑的不作为以及滞留现场等待抓捕的积极选择即是其投案的客观行为。③报警的动机不影响自动投案的认定。自动投案强调投案的自愿性、主动性和彻底性，而并不要求出于特定的动机和目的。实践中，任何一次投案都可能具有各自特殊的原因，也许是基于真心的悔悟，也可能只是为了争取宽大处理，甚至可能因为走投无路别无选择。但不论犯罪嫌疑人出于何种动机，只要其行为系出于本人意志，且客观上便利于司法机关及时查清案件事实并顺利进行审判，便可以认定为自动投案。具体到本案中，虽然被告人孙某友打电话报警主要是为了自救及保护家人，也未在报警当时当即陈述基本案情并表明自己系作案人，但二被告人的行为客观上让公安机关及时了解了该案件的发生，便利了公安机关对整个案件的全面、有效侦查，符合《最高人民法院关于处理自首和立功若干具体问题的意见》第1条第1款关于犯罪后主动报案，虽未表明自己是作案人，但没有逃离现场，在司法机关询问时交代自己罪行的，应当视为自动投案的规定。在本案的共同犯罪中,被告人孙某业明知同案犯已报警而滞留现场等候公安机关抓捕,到案后又如实供述犯罪事实,应当适用《最高人民法院关于处理自首和立功若干具体问题的意见》第 1 条 第 1 款关于明知他人报案而在现场等待,抓捕时无拒捕行为,供述犯罪事实的,视为自动投案的规定,认定其为自首的规定。[1]

在"吉某春持枪杀人案"中,主要的关注点在于投案意志与投案方式。犯罪人投案一般应是基于本人意志,最终自愿置于司法控制之下,等待进一步交代犯罪事实。投案应当具有自动性,这里的自动性,意味着犯罪人投案是基于自己的意志自由而作出的选择,但这只是一般性的规定。自动性须从宽理解,可作如下演绎:"自动性"并非是"主动性",也有犯罪人不情愿、处于被动和被迫的情形,如送首与陪首。在这里,亲友的主动性加功于犯罪人,明显加强了犯罪人的自动性倾向。此时,他仍有选择不投案的意志自由,比如在送首、陪首的途中逃窜,或不与公安司法机关配合。只要不出现前述情形,便可以认为他仍符合投案的意志要求,成立自首。至于是否出于悔罪动机的必要,目前在理论上"否定说"为通说,即无论出于何种动机,均不影响自动投案的成立。在本案中,该行为人实施开枪杀人行为后,在非被强力控制的情况下(当时他枪中仍余 3 发子弹,周围人对其施以强力控制是有困难的),能够逃匿而没有逃匿(他的汽车就在边上,驾车逃跑并非没有可能),而是在现场等待司法机关的抓捕,并主动交代是自己所为。形式上表现为消极的等待,貌似缺乏自动性,但他有着归案的必然性,并且他自己明知这种必然性,此时他仍有选择不投案的意志自由

---

[1] 徐竹凡:"明知已报警而滞留现场等候抓捕应认定自首",载《人民司法》2011 年第 10 期。

空间，但他却选择了留候，自动性以及将自身置于司法机关控制下的主动意愿十分明显。司法解释规定：并非出于犯罪嫌疑人主动，而是经亲友规劝、陪同投案的；公安机关通知犯罪嫌疑人的亲友，或者亲友主动报案后，将犯罪嫌疑人送去投案的，也应当视为自动投案，也即符合投案意志。因此，吉某春的行为也符合投案意志的要求。投案方式是何人以何种方式向司法机关投案的问题，法律上对此并无限制。其以犯罪嫌疑人本人直接向有关部门自动投案为原则，但不排除其他情形。"根据我国刑法中自首的规定，结合司法实践中自首的执行情况，将自首分为6种，即亲首、代首、送首、陪首、余首和首服。"[1]由于余首为特别自首，我国刑法也没有明确规定首服制度，因而，最常见的自首方式即为亲首、代首、送首和陪首。就本案来说，吉某春的行为在已经符合自动投案时间、对象和意志的情况下，投案方式的认定成了决定自首是否成立的核心。吉某春开枪杀人后，他没有亲自前往或以信电形式向有关组织或机关投案，也没有因送被害人去医院抢救等紧急情况原因而做明示或默示地委托他人代已自首，更没有经亲友规劝而陪同其自首，仅是待在原地，没有明显的付诸外部的实际行动，似乎不属于上述四种投案方式，强硬归入，实属勉强。但我们要注意的是四种投案方式的划分仅具有列举性质，是投案范式的样板，并不能涵盖纷繁多样的投案方式。面对特殊行为，自动投案的认定不能局限于字面意思，以便使这四种自首方式类型能涵盖尽可能多的行为方式，或者提炼出新的类型。要做到这一点，我们就要从自首本质出发，从相对意义上去把握。因为自首本质的两方面体现的是一种动态平衡，认定自动投案，只要能基本获得

---

[1] 马克昌：《刑罚通论》，武汉大学出版社1999年版，第375页。

这两方面的价值的统一即可。吉某春的原地消极等待行为,已如投案意志所分析的,虽无积极的投案行动,但他在当时知道自己的留候会导致自身被抓捕的情景下仍留在原地,实际上是以一种消极的不作为宣示了自己是出于本人的意志而将自己交付国家追诉,这与前述四种投案方式在效果上是等同的,在实质上没有区别。另外,吉某春的消极等待公安机关抓捕而非驾车逃匿或持枪拒捕和如实供述的行为已经毋庸置疑地减少了公安机关侦查的工作量,降低了司法成本,提高了刑法效益,他的行为已经实现了自首本质两方面价值的统一,已经是实质意义上的"自首"了。那么将他的行为认定为自动投案便是可行与必须的了。[1]将吉某春这类消极等待的行为认定为自首,既肯定了他悔过自新,能对相类似的犯罪嫌疑人形成一种良性激励,又能加快案件的侦破速度,节省有限的司法资源,恰恰能实现和最大化上述两方面的效益。[2]

三、法律依据

(1)《中华人民共和国刑法》第67条:犯罪以后自动投案,如实供述自己的罪行的,是自首。对于自首的犯罪分子,可以从轻或者减轻处罚。其中,犯罪较轻的,可以免除处罚。被采取强制措施的犯罪嫌疑人、被告人和正在服刑的罪犯,如实供述司法机关还未掌握的本人其他罪行的,以自首论。犯罪嫌疑人虽不具有前两款规定的自首情节,但是如实供述自己罪行的,可以从轻处罚。

(2)《最高人民法院关于处理自首和立功具体应用法律若干

---

[1] 高铭暄、马克昌:《刑法学》,高等教育出版社2005年版,第301页。
[2] 韩新远:"对'自动投案'的认定——结合吉忠春案件分析",载《山西省政法管理干部学院学报》2009年第4期。

问题的解释》第 1 条：根据刑法第六十七条第一款的规定，犯罪以后自动投案，如实供述自己的罪行的，是自首。（一）自动投案，是指犯罪事实或者犯罪嫌疑人未被司法机关发觉，或者虽被发觉，但犯罪嫌疑人尚未受到讯问、未被采取强制措施时，主动、直接向公安机关、人民检察院或者人民法院投案。犯罪嫌疑人向其所在单位、城乡基层组织或者其他有关负责人员投案的；犯罪嫌疑人因病、伤或者为了减轻犯罪后果，委托他人先代为投案，或者先以信电投案的；罪行未被司法机关发觉，仅因形迹可疑被有关组织或者司法机关盘问、教育后，主动交代自己的罪行的；犯罪后逃跑，在被通缉、追捕过程中，主动投案的；经查实确已准备去投案，或者正在投案途中，被公安机关捕获的，应当视为自动投案。并非出于犯罪嫌疑人主动，而是经亲友规劝、陪同投案的；公安机关通知犯罪嫌疑人的亲友，或者亲友主动报案后，将犯罪嫌疑人送去投案的，也应当视为自动投案。犯罪嫌疑人自动投案后又逃跑的，不能认定为自首。（二）如实供述自己的罪行，是指犯罪嫌疑人自动投案后，如实交代自己的主要犯罪事实。犯有数罪的犯罪嫌疑人仅如实供述所犯数罪中部分犯罪的，只对如实供述部分犯罪的行为，认定为自首。共同犯罪案件中的犯罪嫌疑人，除如实供述自己的罪行，还应当供述所知的同案犯，主犯则应当供述所知其他同案的共同犯罪事实，才能认定为自首。犯罪嫌疑人自动投案并如实供述自己的罪行后又翻供的，不能认定为自首，但在一审判决前又能如实供述的，应当认定为自首。

(3)《最高人民法院关于处理自首和立功具体应用法律若干问题的解释》第 2 条：根据刑法第六十七条第二款的规定，被采取强制措施的犯罪嫌疑人、被告人和已宣判的罪犯，如实供述司法机关尚未掌握的罪行，与司法机关已掌握的或者判决确定的罪行属不同种罪行的，以自首论。

(4)《最高人民法院关于处理自首和立功具体应用法律若干问题的解释》第 3 条：根据刑法第六十七条第一款的规定，对于自首的犯罪分子，可以从轻或者减轻处罚；对于犯罪较轻的，可以免除处罚。具体确定从轻、减轻还是免除处罚，应当根据犯罪轻重，并考虑自首的具体情节。

(5)《最高人民法院关于处理自首和立功具体应用法律若干问题的解释》第 4 条：被采取强制措施的犯罪嫌疑人、被告人和已宣判的罪犯，如实供述司法机关尚未掌握的罪行，与司法机关已掌握的或者判决确定的罪行属同种罪行的，可以酌情从轻处罚；如实供述的同种罪行较重的，一般应当从轻处罚。

论刑罚裁量中数罪并罚原则的司法适用

我国刑法中的数罪并罚制度是在刑事被追诉人犯有数罪时进行合并处罚的一项制度。人民法院对于判决宣告前一人犯数罪或者说判决宣告后刑罚执行完毕前又犯新罪或者发现漏罪的,按照法定的并罚原则以及刑期计算方法,在分别定罪量刑后决定应对其实际执行的刑罚。数罪并罚原则是数罪并罚制度的基础和核心,在世界范围内,关于数罪并罚范围的规定大致有裁判宣告主义(如芬兰等)、裁判确定主义(如日本、法国等)、刑罚执行未完毕主义(如德国、意大利、瑞典、中国等)三种立法例。[1]我国数罪并罚制度是以"混合原则"为核心构建起来的。关于数罪并罚的相关规定主要见诸我国《刑法》第69条、第70条和第71条以及相关司法解释。数罪并罚的基本原则是以"限制加重原则"为主,以"吸收原则"和"并科原则"为辅。但是,由于数罪并罚的立法规定过于原则,在具体适用的过程中存在着诸多司法适用的障碍。在此,笔者选取了几个典型案例以探讨数罪并罚原则的司法适用问题。

---

[1] 陈立、林俊辉:"数罪并罚成立范围之立法检讨",载《法学》2005年第10期。

一、案情简介及司法处理结果

(一)"石某肆冒名盗窃案"

案情简介

被告人石某肆(冒名石某发)单独及伙同他人先后于2007年4月9日、5月6日的凌晨,采用钻窗等手段,到江阴市月城镇花园二村1号,花园一村9号、20号、24号入户盗窃4次,共窃得11 800元,浪琴手表1部,三星、摩托罗拉、中天、诺基亚手机各1部,华伦天奴皮夹1只,物资价值合计11 800余元,财物价值共计23 600余元。

2014年2月至3月间,石某肆多次伙同龙某海(已判刑)至江阴市云亭街道、青阳镇、徐霞客镇等地入户盗窃,窃得现金、摩托车、黄金首饰等财物,价值共计9800余元。

司法处理结果

江阴市人民法院于2007年9月作出刑事判决,以盗窃罪判处石某发有期徒刑4年6个月(刑期自2007年5月6日起至2011年11月5日止),并处罚金5000元,继续追缴石某发犯罪所得发还被害人。交付执行后,江苏省镇江市中级人民法院于2010年4月作出刑事裁定,对罪犯石某发减去有期徒刑1年6个月15日(减刑后的刑期至2010年4月20日),石某发于2010年4月20日被刑满释放。2014年7月,江苏省海门市人民检察院在审查海门市公安局移送审查起诉的犯罪嫌疑人龙某良、龙某根、石某发涉嫌盗窃时发现2007年被江阴市人民法院判刑的"石某发"非真实的石某发,系石某肆冒名顶替。经审查,2007年刑事判决中的石某发的真实身份为石某肆。2014年9月

9 日，江阴市人民法院针对前罪作出再审决定，并于 2014 年 11 月 6 日作出刑事判决，撤销本院 2007 年的刑事判决；被告人石某肆犯盗窃罪，判处有期徒刑 5 年，并处罚金 6000 元；继续追缴被告人石某肆犯罪所得，发还被害人。

江阴市人民法院认为，石某肆以非法占有为目的，多次伙同他人秘密入户窃取公私财物，其行为已构成盗窃罪，系共同犯罪。本案前罪的起刑日期是 2007 年 5 月 6 日，止刑日期在 2014 年 3 月之后，后罪的实施是在 2014 年 2 月至 3 月间。后罪是在原判决宣告以后，刑罚执行完毕以前实施，应当适用先减后并的原则数罪并罚。原审法院判处石加肆有期徒刑 1 年，与前罪尚未执行完毕的有期徒刑 2 年 15 天（5 年减去 2 年 11 个月 15 天）并罚，决定执行有期徒刑 2 年 3 个月。

（二）"郭某先参加黑社会性质组织、故意杀人、故意伤害数罪并罚案"

案情简介

被告人郭某先，1972 年出生，无业。1997 年 9 月因犯盗窃罪被判有期徒刑 5 年 6 个月，2001 年 12 月刑满释放。

2003 年 5 月 7 日，李某荣（另案处理，已判刑）等人在四川省三台县"经典歌城"唱歌结账时与该歌城老板何某发生纠纷，被告人郭某先受李某荣一方纠集，伙同李某荣、王某鹏、王某军（另案处理，均已判刑）打砸"经典歌城"。郭某先持刀砍人，致何某重伤、顾客吴某斌轻伤。

2008 年 1 月 1 日，闵某金（另案处理，已判刑）与王某军在四川省三台县里程乡岩崖坪发生交通事故，双方因闵某金摩托车受损赔偿问题发生争执。后郭某先、陈某等人亦分别骑摩托车赶至现场。闵某金向郭某先指认兰某后，郭某先持菜刀欲砍兰某，被路过并劝架的被害人蓝某宇（殁年 26 岁）阻拦，郭某先遂持菜刀猛砍蓝某宇头部，致蓝某宇严重颅脑损伤死亡。兰某、李某秀等见状，持木棒击打郭某先，郭某先持菜刀乱砍，致兰某重伤，致李某秀轻伤。后郭某先搭乘闵某勇所驾摩托车逃跑。

2008 年 5 月，郭某先负案潜逃期间，应同案被告人李某（犯组织、领导黑社会性质组织罪、故意伤害罪等，被判处有期徒刑 14 年）的邀约，到四川省绵阳市安县参加了同案被告人王某华（犯组织、领导黑社会性质组织罪、故意伤害罪等罪名，被判处有期徒刑 20 年）组织、领导的黑社会性质组织，充当打手，曾蒙面持菜刀砍击范某、张某辉，致该二人轻伤。

司法处理结果

2009 年 7 月 28 日，郭某先因涉嫌故意伤害罪被四川省绵阳市安县公安局刑事拘留，同年 8 月 18 日被逮捕，四川省绵阳市安县公安局侦查终结后，移送四川省绵阳市安县人民检察院审查起诉。

2010 年 12 月 17 日，绵阳市中级人民法院经审理认为，被告人郭某先于 1997 年因犯盗窃罪被判处有期徒刑，2001 年 12 月 26 日刑满释放后，又于 2003 年故意伤害他人，于 2008 年故意杀人、参加黑社会性质组织，均应判处有期徒刑以上刑罚，系累犯，应当从重处罚。依法判决：被告人郭某先犯参加黑社会性质组织罪，处有期徒刑 2 年；犯故意杀人罪，处死刑缓期二年执行，剥夺政治权利终身；犯故意伤害罪，处有期徒刑 5 年；数罪并罚，决定判处死刑缓期二年执行，剥夺政治权利终身。

2010 年 12 月 30 日，四川省绵阳市人民检察院认为一审判决对被告人郭某先量刑畸轻，依法向四川省高级人民法院提出抗诉。2012年4月16日，四川省高级人民法院二审判决采纳抗诉意见，改判郭某先死刑立即执行。

（三）"董某连环盗窃案"

案情简介

2013年3月6日，董某与他人在重庆市江北区共同盗窃两辆摩托车，被群众当场抓获并扭送公安机关。3月7日，董某被江北区公安分局刑事拘留，4月6日被取保候审。同年8月，董某在万州区连续多次盗窃工地上的电线（共价值6000余元）被群众当场抓获，于8月23日被万州区公安分局刑事拘留，供述了其在被江北区公安分局取保候审期间多次盗窃电线的事实。9月3日，江北区法院决定逮捕董某，江北区公安分局于9月9日将董某从丙区看守所提回江北区看守所羁押。同日，江北区公安分局收到万州区公安分局移送来的董某盗窃电线一案。

司法处理结果

2013年9月13日，江北区人民法院以董某犯盗窃罪判处拘役2个月，并处罚金1500元。因无上诉和抗诉，该判决已生效。2013年10月3日，董某刑满释放。2014年4月8日，江北区公安分局以董某盗窃电线一案的主要犯罪地不在江北区、该局无管辖权为由，决定将该案移送万州区公安分局。2014年4月9日，万州区公安分局决定对董某取保候审，于8月移送万州区人民检察院审查起诉。2014年9月，万州区人民检察院将董某盗窃电线一案诉至万州区人民法院。2014年10月，万州区人民法院判决：董某犯盗窃罪，处拘役4个月，并处罚金2000元；与前罪所判处的宣告刑并罚，决定执行拘役5个月，宣告缓刑1年，并处罚金3500元。

(四)"张某贩毒案"

案情简介

2017年2月左右,被告人阙某玢找被告人张某帮其购买甲基苯丙胺(冰毒),并于2月7日向张某预付18 000元购毒款,用于购买100克冰毒。张某遂与庞某(另案处理)联系购买冰毒事宜,二人商定张某购买冰毒约500克,每克约140元。张某于2月4日至10日间,先后通过微信转账、银行存款等方式支付庞某购毒款48 000元。同月10日,张某驾车前往安徽省临泉县向庞某购买冰毒。二人见面后,张某又当场支付庞某现金2000元,庞某将装有冰毒等物的手提袋交给张某,并约定余款待张某销售冰毒后再行支付。张某驾车返回淮北。当日18时许,车行至泗许高速公路濉溪县百善收费站出口处时张某被公安机关抓获。公安人员现场查获冰毒疑似物一袋(净重499.62克)。经鉴定,该冰毒疑似物中甲基苯丙胺含量为76.4%。

2017年1月左右,张某向庞某购买冰毒200克,后张某将其中约150克冰毒卖给阙某玢,阙某玢向张某建设银行卡打款27 000元。后张某发现冰毒有点假,便把卖给阙某玢的冰毒要回,带着冰毒找庞某调换,张某拿回约150克冰毒,并将其中约100克交给阙某玢。

司法处理结果

2017年2月11日,淮北市公安局对张某实施监视居住;9月14日,淮北市人民检察院决定逮捕并审查起诉。淮北市人民法院经审理认为,被告人张某、阙某玢违反国家毒品管理制度贩卖毒品,其中张某贩卖甲基苯丙胺约649.62克,阙某玢为贩卖而购买甲基苯丙胺约200克,另向他人贩卖甲基苯丙胺约

21.7克，共计约221.7克，二被告人的行为均已构成贩卖毒品罪。阙某玢于2017年2月让张某代购甲基苯丙胺约100克，因张某在从上线庞某处购买甲基苯丙胺的返程途中被抓获，张某与阙某玢尚未进入毒品交易阶段，故阙某玢贩卖甲基苯丙胺约100克的行为系犯罪未遂，依法比照既遂犯从轻处罚。张某被抓获后如实供述其主要犯罪事实，当庭自愿认罪，依法从轻处罚。张某、阙某玢均吸食毒品，该情节在对二被告人量刑时酌情予以考量。

张某提出上诉，在二审法院审理期间，安徽省人民检察院认为本案尚有部分事实需进一步补充侦查，建议发回重审。根据《最高人民法院关于判决宣告后又发现被判刑的犯罪分子的同种漏罪是否实行数罪并罚问题的批复》的规定，第一审人民法宣判后，被告人提出上诉，判决尚未发生法律效力的，第二审人民法院在审理期间，发现原审被告人在第一审宣判以前还有同种漏罪没有判决的，第二审人民法院应当依照刑事诉讼法的规定，裁定撤销原判，发回重审。因此，在二审期间发现上诉人张某在一审判决宣告前尚有同种漏罪未经审理，本案应发回重审，与同种漏罪并案审理，然后依照数罪并罚规则进行数罪并罚。

二、关于数罪并罚原则司法适用的问题探讨

（一）同种数罪是否应实行数罪并罚？

同种数罪的情况在司法实践中纷繁复杂，同种数罪出现的时间不同、被发现的时间不同，相应的处理方法也略有不同。最常见的情形是对于同时发现的同一犯罪人的同种数罪将如何进行处理，这在我国理论界存在着不同的意见分歧。比如，行为人两次犯故意杀人罪，对此是以一个故意杀人罪定罪处罚，

还是以两个故意杀人罪定罪进行数罪并罚？在学理上存在不同观点。部分学者认为，对一人所犯同种数罪无须数罪并罚，只按一罪进行酌情从重处罚即可，不仅节约司法资源便于说理，也更能为大众所接受，进而提升判决的接受度。[1]还有部分学者认为，刑法上关于数罪并罚的规定并未限定只适用于异种数罪，因此对于同种数罪当然应实行并罚。[2]其优点是避免某些案件中对于犯罪人不适用数罪并罚导致量刑畸轻，但此时也有机械司法之嫌。还有部分学者认为，对于同种数罪是否实行并罚不能一概而论，而应当以能否达到罪刑相适应为标准，决定对具体的同种数罪是否实行并罚，即当能够达到罪刑相适应时，对于同种数罪无须并罚，相反，则应实行并罚。[3]在司法实践中，考虑到我国现行刑法对具体犯罪规定的法定刑基本能够满足罪责刑相适应原则的需要，通常对同时发现的同种数罪不并罚而按一罪处理。

但在司法实践中还存在着一种情形，案件在一审未完结或在二审阶段时，发现事实证据层面存在同种漏罪的问题，此时应该如何处理？比如，在"张某贩毒案"中，张某对于一审作出的判决提出上诉，使得一审判决未生效；二审过程中发现事实证据上的问题，也就是可能存在着漏罪没有处理的情况。在这种情况下，实务界已经有了比较明确的处理方法，发现上诉人张某在一审判决宣告前尚有同种漏罪未经审理的，应该发回重审，与同种漏罪并案审理，然后依照数罪并罚规则量刑。在"董某连环盗窃案"最后的司法处理过程中，实务中存在着两种

---

[1] 林准：《中国刑法教程》，人民法院出版社2009年版，第213~215页。

[2] 高铭暄：《新中国刑法科学简史》，中国人民公安大学出版社1993年版，第176页。

[3] 樊凤林：《刑罚通论》，中国政法大学出版社1994年版，第455~456页。

不同观点。第一种观点认为,不应对董某实施数罪并罚。因为董某盗窃电线案只是一案一罪,其被公安机关发现是在判决宣告之前,我国《刑法》第 70 条、第 71 条规定了判决宣告后发现漏罪的数罪并罚、又犯新罪的数罪并罚,均要求"判决宣告以后,刑罚执行完毕以前"。因此,不符合此处的规定。并且,本案中董某盗窃电线的行为宣告刑作出之前,其盗窃摩托车案的刑事判决已经执行完毕,故此时不是漏罪,也不是新罪,不符合法定条件,无法数罪并罚。[1]第二种观点认为,应当对董某实施数罪并罚。因为司法机关最迟在 2013 年 9 月 9 日便已知晓董某还盗窃电线,即"判决生效前一人犯数罪"。正常情况下,万州区公安分局应当接受其他公安分局移送来的董某盗窃电线一案,再移送万州区人民检察院审查起诉,万州区人民检察院可以补充起诉(如果董某盗窃摩托车案仍在审查起诉阶段时,应当在同一起诉书上载明盗窃摩托车和电线的犯罪事实),万州区人民法院对董某盗窃摩托车案和盗窃电线案一并审理并作出判决。万州区公安分局行使职权不当,导致董某受两次审判、双重危险,在现有情况下只能由江北区人民法院通过数罪并罚予以纠正。如果不对董某实施数罪并罚,会导致被告人承受过重的刑罚,明显对被告人不利。董某盗窃摩托车案的刑罚是否执行完毕,对可否数罪并罚不产生影响。故依据《刑法》第 69 条、第 70 条之规定,应当对董某数罪并罚,先并后减。

虽然长期以来在司法实践中,对于同种数罪按一罪处理,但是从《刑法》第 69 条之规定来看,并没有进行同种数罪与不同种数罪的区分,同种数罪也属于法条中数罪的范畴。因此,实际上存在着司法实践与法律条文脱节的现象。一部分学者主

---

[1] 李莉、夏伟:"刑罚执行完毕发现漏罪不宜数罪并罚",载《检察日报》2013 年第 12 期。

张按一罪处理实际也能满足罪责刑相一致的要求，不可否认的是，就同种数罪进行数罪并罚也能满足该要求。故仅仅出于司法效率的考量，而放任司法实践与法律规定的冲突，从而使得立法主导被司法主导取代，是不可取的。但是，该问题可以通过相关法律的修改与司法解释的出台来解决。

(二) 如何解决数罪并罚中的"时间差"问题？

数罪并罚中的时间差问题是指犯罪分子在判决宣告以后，刑罚执行完毕以前，被发现漏罪或又犯新罪，对于发现的漏罪或又犯的新罪需要经过立案、侦查、起诉、审判等诉讼程序环节，时间较长，可能导致漏罪或新罪的诉讼程序进行期间，前罪刑罚已经执行完毕的情况，从而引发在该情况下对被告人能否实行数罪并罚的争议。有学者认为，数罪并罚所针对的罚，必须是数个同时生效、同时存在的可执行的刑罚，对于一个已经执行完毕的刑罚，法律和事实上都不存在数罪并罚的可能。因此，对于在漏罪或新罪诉讼期间，前罪刑罚已执行完毕的情况，直接执行新的刑罚即可。[1]但是，数罪并罚中所并的罚并不必须是尚未执行完毕的刑罚，而是指广义的由人民法院所判处的刑罚，既包括尚未执行完毕的刑罚，也包括已经执行完毕的刑罚。因为数罪并罚是一项刑罚裁量制度，而不是一项刑罚执行制度，前罪刑罚是否已经执行完毕，影响的只是刑罚的执行问题，并不会对刑罚裁量造成实质性的阻碍。这一点从《刑法》第70条判决宣告后发现漏罪实行先并后减的并罚规则也可看出，此处所并的是前罪的原判刑罚，而不是可供执行的余刑。也就是说，并罚的对象并不一定是可供执行的刑罚，已经执行过的那部分刑罚也可以在刑罚裁量中予以并罚，只不过并罚以

---

[1] 于志刚：《刑法实践热点问题探索》，中国人民公安大学出版社2008年版，第501~502页。

后要将已经执行过的那部分刑罚从决定执行的刑期中减去。前罪刑罚已经执行完毕实际上就等同于前罪的全部刑罚已经执行过,既然执行过的刑罚可以用于并罚,那将前罪已经执行过的刑罚在刑罚裁量中予以并罚似也并无不妥。同样,只要在并罚以后将前罪已经执行的刑罚从最终决定执行的刑期中减去即可。[1]

针对数罪并罚中的时间差问题,不同于同时发现的同种数罪的处断原则,是否应该数罪并罚,最高人民法院有相关规定。最高人民法院在出台的《关于判决宣告后又发现被判刑的犯罪分子的同种漏罪是否实行数罪并罚问题的批复》中确立了同种漏罪并罚制度。该批复明确规定:"人民法院的判决宣告并已发生法律效力以后,刑罚还没有执行完毕以前,发现被判刑的犯罪分子在判决宣告以前还有其他罪没有判决的,不论新发现的罪与原判决的罪是否属于同种罪,都应当依照刑法第六十五条的规定实行数罪并罚。"[2]

对于在已经数罪并罚后刑罚执行完毕前又发现一漏罪的并罚,现行刑法理论界有着两种不同的观点。其中一种观点认为,若原判决是已经发生法律效力的判决,该生效判决还未执行完毕,如果对漏罪所判的刑罚不与原判决决定执行的刑罚实行并罚,而与原判决对数罪分别决定的刑罚实行并罚,就意味着推翻前一判决或者否定前一判决已发生的法律效力,从而势必会影响刑事判决的严肃性。因此,应当将对漏罪所判处的刑罚与原判决对数罪并罚后决定执行的刑罚进行整合,依照相应原则来决定执行的刑罚,然后在实际运用过程中再减去已经执行的刑期。另一种观点认为,判决宣告以前发现数罪的并罚与刑罚

---

[1] 周光权:《刑法总论》,中国人民大学出版社2011年版,第321页。
[2] 张诚民:"发现同种漏罪时如何并罚",载《西安审判》2007年第1期。

执行过程中发现漏罪的并罚，只是并罚的时间不同，所采用的原则和结果都应当是相同的，所实际执行的刑罚也应当相同，不应该因为后罪发现时间的细微差别而存在不同。因此，只有把原判数罪的刑罚与漏罪的刑罚实行并罚，才更符合立法精神。同时，若将对漏罪所判处的刑罚与原判决对数罪决定执行的刑罚实行并罚，则不仅会出现对有漏罪事实者实施的数罪两次适用限制加重原则进行并罚，进而可能造成轻纵罪犯之弊。而且，前一种观点关于影响前一判决效力的担忧其实无甚影响，将原判数罪的刑罚与漏罪的刑罚实行并罚，并不意味着完全否定前一判决的法律效力，而是弥补其不足，增强其准确程度、强化其稳定性的一种合理做法，也是刑法谦抑性在刑罚角度的又一体现。

对于在犯一罪被判处刑罚后刑罚执行完毕前发现数漏罪的并罚，在理论上也存在不同的观点。第一种观点认为，在前罪刑罚执行完毕前发现数漏罪的，应当在对数个漏罪分别定罪量刑的基础上，首先对漏判的数罪的刑罚进行合并处罚，然后将所决定执行的最后刑罚（即执行刑）与原判之罪的刑罚再实行合并处罚，并决定执行的刑罚。其存在的缺点是，数个漏罪与前述一罪并无实质不同，将漏罪先进行数罪并罚，再将其与原判之罪的刑罚进行合并处罚，相当于对于数个漏罪两次适用了限制加重原则进行并罚，可能会导致最后的量刑偏轻，有轻纵罪犯之嫌。第二种观点认为，应当首先对数个漏判之罪分别定罪量刑，然后将判决所宣告的数个刑罚即宣告刑与原判之罪的刑罚进行合并处罚，并决定执行的刑罚，然后再减去已经执行的刑期来处罚。

对于前罪被判刑后在刑罚执行完毕以前既发现有漏罪又犯新罪的并罚，理论上存在多种不同的观点。第一种观点认为，应先按照漏罪的刑罚与原判的刑罚并罚，决定应执行的刑罚，然后减去已经执行的刑罚。之后再将新罪的刑罚与前一判决决定执行的刑罚中未执行的刑罚并罚，决定应执行的刑罚，也就是先处理漏罪再处理新罪。第二种观点认为，对在刑罚执行期间再犯新罪并发现漏罪，采取分别判决、顺序并罚的并罚方法，只能适用于漏判之罪和再犯之罪被同时发现，或者漏判之罪先于再犯之罪被发现的条件下；至于再犯之罪被先行发现并已并罚后，才发现漏罪的条件下，只能在承认已有判决及并罚结果的基础上，将漏罪的刑罚与已有判决决定执行的刑罚并罚，决定最后应予执行的刑罚。第三种观点认为，应先将漏罪的刑罚与新罪的刑罚合并，决定执行的刑罚，然后按"先并后减"的方法决定执行的刑罚。第四种观点认为，将原判之罪的刑罚与漏罪的刑罚和新罪的刑罚并罚，决定应执行的刑罚，再从中减去原判决中已执行的刑罚。第五种观点认为，应先将新罪的刑罚与原判之罪的刑罚并罚，决定执行的刑罚，然后将前一判决决定执行的刑罚与漏罪的刑罚并罚，决定执行的刑罚。第六种观点认为，对漏罪和新罪分别定罪量刑后，将漏罪的刑罚和新罪的刑罚与原判之罪未执行的刑罚并罚。

最后，在司法实践中还有一种情况是前罪刑罚已经执行完毕之后，发现了同种漏罪，比如在"董某连环盗窃案"中，在第一个盗窃事实引发的刑罚处罚已经执行完毕后，第二个刑罚处罚应该如何确定？关于在这一情境下数罪并罚的根据，国（境）内外学界见解不一。主张应当数罪并罚的学者从诉讼法的角度考虑，认为数罪并罚的根据是同时审判的可能性。如日本学者大塚仁认为："一个行为人犯有数罪的场合，本来不妨对其各个犯罪分别处分，但是，在它们处于可能同时被审判的状况时，在刑罚适用上把这些犯罪一起处理是更为合理的。可以认为，刑法从这种旨趣出发，规定了并合罪的观念。"[1]主张不应数罪并罚的学者从实体上考察，认为数罪并罚的根据在于为了决定责任的量需要考虑行为人的素质、环境。如川端博说："一个人犯数罪时，行为人的素质、环境，为了决定责任的量当然要考虑。"[2]我国有学者从刑罚的正当性根据出发论证数罪并罚的根据。如任彦君认为，数罪并罚制度贯彻和体现了报应主义思想和功利主义思想，具有报应论的根据和功利论的根据，体现了报应优先、兼顾功利的刑罚思想。[3]通过借鉴相关学者的理论成果和访谈刑事法官，结合法律文本分析，数罪并罚制度的根据应当包括两个方面：一方面是实体根据，即罪责刑相适应原则的要求。罪责刑相适应原则要求对行为人科处的刑罚要与其所犯罪行和应承担的刑事责任相当。在一人犯数罪的场合，从形式上看数罪数罚符合罪责刑相适应原则，实则不然。正如有学者所言："若仅强调行为责任而对于各罪分别科刑，虽然较为自然，但在考量该行为人责任之轻重时，除行为人行为之外，尚须考量行为人之素质与所处环境，因此对于同一个行为人之各个行为同时裁判时，除了应考量各个行为而加以科刑外，亦必须同时考量同一行为人之素质与环境，从而概括处理同一行为人所犯之数罪，将较为合理。"[4]另一方面是诉讼程序根据。数罪并罚的实质是刑罚的合并，对一行为人所犯数罪一并处罚，在诉讼程序上较为方便，在刑罚执行环节也是一并执行，避免一罪的刑罚执行完毕之后再执行另一罪的刑罚，有利于节约司法资源，实现诉讼经济。《刑法》第69条不仅规定了数罪并罚

---

[1] 大塚仁：《刑法概说》（总论），冯军译，中国人民大学出版社2003年版，第430页。
[2] 川端博：《刑法总论讲义》，成文堂1997年版，第637~638页。
[3] 任彦君：《数罪并罚论》，中国检察出版社2010年版，第33页。
[4] 陈子平：《刑法总论》，中国人民大学出版社2008年版，第473页。

的吸收原则、限制加重原则、并科原则,也规定了数罪并罚的最常见情形"判决宣告以前一人犯数罪",表面上只对数起犯罪发生的时间作了规定,实际上还限定了发现数起犯罪的时间应是判决宣告前。"判决宣告以后,刑罚执行完毕以前"在第70条中修饰的是"发现犯罪",在第71条中修饰的是"犯罪",这两者是不可混淆的。此处的"发现犯罪",不应解释为"发现了犯罪事实",也不宜解释为侦查机关已经查明犯罪事实和犯罪嫌疑人的身份,有相应的证据证实。若以查明犯罪嫌疑人身份之日为起算点,则即使犯罪嫌疑人长期不到案、假报姓名以逃避罪责追究等情形也要数罪并罚。如此解释过于宽泛,且甚不合理,存在较多弊端。若以提起公诉为之日为起算点,在大多数情况下会移送起诉、追加起诉,又属于"判决宣告以前一人犯数罪"的情形,其又失去了独立意义。考虑到司法机关查明犯罪嫌疑人的身份离其归案(被抓获或者自首等)存在相当大差距,归案后几乎无例外地会对其采取强制措施,以保证诉讼程序顺利推进,故在此处应当作限制解释,即"发现犯罪"之日指在公诉案件中公安司法机关已对犯罪嫌疑人采取强制措施但此处不包括采取强制措施后又脱逃的,或者法院受理自诉案件之日。[1]在"董某连环盗窃案"中,董某两起犯盗窃罪在万州区人民法院对其盗窃摩托车案判决宣告以前均已被发现,符合《刑法》第69条规定的适用条件。

(三)原审判决被撤销后的数罪并罚制度如何适用?

在"石某肆冒名盗窃案"中,争议的焦点主要在于:①石某肆是否构成累犯?一种意见认为,石某肆前罪原审判决已经执行完毕,本罪应当构成累犯;另一种意见认为,石某肆前罪

---

[1] 但未丽:"如何正确理解'判决宣告后发现漏罪的并罚'中的'发现'",载《太原师范学院学报(社会科学版)》2009年第5期。

原审判决并未执行完毕，本罪不应构成累犯。②前罪减刑裁定减去的刑期是否应计入已经执行的刑期？一种意见认为，因被告人自身没有如实供述自己的身份信息，致使原审判决降低了其罪责，而再审判决并未执行，故减刑裁定减去的刑期不应计入已经执行的刑期；另一种意见认为，减刑裁定减去的刑期应计入已经执行的刑期。③前后两罪如何数罪并罚？一种意见认为，应将前后两罪先并罚，再减去已经执行的刑罚，即"先并后减"；另一种意见认为，应将后罪与前罪尚未执行的刑罚数罪并罚，即"先减后并"。首先，前罪再审判决尚未执行完毕，被告人不构成累犯。根据《刑法》第65条、第66条的规定，累犯（一般累犯和特殊累犯）的成立前提必须是刑罚执行完毕或者赦免以后，本案中显然不属于赦免情形，故被告人的后罪是否发生在前罪刑罚执行完毕后便成了其是否构成累犯的关键。本案的特殊之处在于被告人在前罪审判过程中隐瞒了个人的真实身份信息，导致原审判决未正确认定累犯情节，量刑不当。原审法院在审判后罪过程中发现了前罪判决的错误，根据刑事诉讼法及司法解释的有关规定，启动审判监督程序，撤销原审判决后加重了被告人的刑罚。因此，本案的焦点在于，原审判决刑罚执行完毕后，又因再审判决增加了前罪的刑罚量，在增量刑罚尚未执行完毕的情况下，是否属于"刑罚执行完毕"的情形。

笔者认为，因被告人自己隐瞒个人信息而导致法院对前罪再审并增加了刑罚量的情况下，增量刑罚尚未执行完毕的，不能认定为前罪刑罚执行完毕。再审裁判是法院通过刑事审判监督程序对已经发生法律效力的判决和裁定，因发现确有错误而重新进行审理后所作出的裁判。再审裁判一经作出，已经生效的原审裁判就不再有效。对被告人执行刑罚，也就应当以再审裁判为依据。本案中，被告人前罪的原审判决虽然已经实际执行完毕，但该"执行完毕"是建立在原审判决的基础上的。鉴于原"刑罚执行完毕"的基础——原审刑事判决已经被撤销，随之而来的是被告人必须执行再审判决确定的增量刑罚。在增量刑罚尚未执行完毕的情况下，不应认定为前罪刑罚"执行完毕"。因此，被告人的本次犯罪行为实施于前罪尚未执行完毕的期间内，不符合累犯构成的时间要件，不应认定为累犯。本案前罪服刑期间经减刑裁定减去的刑期不应计入已经执行的刑期之中，虽然前罪原审判决虽已被依法撤销，但被告人服刑期间的减刑裁定如何评价在实践中尚存争议。有学者认为，减刑是基于被告人服刑期间的行为、人格作出的评价，一经法定程序作出即具有法律效力，不应因漏罪或者新罪的裁判而撤销已经依法作出的减刑等裁定，否则将有损减刑的严肃性和权威性。[1]但是，减刑的深层动因在于人身危险性的良性变化。在本质上，减刑是对原判执行过程的改变，并非是对原判判决的改变。刑罚执行虽以判决确定的刑罚为执行内容，但并不仅仅是裁判权的附庸，刑罚执行本身具有相对独立性；刑罚执行过程中可以根据犯罪人的悔改表现或者立功表现，对判决所确定的刑罚依法加以调整。进入刑罚执行阶段，犯罪已成客观事实，犯罪性质不再发生变化，犯罪行为本身不存在使刑罚变更的原因。而犯罪人是鲜活的个体，其个体情况和改造程度的变化差异构成刑罚变更的基础。犯罪人从服刑初始被动接受法律制裁到为了缩短承受刑罚痛苦的时间而积极改造直至逐渐降低犯罪意愿并使自身行为符合社会利益的过程，根本上是其人身危险性趋向减弱的动态变化。但漏罪的发现或新罪的实施恰恰否

---

[1] 王若思："减刑可否撤销问题的思考"，载《湖北警官学院学报》2012年第3期。

了被告人人身危险性弱化的可能性，与减刑的初衷背道而驰。《最高人民法院关于罪犯因漏罪、新罪数罪并罚时原减刑裁定应如何处理的意见》也规定，罪犯被裁定减刑后，因被发现漏罪或者又犯新罪而依法进行数罪并罚时，经减刑裁定减去的刑期不计入已经执行的刑期。因此，被告人在前罪服刑期间经减刑裁定减去的1年6个月15天不能计入已经执行的刑期，即前罪实际执行的刑期为2年11个月15天。

根据《刑法》第69条、第70条、第71条的规定和相关理论，数罪并罚的执行根据新罪实施时间的不同采取不同的并罚原则，即刑罚执行完毕以前发现漏罪的实行"先并后减"，刑罚执行完毕以前又犯新罪的实行"先减后并"。鉴于两种数罪并罚方式对被告人实际执行刑期的长短影响较大，故需在准确认定漏罪或新罪的基础上正确适用相关并罚原则。本案中，被告人的此次盗窃行为发生于前罪刑罚执行完毕以前，争议的焦点在于是否属于"原判决宣告以后"，即此处的"原判决"是指案件中的原审判决，还是再审判决，抑或是其他。有人认为，鉴于审判监督程序的启动和再审判决的生效已经撤销了原审判决，故类似案件中的原判决只能是再审判决。笔者认为，再审判决的生效虽然否定了原审判决的效力，但不能消灭原审判决所产生的所有影响，如刑罚执行的起刑日期（改判无罪的案件除外）的影响便不能改变。原审判决和再审判决在刑罚执行的起始止日期上应当保持一致，即原审判决的起刑日期就是正确判决的起刑之日，再审判决的止刑日期就是正确判决的止刑之日（实际上是拉长了整个刑罚时间），当中的中止时日根据并罚原则予以排除便可。因此在本案中，前罪的起刑日期是2007年5月6日，止刑日期在2014年3月之后，后罪的实施是在2014年2月至3月间。后罪在原判决宣告以后，刑罚执行完毕以前实施，应当适用先减后并的原则数罪并罚。原审法院判处石某肆有期徒刑一年，与前罪尚未执行完毕的有期徒刑 2 年 15 天（5 年减去 2 年 11 个月 15 天）并罚，决定执行有期徒刑 2 年 3 个月。

（四）多个重罪的数罪并罚能否升格法定刑？

对于一人犯数罪被判处数个无期徒刑的，在并罚时，能否升格为死刑；被判处死刑缓期执行以及其他刑罚的，能否升格为死刑立即执行，在理论上有不同的见解。肯定说认为，这种情况中，尽管各个犯罪都未达到判处死刑的条件，但一个人犯数罪并被判处两个以上的无期徒刑本身，就说明其社会危害性很大。因此，只有将被分别判处的数个无期徒刑合并执行一个死刑，才能体现罪刑均衡的原则。而否定说认为，死刑与无期徒刑虽然相差一格，但存在死与生的本质区别，而且肯定说的主张不适当地扩大了死刑的适用范围，与我国坚持少杀的死刑政策相违背，因而不能将数个无期徒刑升格执行一个死刑，也不能将死刑缓期执行升格为死刑立即执行。在折中说看来，一般说来，不能将数个无期徒刑升格执行一个死刑，但如果一人所犯的两罪中，其中之一的法定最高刑是死刑，倘若他只犯这个罪，属于可杀可不杀的情况，而事实上他又犯了另一罪，并且分别看来都应当判处无期徒刑，那么，审判人员就可以根据整个案件的情况，对其中一个挂死刑的罪判处死刑，然后采用吸收原则，决定执行死刑。

在"郭某先参加黑社会性质组织、故意杀人、故意伤害数罪并罚案"中，在绵阳市中级人民法院数罪并罚，决定执行死刑缓期二年执行后，四川省绵阳市人民检察院认为一审判决对被告人郭某先量刑畸轻，依法向四川省高级人民法院提出抗诉，四川省高级人民法院二审判决采纳抗诉意见，改判郭某先死刑立即执行。说明在司法实践中，即使因为量刑畸轻检察院进行抗诉，说理意见中也未采用学理上的特殊情况下数罪并罚升格法定刑，而是发回重审，提高单个犯罪的法定刑幅度，因此在最后数罪并罚时按照吸收原则判处死刑。

此外，在决定并罚应该执行的刑期时，对于决定执行的刑期时应当如何酌情，或者说应当考虑哪些情况，理论上也存在着两种不同的观点。一种观点认为，酌情决定执行的刑期，具体酌定的内容应包括量刑情节、犯罪的社会危害性和犯罪人的人身危险性以及最高刑以外的其他罪的处刑情况等因素。对于从宽或从严的量刑情节，应在对数罪的定罪量刑中分别体现，在酌情决定执行的刑期时也应予以考虑。因为，限制加重原则允许法官在决定执行的刑期时在一定的范围内根据案件的具体情况酌情决定，而案件的具体情况中理所当然应当包括案件中的从宽或从严情节。否则，酌情决定便无所依据，成为擅断的借口。另一种观点认为，酌情决定执行的刑期时，不应再考虑各罪之法定或酌定的量刑情节。因为这些量刑情节已经在各罪的量刑中考虑过了，在决定执行的刑期时再予以考虑，有违禁止重复评价的原则。同时该观点主张决定执行的刑期时的酌情，应当是指考虑总和刑与数刑中最高刑之间的数量关系。同时有的学者认为为了避免刑法的重复评价，这里应酌情考虑的不是各个犯罪自身的性质、情节、危害社会的程度以及各个犯罪中体现出的犯罪分子的主观恶性和人身危险性大小，而只能是因为数罪的存在才具有的那些反映行为对社会的危害程度和犯罪分子的主观恶性与人身危险性大小的因素和情节，如犯罪的数量、数罪中罪过的类型及其数量比较情况、根据各个犯罪的严重程度所宣告刑罚的轻重比较情况，等等。[1]

---

〔1〕 刘志伟："数罪并罚若干争议问题研讨"，载《法学杂志》2009年第4期。

此外，在死刑缓期二年执行期间，如果故意犯罪且情节恶劣，如何处理死缓变更死刑和数罪并罚也是实践中的难点。司法实践中一般认为，对于死缓犯故意犯罪的，应当对新犯的罪作出判决，然后把前罪没有执行的死刑与又犯之罪的刑罚依照刑法进行数罪并罚，最后对罪犯执行死刑。[1]

刑罚使命的达成有赖于刑罚的具体适用、实施及相应效果和效应的实现。由此，刑罚的实践状况和结果直接决定着刑罚的使命能否完成。数罪并罚制度作为我国刑罚制度的重要内容，其适用情况直接影响着刑罚效果和刑罚机能能否实现。通过对上述司法案例的考察，不难发现诸如数罪并罚的原则、方法以及与累犯、并罚中死刑适用相关的问题等仍存有较大争议，原因主要是法律规范本身就存在的含糊性和原则性。要从根本上解决问题，消除司法适用中的混乱现象，需要立法机关秉持理性，以数罪并罚的正当性根据为基础，完善和细化数罪并罚制度的内容，增强制度的可操作性。

三、法律依据

（1）《中华人民共和国刑法》第69条：判决宣告以前一人犯数罪的，除判处死刑和无期徒刑的以外，应当在总和刑期以下、数刑中最高刑期以上，酌情决定执行的刑期，但是管制最高不能超过三年，拘役最高不能超过一年，有期徒刑总和刑期不满三十五年的，最高不能超过二十年，总和刑期在三十五年以上的，最高不能超过二十五年。

数罪中有判处有期徒刑和拘役的，执行有期徒刑。数罪中有判处有期徒刑和管制，或者拘役和管制的，有期徒刑、拘役

---

[1] 张新民："对死缓罪犯变更执行死刑的几个问题"，载《人民司法》1997年第3期。

执行完毕后，管制仍须执行。

数罪中有判处附加刑的，附加刑仍须执行，其中附加刑种类相同的，合并执行，种类不同的，分别执行。

(2)《中华人民共和国刑法》第70条：判决宣告以后，刑罚执行完毕以前，发现被判刑的犯罪分子在判决宣告以前还有其他罪没有判决的，应当对新发现的罪作出判决，把前后两个判决所判处的刑罚，依照本法第六十九条的规定，决定执行的刑罚。已经执行的刑期，应当计算在新判决决定的刑期以内。

(3)《中华人民共和国刑法》第71条：判决宣告以后，刑罚执行完毕以前，被判刑的犯罪分子又犯罪的，应当对新犯的罪作出判决，把前罪没有执行的刑罚和后罪所判处的刑罚，依照本法第六十九条的规定，决定执行的刑罚。

后 记

　　教育部、中央政法委明确提出,要把应用型、复合型法律职业人才作为卓越法律人才教育培养目标,以适应多样化的法律职业要求,强化学生法律实务技能培养,提高学生运用法学与其他学科知识方法解决实际法律问题的能力。我国各高校积极贯彻中央精神,开展法学本科教学改革。在法学的教学方法改革中,关注度最高的当属案例教学法。从目前的运行来看,通常采用的案例教学法是,教师讲解某一个法律制度时,结合典型的案例加以分析,加深学生对法律制度本身的理解。具体表现为举例案例法、讲评案例法、讨论案例法等等。这些案例教学法从整体上看,虽然体现了法学专业的应用性特点,但在案例教学中仍然是以传统的讲授为主,教师先讲授法律理论,然后根据法律理论对案例进行分析,再向学生提出问题,一问一答,学生的自主学习、独立思辨的空间较小。因此,我们提出的改革思路是:逆向运行以往的所谓案例教学法,不再单纯采取法律理论为先的学习思路,直接从最高人民法院和最高人民检察院发布的指导判例入手,以现实发生的、社会影响力较大的、不经过人为加工的案例作为教学的一手资料;以解决问题的视角,训练学生的寻法能力,剖析案件中涉及的法律问题(可以跨越学科界限,除了刑法学问题,还将涉及刑事诉讼法、证据法、犯罪侦查、社会学等学科);引导学生提出解决方案(可以假设法官、检察官、律师不同的身份),并可进一步对法律的立法合理性进行评价，对法律适用的标准认定提出建议。

法学是一门应用科学，它在阐明法的本质、规律性的基础上，总要致力于阐明提高法律调整的效率的途径和方法，提出有科学根据的预测。法律的制定与改进、对现行法作出科学的解释、执法机关的合规性、法律监督体系的建立等方面，均需要法学提供重要的理论依据和技术措施。学科研究如何致力于服务司法实践是每一位法学工作者应当思考的问题。因此，我们从社会发生的典型案件入手，以思辨的态度剖析审判部门的裁判文书，审视我国的刑事法律体系，审视刑事法律适用的效果。

本书的出版离不开中国政法大学出版社丁春晖编辑的大力帮助。相识于著作出版工作中，多年的顺利合作离不开丁编辑的真诚付出。丁编辑对工作的认真态度和谦逊的品格值得敬佩。

在本书的撰写过程中，中国石油大学（华东）法学硕士研究生徐梦凡、于艺、李雨娉、崔嘉雯、冯烨文、赵茹晨、王伟、张佳齐、张颐、岳诗阳、尹爱洁同学参与了两高指导案例的分类筛选等资料搜集整理工作，他（她）们的问题思辨能力和法律专业学术素养得到了明显提升，期待他（她）们能在学术道路上有更大的进步。